कथोपकथन

अरुण कमल के साक्षात्कार

(1999-2008)

कथोपकथन

अरुण कमल के साक्षात्कार

(1999-2008)

अरुण कमल

वाणी प्रकाशन

प्रकाशन के उत्कृष्टतम 61 वर्ष

vaniprakashan.com

सजिल्द पहला संस्करण : 2009
सजिल्द दूसरा संस्करण : 2025

वाणी प्रकाशन
4695, 21-ए, दरियागंज, नयी दिल्ली-110 002
फ़ोन : +91 11 23273167, 23275710
शाखाएँ
अशोक राजपथ, पटना-800 004, बिहार
कॉफ़ी हाउस कैम्पस, महात्मा गांधी मार्ग, प्रयागराज-211 001, उत्तर प्रदेश
महात्मा गांधी अन्तरराष्ट्रीय हिन्दी विश्वविद्यालय, वर्धा-442 001, महाराष्ट्र
sales@vaniprakashan.in
vaniprakashan@gmail.com

KATHOPAKATHAN
by Arun Kamal

ISBN : 978-93-5000-110-3
Interviews

मूल्य : ₹ 495

मुद्रक : नरूला प्रिंटर्स, दिल्ली-110 032

वाणी प्रकाशन का लोगो मक़बूल फ़िदा हुसेन की कूची से

प्रिय
धर्मेन्द्र सुशान्त
राजीव रंजन गिरि
वेद रमण
और
सूर्यनारायण
के लिए सस्नेह

बाजिते रहलौं त हारलौं की
(बोलता ही रहा तो हारा कैसे)

—मैथिली कहावत

आभार

साक्षात्कारों की यह पुस्तक जितनी मेरी है, उतनी ही उन मित्रों की भी जिन्होंने मुझसे बातचीत करना गवारा समझा। प्रश्न तो उन्हीं के हैं। इस तर्क से आधी किताब पर उन्हीं का अधिकार है। ये साक्षात्कार प्रकाशित भी हुए उन्हीं के मन से, श्रम और साधन से। यदि उनको प्रेरणा न होती तो ये साक्षात्कार कभी प्रकाश में न आते। अतएव मैं उन सभी मित्र-लेखकों का आभारी हूँ जिन्होंने ये प्रश्नोत्तर सम्भव किये। मेरा सौभाग्य है कि वार्तालाप हेतु जो बन्धु मुझे मिले वे स्वयं भी महत्त्वपूर्ण साहित्यकार हैं। साक्षात्कार सहकारी उपक्रम है। प्रायः प्रश्न ही तै करते हैं कि उत्तर कैसे होंगे। मेरा अनुभव है कि प्रश्न करना दुनिया का सबसे दुष्कर काम है। यही जनतन्त्र का बल और सम्बल भी है। हालाँकि हमारे मित्रों ने, जहाँ कहीं उन्हें लगा कि मैं जिद कर रहा हूँ या कमजोर पड़ रहा हूँ, मुझे बख्श दिया और बात बदल दी।

मैं सर्वश्री लीलाधर मण्डलोई, एकान्त श्रीवास्तव, वीरेन्द्र सिंह, ओम निश्चल, धर्मेन्द्र सुशान्त, अजित राय, प्रमोद रंजन, सुधीर रंजन, राजेन्द्र शर्मा, विश्वजित सेन, वाल्मीकि विमल, विजय कुमार, महावीर अग्रवाल और हरेप्रकाश उपाध्याय का आभारी हूँ। साथ ही श्रीमती कुसुम खेमानी एवं श्रीमती कला राय का आभार व्यक्त करता हूँ। अपने प्रिय मित्र कवि-सम्पादक वीरेश चन्द्र को याद करता हूँ जो आज हमारे बीच नहीं हैं।

मैं उन सभी पत्रिकाओं एवं समाचार-पत्रों का भी आभारी हूँ जिन्होंने इन साक्षात्कारों को अपने यशस्वी पृष्ठों में स्थान दिया। पहल, वागर्थ, संवेद, साक्षात्कार, जनसत्ता, जनविकल्प, वसुधा, अन्यथा, हवा 49, सापेक्ष, आजकल, अभिधा, शब्द संगत, राष्ट्रीय सहारा और हिन्दुस्तान का कृतज्ञ हूँ।

प्रियवर राजीव रंजन गिरि का विशेष आभार जिन्होंने इस पुस्तक को बनाने, सम्पादित करने तथा प्रकाशित कराने में मेरा साथ दिया। उनके सहयोग के बिना ये साक्षात्कार निराकार ही रहते। इसीलिए मैं प्रतिष्ठित प्रकाशक श्री अरुण माहेश्वरी का भी कृतज्ञ हूँ।

—अरुण कमल

अनुक्रम

कथोपकथन

अरुण कमल के साक्षात्कार

"हमें नीको लगी सो करी हमने, तुम्हें नीको लगी न लगी न लगे"

(अरुण कमल से लीलाधर मण्डलोई की बातचीत)

कोई भी बातचीत सघन बैठकों में पूरी हो तो परिणाम अच्छा रहता है। न लय टूटती है। न छूटी हुई बातों के सिरे ध्यान से ओझल होते हैं। यह बातचीत पूरी तरह लिखित है और किश्तों में सम्पन्न। समय का टोटा रहा तो प्रतिप्रश्न नहीं हैं। इसलिए कहीं लय में अवरोध तो कहीं बातों में हल्का-सा कुहासा लगना सम्भव है। किन्तु पाठक यदि अरुण कमल के वक्तव्यों और कविताओं को ध्यान में ला सकें तो पाठकीय सुख भंग न होगा।

यह बातचीत कवि-आलोचक के कर्म और व्यक्तित्व को समझने की एक तटस्थ कोशिश है। साथ ही समय के जीवन्त मुद्दों पर कवि के दृष्टिकोण से पाठकों को अवगत कराने का यत्न भी इसका हिस्सा है, बिना जिसके यह एक अधूरापन लिये होती।

लीलाधर मण्डलोई

भाषा में आँख खुलने के बाद आपके आस-पास कौन-सी भाषाएँ थीं जिनसे गुजरते हुए आपने अपनी भाषा की नींव रखी ?

माँ तो मगही बोलती हैं और बाबू जी भोजपुरी। इसलिए मैं दोनों भाषाएँ एक जैसी एक साथ बोलता रहा। पहली कविता मैंने भोजपुरी में ही लिखी। कविता क्या, मतलब...। खैर, तो पहली बार जब हिन्दी में लिखने लगा तो बड़ी दिक्कत हुई। दिक्कत तो अभी भी होती है। क्योंकि अभी भी मेरे लिए हिन्दी बोलना स्वाभाविक नहीं है। कुछ-कुछ कोशिश करनी पड़ती है और यह ख़याल रखना पड़ता है कि बनावटी न लगे यानी कि कैसे कहूँ कि मुझे दुःख हुआ और सुनने वाले को सचमुच लगे कि मुझे दुःख हुआ। मगही मेरे अन्तस्तल की भाषा है। मगही, खास कर गया-

औरंगाबाद की मगही, मुझे बुद्ध की बोली लगती है, इतनी गहरी करुणा और नीरवता से भरी हुई। भोजपुरी बिल्कुल भिन्न है। यह गहरी चोट को भी छुपा कर रखने वाली भाषा है। बिल्कुल ईख की तरह, रस से भरी पर रुक्ष। हिन्दी कैसी है, नहीं कह सकता। उसमें ये सब बातें तो हैं ही, कुछ और भी हैं जो दूसरे स्रोतों से आयी होंगी। तो, यदि मैं भोजपुरी या मगही का कोई शब्द इस्तेमाल करता हूँ तो जानबूझ कर नहीं, बल्कि इसलिए कि और कोई उपाय नहीं है मेरे पास। बहुत हताश और विवश हो कर ऐसा करता हूँ।

उर्दू मैं लिख-पढ़ नहीं सकता। लेकिन जीवन के जिस पहले स्कूल की याद है मुझे वह एक मकतब था और एक मौलवी साहब बच्चों को टाट पर बिठा कर पढ़ाया करते थे। वहाँ की प्रार्थना की पहली पंक्ति मुझे अभी तक याद है—'रामजी जो चाहें तो क्या नहीं होता, बहती है गंगा लगा लो जी गोता।' यह प्रार्थना फिर कभी कहीं सुनने या देखने को नहीं मिली। तो वहीं मैं भी बैठाया गया। जाहिर है उर्दू की सोहबत वहीं हुई। आज भी साफ़ उर्दू ज़बान मुझे बहुत मीठी लगती है। एक बात और। शुरू से ही मुझे लोगों को बोलते हुए सुनना अच्छा लगता था। किसी का बोलना-इतनी दिलचस्प और रहस्यपूर्ण घटना है।...

बचपन की ध्वनियों में वे कौन-सी प्रमुख हैं जो जीवन और कविता में पीछा करती हैं ?

वे सारी ध्वनियाँ पार्श्व संगीत की तरह हर व्यक्ति के जीवन में मौजूद रहती हैं। अलग-अलग भावों, अलग-अलग दशाओं में अलग-अलग ध्वनियों की याद आती है। कुछ ध्वनियाँ हमारे सामूहिक जीवन का अंग होती हैं, जैसे, गोधूलि में गाय का रँभाना, शाम को मन्दिर की घण्टी की टभकती हुई आवाज़, देर रात किसी का रोज़ एक ही पहर साँकल पीटना, जाड़े की रात में सियारों की आवाज़ या दूर किसी रेल के गुजरने की आवाज़। मुझे जो आवाज़ आज भी दहला देती है वो है ढोलक की आवाज़। पता नहीं क्या है उस आवाज़ में जो मुझे इतना कोड़ देती है। एक और चीज़ जो मुझे हमेशा बेचैन कर देती है वो है खाँसने की आवाज़। खाँसते हुए आदमी से ज़्यादा निरीह और असहाय शायद कुछ भी नहीं। बचपन से मैंने इतनी गरीबी देखी है चारों ओर कि मुझे ख़ुश करने वाली आवाज़ें बहुत कम हैं। रात में पड़े-पड़े किसी वृद्धा का भजन गाना और फिर झपटती हुई खाँसी की लपट। कृष्ण पक्ष में अचानक अन्धड़ और तेज़ बारिश। ऐसे ही एक अन्धड़ में हमारे घर का छप्पर उड़ गया था रात में। आज भी मुझे अन्धड़ से डर लगता है, लगता है बेघर बेसहारा हो जाऊँगा। दरवाज़े बन्द करने पर भी पिसती हुई हवा की साँय-साँय से डर लगता है। एक

प्रसंग मैं कभी नहीं भूलता। खूब अँधेरा है। बादल गड़गड़ा रहे हैं। उस रास्ते पर कहीं कोई नहीं। मैं बाबू जी के साथ लौट रहा हूँ। अचानक बाबू जी मुझे गोद में उठा लेते हैं और दोनों हाथों से तालियाँ पीटते तेज़ क़दम बढ़ाते हैं। मैं उनकी तेज साँस सुन रहा हूँ और लगातार बजती हुई ताली—यहाँ साँपों का खतरा था इसीलिए। क्या कविता भी हाँफते हुए आदमी की ताली ही नहीं है ? विष और हिंसा के विरुद्ध ? भविष्य का कवच ?

तब आपके पास संगीत का एक संसार रहा होगा। लोक और शायद नागर। जहाँ से आपका छन्द एक आत्मीय प्रक्रिया में बना होगा।

गीत या संगीत की पहली याद मुझे दादी के गाये भजनों की है। रोज रात रहते वह गाती थीं जिनमें कुछ तो मुझे अभी तक याद हैं—ज्ञान गुदड़िया बाबा ज्ञान गुदड़िया बाबा मोरा दे गइले ज्ञान गुदड़िया...। बूढ़े लोग जो भजन गाते थे उनमें बहुत गहरी पीड़ा होती थी और भरोसा भी। फिर घर-परिवार, पास-पड़ोस में औरतें जो सोहर या झूमर गाती थीं, विभिन्न मांगलिक अवसरों पर वे सारे गीत, उनकी धुनें—कहीं न कहीं भीतर तवे पर वे सारी धारियाँ होंगी। जाड़े की रात में गाड़ीवान सोरठी वृजभार गाते जिसकी मार्मिक लय भूल नहीं पाता। बिरहा, फगुआ, चैता और शाम को धान रोप कर लौटतीं रोपनियों के गीत-ये सब हमारे जीवन के सहज प्रसंग थे। चैता मुझे खास तौर से प्रिय रहा। चैता की लय में जो उठान और प्रसार है, लालसा भरी मिट्टी में उद्विग्न जल का निरवरोध प्रसार...। विवाह के अवसर पर जब वधुएँ सन्दूक में तहा कर रखे हुए कपड़ों से सज्जित, गमकती हुई, उल्लास और लालिमा से दीप्त एक साथ राग कढ़ातीं तो मैं अवाक् रह जाता। दशहरे में लाउडस्पीकर से गूँजता हुआ फिल्मी गीत भी बाद में जीवन में स्थायी रूप से शामिल हो गया। लेकिन शास्त्रीय संगीत का कोई संस्कार नहीं मिला। आज तक नहीं। इसका मलाल है।

उन रंगों का स्मरण कर बताएँ जिनसे आपके प्रेम, आस्था, ईर्ष्या, क्रोध, उत्साह और ललित भावनाओं का संजोग बना।

मुझे एक ही रंग याद है—हरा-जो धरती का अपना वास्तविक रंग है, और धान के हरे खेतों पर बगुलों की सफ़ेद पाँत, और हरी घास पर मखमली इन्द्रगोप कीट, लाल।

कुछ ऐसी गन्ध-सुगन्ध जो आपको उद्वेलित अथवा परेशान करती है या फिर मानस को अनुकूल बनाती है किसी प्रिय काम के लिए।

मुझे खीरे की, कटते खीरे की गन्ध सबसे ज़्यादा परेशान करती है। यह किसी नये जन्म की गन्ध है जैसे केवड़ा की गन्ध किसी गहरे पैशन या आवेग की। और हींग

की गन्ध भूख की गन्ध है। शरद की रात में सप्तपर्णी की मंजरियों की गन्ध सबसे अधिक उद्विग्न करती है, शरीर को सँभालना मुश्किल लगता है। लेकिन बरसात में अधसूखे कपड़ों की गन्ध मुझे मृत्यु की याद दिलाती है। रोशनाई की गन्ध, तुरन्त छिली पेन्सिल की गन्ध और अंग्रेज़ी की पुरानी किताबों की गन्ध...। लेकिन पढ़ते-लिखते वक्त कोई ऊपरी या बाहरी गन्ध न हो तो ज़्यादा अच्छा, सिर्फ भीतर नाभि के कस्तूरी की गन्ध, अगर हो तो...।

मनुष्य, पशु अथवा पेड़-पौधों के कुछ ऐसे स्पर्श होंगे जिनके साथ रहे हों और उनसे दूरी अब कोंचती रहती हो।

हाँ। बहुत। कदम्ब का फूल अपने रोम-रोम से खिलने वाला, इतना गोल, शायद सबसे ज़्यादा गोल, और केसर। सौंफ के बिल्कुल दूधिया दाने–फूलों को दानों में बदलने का बेसब्री से इन्तजार–और आलू के अँखुवाने, सेम के बीज मिट्टी को ढकेल कर फूटते–भिण्डी का फूल और बीचोंबीच सहसा प्रगट होता नुकीला फल और एकदम चुटकुले की तरह लटका बच्चा भंटा और मिट्टी में खोये मूँगफली के झब्बे और छप्पर पर अनायास बढ़ता फूलता भतुआ, धीरे-धीरे भूरा पड़ता और कुम्हड़े जिनके बढ़ने की रफ़्तार और हवस से ख़ुद हम भी ऊब जाते। मैं सुबह उठता और उठ कर सीधे अपनी खँड़ी (बागवानी) में – इतने प्रस्फुटनों से घिरा हुआ–रात भर में इतना घट चुका। जब ख़ूब ओस गिरती थी और मिट्टी ऊपर से भीग जाती पर भीतर उष्ण लगती, पाँवों की उँगलियों के बीच से मिट्टी ऊपर फूटती–और मेरे यहाँ गइया भी थी और एक लेरू (बाछा) इतना प्यारा, मुलायम जिसके पुट्ठे पर हाथ रखते ही उसका पूरा शरीर थरथरा जाता और नये–नये जन्मे बाछे के पास जाने उसे छूने में डरता क्योंकि उसकी माँ चारा छोड़ इधर ताकने लगती, हुंकारती और जब मैं उसे तुरत–तुरत गढ़ी हुई दूब ला कर मुँह में देता और मेरी हथेली पर पहले तो गर्म वाष्प और फिर जीभ फिराने की हलचल होती और फिर तेज़ छोड़ी जाती साँस और एक दिन अचानक बाछे के माथे पर दोनों तरफ एक–एक कड़ापन सींग फूटने का और दूहने के पहले पहली धार धरती पर गिरती और धरती पर सरकती एक सफ़ेदी और फिर बाल्टी की पेंदी में तेज़ धार की चोट और शाम का धुआँ जाड़े में बोरसी की आग और फिर लालटेन की गेरुआ रोशनी में पालथी जमा पढ़ने बैठ जाता। यहाँ मैं मकई का गुन गाना चाहता हूँ।

मकई के फल (भुट्टे) से ज़्यादा हिफाजत से शायद ही प्रकृति ने किसी दूसरे फल को सजाया हो। भुट्टा बिल्कुल दूल्हे की तरह लगता है। और कदम्ब का फूल इतना अनूठा है, अपने रोम-रोम से खिलने वाला, इतना सुन्दर और सम्मोहक और

हरा और केसर और कली से फूल और फल बनते तक इतने चरणों से गुजरता हुआ, इतने रूप धरता, इत्मीनान से। जब सन् सड़सठ का अकाल पड़ा था तब कदम्ब के इन्हीं फलों को खा कर लोग जीवित रहे कई दिनों तक। पृथ्वी के सबसे सुन्दर फूल ने जीवन की रक्षा की थी। मेरे लिए सुन्दर का अर्थ है जीवन-रक्षक।

कुछ ऐसे व्यक्ति, चरित्र अथवा नातेदारियाँ जिनके कारण आपके व्यक्तित्व निर्माण के रास्ते बने हों ?

सबसे ज़्यादा असर तो बाबू जी का ही रहा। बाबू जी सन् छियालिस के दौर में कम्युनिस्ट पार्टी में थे। घर में मार्क्स की किताबें थीं और कम्युनिस्टों का आना-जाना था। साहित्य की भी बहुत किताबें थीं। ख़ास तौर से उपन्यास, विदेशी उपन्यास। 'मादाम बुवारी' का कवर मुझे बहुत अच्छा लगता था और ख़ुशबू जो अंग्रेज़ी किताबों में होती थी।

आपके जीवन की पहली पाठशाला-भीतर और बाहर की ? उसकी सुखद और करुण स्मृतियाँ ?

चूँकि बाबू जी तबादले वाली नौकरी में थे, इसलिए कोई एक जगह ठिकाने से मेरी पढ़ाई नहीं हुई। पहली पाठशाला के बारे में तो कहा ही है। उसके बाद लगभग तीन साल तक एक बुनियादी विद्यालय में पढ़ा जहाँ पूनी बनाना, तकली कातना, बाग़वानी ये सब सीखा। वहाँ ख़ूब मज़ा था। ख़ूब अंत्याक्षरी होती थी जहाँ कविताएँ रटने का तत्काल फायदा होता। अब तो शायद देश में ऐसे विद्यालय हैं भी नहीं। मुझको लगता है कि सर्वांगीण विकास के लिए इस तरह के व्यावहारिक बुनियादी विद्यालय उपयोगी होंगे। आज भी मुझे उस स्कूल का बड़ा अहाता, फूलों की क्यारियाँ, लाल मोरम के रास्ते, ऊँचा सुतवाँ चबूतरा याद है।

घर से बाहर 'पहला कदम' रखने और दुनिया से साक्षात्कार का प्रसंग, अगर कोई हो तो--

कोई खास नहीं। बस यही कि ट्रेन में खिड़की किनारे की सीट लूट कर वहाँ अपना सामान रख नीचे पानी पीने गया और लौटा तो पाया कि एक मुस्टण्डा मेरी जगह पर बैठा है और सामान नीचे है। कभी-कभी लगता है यह हमारे समकालीन जीवन का एक ठेठ रूपक ही तो है।

वाचिक परम्परा से प्राप्त साहित्य का प्रवेश और प्रभाव ?

बचपन से ही ख़ूब किस्से सुनता था। लोकगीतों के बारे में कह ही चुका हूँ। रामायण का पाठ और निर्गुण गाने वाले दैनन्दिन जीवन में शामिल थे। धार्मिक वातावरण के कारण जो हमारा पौराणिक साहित्य है, वह भी निरन्तर जीवन में सत्य

की तरह विद्यमान था। इन सब का क्या और कैसा असर हुआ, कह नहीं सकता।

भोजन में आपकी रुचियाँ। उनका आपके सौन्दर्यबोध से कैसा रिश्ता बनता है ?

मुझे मिठाइयाँ पसन्द हैं। ख़ास कर छेने की टिकिया जो भोजपुर में मिलती है। इसका मेरे सौन्दर्यबोध से क्या रिश्ता बनता है, नहीं जानता। लेकिन कभी-कभी मुझे लगता है कि यदि धरती पर मीठी चीज़ें नहीं होतीं तो कविता या कला भी नहीं होती।

संगीत का आपके मनोलोक से सम्बन्ध। और कविता से। आपकी आत्मा को जगाने वाला संगीत कौन-सा है ?

संगीत सुनना अच्छा लगता है। लेकिन शास्त्रीय संगीत का कोई ज्ञान या समझ मुझे नहीं है। इसका गहरा दुख है। मुझे कुमार गन्धर्व बहुत प्रिय हैं।

इलेक्ट्रानिक मीडिया का विस्तार 'गाजरघास' की तरह जीवन में हुआ है, यह कितना जीवन के पक्ष में है और कितना विरोध में ?

इलेक्ट्रॉनिक मीडिया भी तो जीवन के विकास से ही पैदा हुआ। इसलिए मैं कभी चिन्तित नहीं होता। यदि जीवन को बचे रहना है तो अन्ततः वही चीज़ें बचेंगी जो जीवन को बढ़ावें।

पूँजीवादी बाज़ार के विस्तारवादी-हिंसक रवैये में आप ख़ुद को किस स्थिति में पाते हैं या कि आज के सामान्य मनुष्य को ?

बाज़ार का हमला तो उन्हीं पर होगा जिनकी ज़ेबें हैं और ज़ेबों में पैसे हैं। मुझ पर या मेरे जैसे लोगों पर क्या होगा ? हमला पूँजीवाद का हो रहा है, बाज़ार तो बस एक रंगभूमि है। अधिकतर लोग खरीदने की सारी ताकत खो रहे हैं, अन्ततः रोटी खरीदने की ताकत भी।

पर्यटन में आपकी रुचि बनिस्बत कम है। लोग यहाँ तक कहते हैं कि आप यात्राओं से भयभीत रहते हैं जबकि लेखक तो बहुत यात्रा करते रहे हैं ?

हर यात्रा मुझे भयभीत करती हैं, यात्राओं में कई बार बीमार पड़ जाता हूँ। इसलिए कोई साथ रहे तो भरोसा रहता है। फिर भी यात्राएँ तो करता ही हूँ।

अन्य कलारूपों में आपके सौन्दर्यबोध के नजदीक कौन-से रूप हैं मसलन—नाटक, चित्रकला, मूर्तिशिल्प, सिनेमा, संगीत आदि ?

मैं इनमें से किसी के बारे में ज़्यादा नहीं जानता। फिर भी शायद मूर्ति शिल्प। सिनेमा तो कोई अकेली कला नहीं है।

भारतीय परिधानों में आपकी पसन्द ?

धोती कुरता पहनना अच्छा लगता है, ख़ूब सफ़ेद महीन धोती और अद्धी का चुन्नटदार कुरता। इससे ज़्यादा कामुक पोशाक और कोई नहीं जैसे कि स्त्रियों के लिए साड़ी। सलीके से धोती कुरता पहनने वालों को मैं देखता रह जाता हूँ।

सदी के अन्त में यह मूल्यांकन का दौर है। सभी क्षेत्रों में। अगली सदी में पाँव रखने को तत्पर जब आप बीता हुआ समय और जीवन देखते हैं तो सहज और निर्मम मूल्यांकन क्या है ?

दुनिया को बेहतर बनाना मुश्किल है। लूडो के खेल जैसा 98 तक पहुँच कर वापस (दो), पर।

डॉ. रामविलास शर्मा का कथन है कि पुरस्कारों में पैसों की भूमिका श्रेयस्कर नहीं। और अकादमियाँ एक तरह से रुटीन का शिकार हैं। उनमें कार्य और भूमिका के स्तर पर बदलाव ज़रूरी है। आप ऐसा मानते हैं ?

देखिए, पैसा वैसा तो कोई ख़ास है नहीं हिन्दी में। अगर किसी कवि को सारे पुरस्कार एक साथ भी दे दिए जायें तो भी वह दिल्ली में एक फ़्लैट नहीं ख़रीद सकता। पुरस्कारों को ले कर ज़्यादा सोचना ठीक नहीं। चलते हुए आप अपने तलवों की छाप न देखें। रचना बड़ी चीज़ है, उसी पर ध्यान रहे। जहाँ तक अकादमियों का सवाल है तो अभी साहित्य अकादमी या कुछ राज्यों की अकादमियाँ जैसे म.प्र. की साहित्य परिषद् जो कर रही है वह महत्त्वपूर्ण है। आप जब भी काम करेंगे कोई-न-कोई रुटीन तो बन ही जायेगा। और कुछ कमी-बेशी भी होगी। जो हालत देश की है, जो आर्थिक नीति है, उससे तो लगता है कि ये अकादमियाँ अब चन्द दिनों की मेहमान हैं। इसलिए फ़िक्र की बात वो है।

साहित्य के पोषण और संवर्धन में विश्वविद्यालयों की भूमिका को ले कर पाठक और लेखक सन्देह व्यक्त करते हैं। 'प्राध्यापकीय आलोचना' को ले कर असहमतियाँ हैं। आपकी प्रतिक्रिया ?

अगर विश्वविद्यालयों के हिन्दी विभाग न होते तो अधिकांश कवियों-लेखकों के नाम तक जानने वाले आज न होते। इनका सबसे बड़ा योगदान यह है कि इन्होंने हिन्दी की महान परम्परा का संग्रह किया। क्या हिन्दी के समकालीन लेखक अपने अग्रजों या पूर्वजों की चर्चा उस आत्मीयता या निकटता से करते हैं जैसे अंग्रेज़ी या रूसी के लेखक ? संवर्द्धन का काम तो रचनाकारों और पाठकों का है।

वैचारिक पार्टियाँ और लेखक संगठन अपना महत्त्व खोते जा रहे हैं,

ऐसा माना जा रहा है। उनकी भूमिका को ले कर आज कई सवाल दृश्य में हैं। आप इसे किस तरह से देख पाते हैं ?

पार्टियों की भूमिका तथा शक्ति घटती-बढ़ती रहती है। ज़रूरत होने पर जनता अपनी पार्टी ख़ुद खोज लेती है या नयी बना भी लेती है। सारी कमियों-कमज़ोरियों के बावजूद वामपन्थी पार्टियाँ उन नीतियों का विरोध करती रही हैं जो ग़रीबों को और भी ग़रीब बनाती हैं। जहाँ तक लेखक संगठनों का सवाल है तो इनकी भी स्थिति एक जैसी नहीं रही। सन् पचास से पचहत्तर तक कोई सक्रिय संगठन नहीं था। मेरा ख़याल है कि लेखक संगठनों की वास्तविक भूमिका जन-संगठनों के साथ तै होती है। अलग से लेखक-संघ केवल क्लब बन कर रह जाते हैं।

साहित्य में कुछ विधाएँ लुप्त होती दीख रही हैं जैसे निबन्ध, यात्रा-वृत्तान्त, जीवनी, आत्मकथा, डायरी आदि। हालाँकि इक्का-दुक्का कुछ दिख जाता है लेकिन अन्य विषय मसलन विज्ञान, अर्थशास्त्र, भूगोल, समाजशास्त्र, मीडिया, संगीत आदि की हालत और गम्भीर है। इस क्षरण के क्या कारण हो सकते हैं ?

नहीं, मुझे नहीं लगता कि ये विधाएँ लुप्त हो रही हैं। सौभाग्य से अमृतलाल वेगड़ सरीखे अनेक लेखक हमारे बीच मौजूद हैं। बहुत बड़े पैमाने पर तरह-तरह के लोग अपनी-अपनी बातें लिख रहे हैं। हिन्दी अब केवल साहित्य और साहित्यकारों की भाषा नहीं रही। जहाँ तक विज्ञान, अर्थशास्त्र जैसे विषयों की बात है तो जब इन क्षेत्रों में मौलिक प्रतिभाएँ आयेंगी तो स्वत: अपनी भाषा का व्यवहार करेंगी जैसे रॉयल सोसाइटी की स्थापना के साथ अंग्रेज़ी विज्ञान की भाषा बनी। दोयम दर्ज़े के लोग कभी मातृभाषा में लिखने का ज़ोखिम नहीं उठायेंगे।

प्रकाशक और लेखक के बीच रागात्मकता और आदरभाव नहीं दीखता। एक दूरी है या फिर जुगाड़, जुगलबन्दी और व्यवसाय ने लेखक को द्वितीय कोटि में फेंक दिया है। क्या आप ऐसा मानते हैं ?

मेरा सम्बन्ध तो अपने प्रकाशक से ठीक ही है। कविता की किताब लिखने वाले को अपेक्षा ही क्या है। जो ताँबा-तुलसी मिल जाता है उसे ही बहुत मानता हूँ।

प्रकाशन आज ग्रन्थालयों अथवा सरकारी ख़रीद के लिए अधिक होता है। क्या लेखकों को सस्ती दरों की किताबों को उपलब्ध कराने के लिए गम्भीरता से नहीं सोचना चाहिए। कम-से-कम अगोचर पाठक के बारे में ?

यह बात महत्त्वपूर्ण है। किताबें सस्ते दाम पर साधारण लोगों तक पहुँचें, यही

सबसे ज़रूरी काम है। इस दिशा में न तो हम लेखकों ने कुछ किया न लेखक संगठनों ने। हिन्दी में कोई सहकारी प्रकाशन गृह भी नहीं बना। छिटपुट कोशिशें ज़रूर हुईं। लेकिन हिन्दी के लेखक अपनी उँगलियाँ रोशनाई से भी गन्दा नहीं करना चाहते। अगर हम सचमुच पाठकों का ख़याल रखते हैं तो सबसे पहले सस्ती किताबें छाप कर गाँव-गाँव पहुँचाएँ।

♦ ♦

आपने अपने वक्तव्य में लिखा है—'नहीं जानता कवि हूँ या नहीं। लेकिन कुछ लोग कहते हैं, इसलिए शायद। 'यह विनम्रता है, सन्देह, जेस्चर, अदृश्य दबाव या फिर दूसरे अन्य काम करने वालों की तरह 'कवि कर्म' भी एक काम है और 'विशिष्ट' नहीं।

नहीं, यह कोई विनम्रता या रणनीति नहीं है। यह वास्तविक संशय है क्योंकि कवि होना सचमुच दुर्लभ है। ऐसा मैं इसलिए कहता हूँ कि मुझमें वो चीज़ें नहीं हैं जो निराला, प्रसाद, शमशेर या मुक्तिबोध में हैं...। 'कवि कर्म' और दूसरे कामों में फर्क यह है कि दूसरे काम समाज की प्रत्यक्ष ज़रूरतों के मुताबिक गढ़े जाते हैं या किये जाते हैं—इसमें मैं चोरी-डकैती को भी एक मानता हूँ क्योंकि पूँजी का संकेन्द्रण जितना ज़्यादा होगा, लूट-पाट भी उतना ज़्यादा होगी-जबकि कवि-कर्म उन कर्मों का स्मरण दिलाने के लिए होता है जिन्हें समाज भूल चुका है या जिनसे वंचित है। इस तरह कवि-कर्म हमारे अतीत और भविष्य का कारोबार है।

आपके शब्दों में 'समकालीन हिन्दी कविता कुछ-कुछ बहरी है' अर्थात् उसमें 'श्रवण बिम्ब' का अभाव है। क्या यह बात आपकी अपनी कविता पर भी लागू है ? (और जो 'कुछ कुछ' में बचाव है उसकी आड़ में 'समकालीन कविता' और अपनी कविता को न लेने का आग्रह शामिल मानें ?

हाँ, यह बात मुझ पर भी लागू है। वाक् और अर्थ की जैसी सम्पृक्ति चाहिए वह मेरी कविता में तो ख़ैर नहीं ही है जैसी निराला या पन्त में या कहिए भवानी प्रसाद मिश्र या शमशेर में है। कहने का मतलब यह है कि ध्वनियों के प्रयोग से एक भाव-विशेष को व्यक्त किया जाये, ऐसा कम हो पाता है। यह सही है कि बोलने की अनेक भंगिमाएँ समकालीन कविता ने अर्जित या आयत्त की हैं जो कविता को नाटक के करीब ले जाता है, लेकिन यह भी सही है कि जो तत्त्व कविता को संगीत की तरफ ले जाता है वह समकालीन कविता में कम है।

आपके विचार हैं—'आज की कविता अभी ठीक दस बरस पहले की

कविता के मुकाबले ज़्यादा स्याह, उदास और अकेली है।... उसके गले पर समय की उँगलियों के नीले दाग़ साफ़ दीखते हैं।' यह आप आठवें दशक के बाद की कविता पर आरोपित करते हैं या फिर उन सभी पर जो इस दौर में भी लिख रहे हैं। 'स्याह', 'उदास' और 'अकेली'--इन शब्दों को साफ़ करें क्योंकि आलोचना में अग्रज से ले कर युवा समीक्षक तक ऐसा नहीं कह रहे हैं।

सन् अस्सी के आस-पास जो नये कवि आये थे, कविता-पुस्तकें आयी थीं उनमें एक उत्फुल्लता थी, एक हँसमुख, प्रसन्न कविता—खुला-खुला लगता था। तकलीफ़ें थीं, लेकिन वे अन्तिम नहीं थीं, उम्मीद भी थी, घर में अन्तिम कौर का अन्न ही नहीं, कुछ और भी बचा था। लेकिन बाद में यह कम होता गया। इसका कारण बदलती सामाजिक—आर्थिक स्थितियों में है। 'स्याह' यानी 'हरा' का उल्टा। अब तकलीफ़ें ज़्यादा हैं, दुःख और संघर्ष, साँस लेने के लिए हवा कम है—तो निश्चय ही जीवन स्याह हुआ है। उदासी भी है क्योंकि वह भोलापन और बेवजह उम्मीद की ताकत भी कम हुई है। अकेलापन भी, क्योंकि पहले लगता था हम सब, पूरा समाज, पूरी दुनिया एक निश्चित लय में एक ही गंतव्य को जा रहे हैं, साथ-साथ हैं, तत्पर। अब ऐसा नहीं लगता। बहुत से गंतव्य हैं, बहुत से रास्ते भी, टुकड़े-टुकड़े हो चुका कारवाँ है, और जो मेरा रास्ता है, वह बहुत सुनसान और बीहड़ है।

आपने कहा है—'अभिधा प्रायः स्मृति पोषित है और व्यंजना कल्पना प्रेरित। श्रेष्ठ कविता अन्ततः कल्पना पर कुछ अधिक आश्रित हो कर ही सम्भव है।' समकालीन कविता पर आरोप है कि वह स्मृति पोषित अधिक है और अभिधा यानी तफसीलों में वह इधर चर्चा में है और 'केन्द्रीय पद' की तरह है। नामवर जी तो इसे प्रवृत्ति और लक्षण की तरह स्वीकार रहे हैं। तब क्या यह मान लिया जाय कि जो कुछ स्मृति से इन दिनों लबालब है और कल्पना से काफी दूर, वह श्रेष्ठ नहीं या कम श्रेष्ठ है ?

मैं ऐसा नहीं मानता कि अभी की कविता केवल 'अभिधा' या 'तफसीलों' की कविता है। हरिऔध जी, मैथिलीशरण जी या दिनकर जी भी मूलतः 'अभिधा' के ही कवि हैं। हिन्दी कविता हर अन्तराल के बाद इस तथाकथित अभिधा के विरुद्ध ही आगे बढ़ी है। कविता को स्वभावतः ही आसानी की ओर नहीं, जीवन की जटिलता में जाना है और इसके लिए केवल अभिधा से काम नहीं चलता। जो भाषा हम बोलते हैं उसका मूल गुण अभिधा ही है, अभिधा ही भाषा की स्वाभाविक स्थिति है–कविता

इस स्वाभाविक स्थिति यानी जड़ता को तोड़ती है और उसमें एक त्वरा या घूर्ण उत्पन्न करती है, रुका हुआ पहिया घूमने लगता है और घूमते पहिए पर पजती छुरी से स्फुलिंग छूटने लगते हैं चारों तरफ, यही वह नया काम है जो कविता करती है। लेकिन इसका अर्थ यह नहीं कि कविता में विवरण या कथन, वक्तव्य, कथोपकथन आदि नहीं आयेंगे–सब होंगे, सपाट वर्णन भी–आखिर 'अब लौं नसानी अब ना नसैहौं' या 'हे प्रभु मेरोई सब दोसु' या 'एक और मन रहा राम का जो न थका' ये सब कथन या वक्तव्य ही तो हैं। ज़रूरी है उनमें ताप का, आवेग का, 'पैशन' का होना। इस 'पैशन' के अभाव में व्यंजना भी केवल कौतूहल या वाग्विलास होगी। जो श्रेष्ठ कविता है उसमें कल्पना तथा स्मृति दोनों का योग होगा। अभिधा, लक्षणा या व्यंजना के आधार पर कविता की श्रेष्ठता तै नहीं होती, मूल तत्त्व है भाव, भाव की सबलता तथा सघनता।

आपने लिखा है, 'खराब गद्यकार अच्छा कवि बन जाता है और खराब कवि अच्छा गीतकार। जबकि गीत लिख पाना साधना की चरम परिणति है।' सूत्रों में बात करने की जगह क्या यह बेहतर नहीं है कि आप खराब गद्यकार और खराब कवि के उदाहरण दे कर स्पष्ट करें, जो अच्छे हो गये हों।

यहाँ अच्छा का सीधा अर्थ है सफल, व्यावहारिक अर्थ में। मेरा आशय है कि साहित्य की किसी भी विधा का मूल आधार गद्य है, जो हम बोलते हैं। अच्छा गद्य लिख पाना साहित्यकार होने की न्यूनतम अहर्त्ता है। अच्छा गद्य का मतलब है वह गद्य जिसका कोई न कोई स्पष्ट अर्थ ज़रूर हो। जो श्रेष्ठ लेखक हैं वे गद्य को अर्थ-संकुल बनाते चलते हैं जिसकी चरम अवस्था है कविता और अन्ततः गीत। 'बाँधो न नाव इस ठाँव बन्धु' जो निराला की कविता है वह इसी अर्थ सघनता के कारण श्रेष्ठ है। बच्चन के निशा-निमन्त्रण के गीत या रघुवीर सहाय की 'रामदास' कविता भी इसी सघनता के कारण महत्त्वपूर्ण हैं। आप चाहते हैं, मैं खराब लेखकों के उदाहरण दूँ, तो वह मैं नहीं करूँगा।

'छन्द कविता को और कवि को दीर्घायु बनाता है।' अब इधर जबकि छन्द तिरोहित हो चुका है तब क्या हमारी कविता और कवि दीर्घायु न हो सकेंगे, यह मान लिया जाय ?

दीर्घायु होने से मेरा सीधा मतलब है कि लोग, साधारण लोग उसे सुगमता से कण्ठस्थ कर लेते हैं। वह एक मुँह से दूसरे मुँह चलती जाती है, एक युग से दूसरे युग तक। जो कविता निपट गद्य में लिखी जाती है उसे यह लाभ नहीं मिलता। लेकिन यदि

पाठकों के हृदय में उसने स्थान बनाया तो निश्चय ही वह भी दीर्घायु होगी – किताबें और काग़ज़ और कैसेट ही कण्ठ होंगे। फिर भी, इस दिलासा के बावजूद, मुझे लगता है कि छन्द का कोई विकल्प नहीं।

आपने कहा है—'जब लेखन से ज़्यादा महत्त्व लेखक को मिलने लगे तब तै है कि यह लेखक की मृत्यु है'। इधर पुरस्कारों ने यही किया है, मीडिया ने भी अपने स्वार्थ सिद्ध किये हैं और लेखक संगठनों और उसके समर्थकों ने भी। फिर कुछ 'महंथ' हैं जो इस मृत्यु के जिम्मेदार हैं। जो साहित्य अकादमी पुरस्कार के चलते घटा वह भी प्रासंगिक है। ऐसे में (यशस्वी) लेखक की मृत्यु ज़्यादा करीब दीखती है ऐसा है या नहीं ?

'लेखक की मृत्यु' इतनी आसानी से नहीं होती। उसे बिल्ली की तरह नौ जीवन का वर प्राप्त है। यह लेखक पर निर्भर है कि उसकी जीवन रेखा क्या होगी। जो आत्ममुग्ध और सन्तुष्ट हैं, वे तो ज़रा-सी हवा लगने से टपक पड़ेंगे, लेकिन जो अपनी स्थिति, अपने दायित्व और अपनी परम्परा को जानते हैं उनके लिए सारे सम्मान-पुरस्कार रास्ते की धूल ही तो हैं। उसने यात्रा धूल बटोरने के लिए नहीं, कहीं पहुँचने, कहीं जाने के लिए शुरू की है या फिर चलते चले जाने के लिए। इसलिए जो वास्तविक लेखक हैं उनके लिए इन क्षुद्रताओं का कोई महत्त्व नहीं। महत्त्वपूर्ण है अपरिग्रह, संग्रह नहीं।

कविता आपको 'परचून की दूकान' की तरह भाती है--'ढेर सी चीज़ें, बेइन्तहा, और सृष्टि की अद्भुत नुमाइश।' यहाँ 'नुमाइश' छोटा शब्द है, अर्थ और भाव में। फिर इस नुमाइश के लिए चीज़ों के नाम और गुण-धर्म सहित अनेक शब्द चाहिए जबकि आप दूसरी तरफ़ कहते हैं—'एक कवि को कितने शब्द चाहिए'। यानी आप सिर्फ शब्दों के संयोग की बात करते हैं। यह कैसे सम्भव है, ढेर सी चीज़ें, बेइन्तहा और अद्भुत नुमाइश। और कम शब्दों के संयोग से इसका सम्भव होना ?

दोनों में कोई विरोध नहीं। कविता एक साथ कई काम करती है और कई तरीकों से करती है। कविता जीवन को 'लेटर' तथा 'स्पिरिट' यानी अक्षर तथा आत्मा दोनों की तरह से ग्रहण करती है। वस्तुओं के लिए तो ढेर सारे नाम, ढेर सारे शब्द होंगे, पर भावों के लिए, मन की दशाओं के लिए हो सकता है थोड़े से शब्दों से ही काम चल जाये। एक उदाहरण शेक्सपियर का अभी दिमाग में आ रहा है—'वण्डरफुल, वण्डरफुल, मोस्ट वण्डरफुल, एण्ड येट वण्डरफुल' या तुलसीदास का 'राम राम कहि राम कहि राम राम कहि राम' (दशरथ की मृत्यु का प्रसंग)– तो एक

ही शब्द के दुहराव से एक पूरी भाव-स्थिति को व्यक्त किया गया है। विद्वानों ने बताया है कि कुरान शरीफ में कहीं भी 'ऊँट' शब्द नहीं मिलता। लेकिन यह भी तै है कि अरब-संसार की आत्मा की अभिव्यक्ति तो वहीं मिलती है। इसलिए कोई एक नियम नहीं है अन्तिम।

आपकी स्पष्ट धारणा है कि 'साहित्य उतना ही प्राकृतिक है, उतना ही विशिष्ट जितना कि उस क्षेत्र के पेड़-पक्षी और जानवर और हमारी चमड़ी का रंग और ऋतुएँ। और ऋतुओं का स्वभाव।' क्या हमारे समय में लिखी जा रही ख़ास तरह की कविता, आलोचना और कुछ साहित्यिक विधाएँ स्व-भाव से दूर लग रही हैं ? खास कर 'स्ट्रक्चर', 'भाषा' और 'मुहावरा' ? (जैसा पाठक अनुभव कर रहे हैं)

एक बात मैं फिर कह रहा हूँ कि जब भी हम बात करें तो जो श्रेष्ठ है उसे ही उदाहरण मानकर। इसलिए आज जो भी श्रेष्ठ कविता है वह स्व-भाव से दूर या विजातीय नहीं है। हमारा स्वभाव भी कोई जड़ वस्तु नहीं है, और हमारी जातीयता भी स्थिर नहीं। इसीलिए स्वभावत: कविता भी स्थिर नहीं। यदि आप अभी की हिन्दी कविता की तुलना किसी दूसरी भाषा, विदेशी भाषा, की कविता से करेंगे तो फर्क साफ़ लगेगा। हमारी कविता के बिम्ब हमारे जीवन के बिम्ब हैं, यहाँ तक कि कविताओं के भाव और आवेग भी हमारे हैं। भाषा तो निश्चय ही अपनी है। जहाँ तक संरचना की बात है तो पूरी दुनिया में कविता गद्य में लिखी जा रही है, केवल हमारी भाषा में नहीं। जो लोग समझते हैं कि बाहरी दुनिया से हमारा कोई सम्पर्क न हो, वे सृजन तो कर ही नहीं सकते। बिना आदान-प्रदान के न तो व्यापार चलता है न सृजन। जो कूपमण्डूक है उसकी आवाज़ भी बाहर जाती है और बाहर बादलों का गरजना भी उस तक जाता है। इसलिए कूपमण्डूक भी उतना कूपमण्डूक नहीं होता जितना प्रबुद्ध मण्डूक समझते हैं।

'साहित्य भाषा में होता है जैसे मछली पानी में होती है।' हमारा इधर का साहित्य कितना अपने पानी में है और कितना पानी कहाँ-कहाँ छूट रहा है ?

हमारा साहित्य हमारी भाषा में है और यही इसका अपने पानी में होना है। जब तक आप अपनी भाषा में लिखेंगे निश्चय ही उस भाषा की मिट्टी और पानी सब साथ आयेंगे। इसलिए आज जो उच्चवर्ग है देश में उसका 'अपना' साहित्य भारतीय भाषाओं में नहीं, बल्कि अंग्रेज़ी में है क्योंकि अंग्रेज़ी में आप चाहे जितना कीचड़ कादों लिखें वह मैला आँचल तो नहीं होगा। कभी-कभी मैं सोचता हूँ निर्मल वर्मा की

'लन्दन की एक रात' या केदारनाथ सिंह की 'त्रिनिदाद' हमारा अपना है या अंग्रेज़ी में लिखा केरल के गाँव या बिहार के जंगलों का जीवन ?

'हिन्दी साहित्य का यूँ तो कोई प्रत्यक्ष सम्बन्ध पाठकों से नहीं है। फिर भी एक अगोचर पाठक वर्ग है जो अपना निर्णय देता है, जो सर्वोपरि है।' यह अगोचर पाठक वर्ग कौन है और कहाँ निर्णय दे रहा है ? इसे आपके अलावा भी पहचाना जाना चाहिए?

यह अगोचर पाठक वर्ग पूरे हिन्दी क्षेत्र में फैला है और वह किसी के कहने से अपनी राय नहीं बनाता। नागार्जुन के पास कौन-सी ताकत थी सत्ता की या प्रशासन या प्रचार-तन्त्र की, धूमिल के पास ही क्या था उस समय, दूसरे कवि तो सम्पादक-शासक भी थे, लेकिन ऐसा क्यों हुआ कि पिछले तीस वर्षों पर इन्हीं ग़रीब कवियों का प्रभाव रहा ? इस अगोचर पाठक वर्ग ने निराला को ही इतना प्यार क्यों दिया ? अपने निजी जीवन में उनसे अधिक असुरक्षित और निहत्था कवि इस शताब्दी में दूसरा कौन हुआ ? ज़रूर कोई शक्ति है, वही शक्ति जो इतिहास का संचालन करती है कविता और कवियों के भाग्य का भी निर्धारण करती है।

'दक्षिण अफ्रीका में रंगभेद पुनीत मूल्य हैं और रामचरितमानस का सम्यक् मूल्यांकन वर्णाश्रम धर्म की चर्चा के बिना हो ही नहीं सकता।' ऐसा आपका कथन है। लेकिन आपने व्याख्या नहीं की। ये बहुत नाजुक भी है और विस्फोटक भी। अतः इसे साफ़ करें।

मैंने यह बात 'जनतन्त्र और समालोचना' वाली टिप्पणी में कही है जहाँ मेरा आशय है कि सभी प्रकार के मूल्यों का मान एक नहीं होता तथा जनतन्त्र का अर्थ बहुलतावाद अर्थात् सभी प्रकार के मूल्यों का शान्तिपूर्ण सहअस्तित्व नहीं है। जैसे किसी भी जनतन्त्र में आज वर्ण-व्यवस्था या रंगभेद या लिंगभेद का समर्थन वैध नहीं माना जाता। उसी तरह आलोचना के जनतन्त्र में भी सभी मूल्य बराबर नहीं हैं। चूँकि आलोचना अन्ततः मूल्य निर्धारण भी करती है इसलिए उसकी भी एक निश्चिय पक्षधरता या मूल्यबद्धता होगी, चाहे यह पक्ष वैचारिक हो, या दार्शनिक या सौन्दर्यपरक। लेकिन रामचरितमानस को श्रेष्ठ कहने का अर्थ वर्ण-व्यवस्था का समर्थन नहीं है। यह तुलसीदास का अपना अन्तर्विरोध है। कुछ मूल्य तो कवि के निजी चुनाव के कारण रचना में होते हैं और कुछ मूल्य तत्कालीन समाज की वैधता पा कर प्रगट होते हैं। आज का कोई कवि यदि वर्णाश्रम का समर्थक हो तो क्या वह कवि कहलाने का अधिकारी होगा ? क्या वह कविता लिख सकता है ? वर्णाश्रम धर्म के तिरस्कार के बगैर आज तुलसीदास का भी महत्त्व-निर्धारण नहीं हो सकता।

कविता ही किसी कवि का 'समाधि लेख' होती है। कल्पना करें कि आप बीसवीं की जगह बाईसवीं सदी में जन्म लेते और आज के साहित्यिक-सांस्कृतिक-राजनैतिक-सामाजिक दबावों से मुक्त रहते तो क्या ऐसा ही लिखते जैसा 'कविता समय' में है या उन्हीं कवियों पर लिखते। अगर नहीं तो वह कैसा होता और उसका अर्थ ? क्या धूमिल, श्रीकान्त, वेणु गोपाल, विजेन्द्र, अशोक वाजपेयी पर आप वैसा ही लिखते या नहीं भी लिखते। या फिर जिन पर आपने डूब कर लिखा उनमें कई नाम, किसी और तरह से आते। 'समाधि-लेख' कुछ और ही होते।

बाईसवीं सदी में भी तो कुछ सामाजिक राजनैतिक दबाव होंगे। यदि यह मान लिया जाय कि वह एक ऐसा राज्यविहीन समाज होगा जहाँ किसी को दैहिक दैविक भौतिक ताप न हो तो भी जब बीसवीं सदी के साहित्य को पढ़ा जाएगा तब यह तो देखा ही जाएगा कि किन रचनाओं में यह आकांक्षा या कल्पना व्यक्त हुई थी। एक सम्बन्ध इस तरह से भी बनेगा जैसे कि आज भी हमारे कई शताब्दी पूर्व के साहित्य से बनता है। लेकिन मेरे लिए सबसे अधिक महत्त्वपूर्ण है 'ह्यूमन मोमेन्ट' (मानव-क्षण) जो कोई रचना रचती है। चाहे जो भी दर्शन या विचार रचना के पीछे हो, अन्ततः रचना होती है मनुष्य के बारे में, इसलिए रचना का जो मानव-क्षण है वही उसे महत्त्व प्रदान करता है। यह तुलसीदास पर भी लागू है। बाल्ज़ाक पर भी और फासीवाद समर्थक नाटककार हॉटमैन पर भी। यह शब्द ह्यूमन मोमेन्ट मार्क्स का शब्द है। निश्चित रूप से आज से दो सौ साल बाद ही क्या, बीस साल बाद भी मुझ पर वे दबाव नहीं होंगे जो आज हैं। हो सकता है मेरी पसन्द भी बदले, समझ भी बदले। लेकिन इतना तै है कि आज जिन्हें मैं प्यार करता हूँ, जिन कवियों को, उन्हें बीस साल पहले भी किया और आगे भी करूँगा क्योंकि प्रेम करने की मूल वजह है रचना का 'मानव-क्षण'।

हिन्दी साहित्य उन अर्थों में आधुनिक नहीं है जिन अर्थों में यूरोपीय। लेकिन उसकी आलोचना आधुनिक/उत्तर आधुनिक औजारों से हो रही है भले ही वे मार्क्सिस्ट स्कूल के हों। वह वर्गीय आधार पर तर्काश्रित है। किन्तु भारतीय समाज की संरचना शुद्ध वर्गीय न हो कर वर्णाश्रित-जातीय है। हमारे मार्क्सवादी औजार क्या सही-सही चीज़ों को लम्बे काल-खण्ड में पकड़ने में सक्षम रहे हैं। इधर विवाद का यह भी रंग है ख़ास कर 'दलित विमर्श' में। इसे आप कैसे परिभाषित करेंगे ?

निश्चय ही हिन्दी साहित्य उन अर्थों में आधुनिक नहीं है जिन अर्थों में यूरोपीय साहित्य। फिर यूरोपीय साहित्य भी एक नहीं है। अलग-अलग भाषाओं में अलग-अलग स्थिति है। लातिनी अमेरिका, चीन, जापान और रूस तथा अमेरिका में भी स्थिति एक सी नहीं है। फिर भी एक बात सब जगह है, वो है पूँजी का शासन। आधुनिकता का सन्दर्भ यही पूँजी का शासन है जबकि उत्तर-आधुनिकता अन्य सन्दर्भों पर बल देती है जैसे जाति, धर्म, क्षेत्र, लिंग आदि। जहाँ तक भारतीय समाज का सवाल है, यहाँ वर्ण-व्यवस्था एक अतिरिक्त कारक है। पर दुनिया में कोई समाज ऐसा नहीं जहाँ ग़रीब और अमीर का भेद न रहा हो, कोई ऐसी जाति, नस्ल, सम्प्रदाय ऐसा नहीं जहाँ उसी के भीतर यह ग़रीब-अमीर का फर्क न रहा हो। इसीलिए मार्क्सवाद सभी समुदायों और राष्ट्रों के लिए एक जैसा उपयोगी और प्रासंगिक रहा। हर समाज ने अपनी-अपनी तरह से इसमें जोड़ा-घटाया और आज भी वह सिलसिला जारी है। भारत में भी यह प्रयत्न हुआ और आज भी हो रहा है। भारतीय समाज में जन्म से मनुष्य के मूल्य का निर्धारण सबसे बड़ा अभिशाप रहा है। वर्ग से तो मुक्ति सम्भव है, लेकिन जाति से नहीं।

इसे बदलने के लिए बाहरी यानी आर्थिक परिवर्तन तो ज़रूरी हैं ही, भीतरी यानी मानसिक परिवर्तन भी ज़रूरी है। जब तक सोचने और महसूस करने और जीने का तरीका नहीं बदलेगा तब तक कोई भी बाहरी बदलाव ऊपर ऊपर की चीज़ हो कर रह जायेगा। जब तक हमारी चमड़ी की सिहरन, रोंओं का खड़ा होना, हमारी छाया का भाव नहीं बदलेगा तब तक किसी भी सामाजिक-आर्थिक बदलाव का कोई अर्थ नहीं होगा।

बदलना दोनों को है—जो दलित हैं उन्हें भी जैसे चेख़व और गोर्की बदले (चेख़व कहते हैं—एक सुबह मैंने सोचा मैं नया आदमी हूँ और मैं नया आदमी हो गया) और उन्हें भी जो ग़ैर-दलित हैं जैसे तॉल्सतॉय बदले। भगत सिंह के जीवन का एक मार्मिक प्रसंग है। फाँसी के पहले उनसे पूछा गया, तुम्हारी अन्तिम इच्छा क्या है, तो उन्होंने कहा—चाहता तो था माँ के हाथ की रोटी खाना, लेकिन वो तो हो नहीं सकता, इसलिए जो भंगी मेरा मल-मूत्र साफ़ करता है, उसके हाथ की रोटी खाना चाहता हूँ क्योंकि यह काम मेरे बचपन में माँ ने किया और अब इस भंगी ने। यह भगत सिंह की अन्तिम इच्छा थी। लेकिन सवाल यह है कि कोई भंगी हो ही क्यों ? क्या ऐसा समाज सम्भव नहीं ? इसके लिए जो भी परिवर्तन ज़रूरी हों सब किये जायें। मैं दलित-विमर्श तथा हर उस विमर्श के पक्ष में हूँ जो आदमी को जाति-धर्म-नस्ल से मुक्त कर शुद्ध आदमी का दर्जा दिलाने के लिए प्रयत्नशील है। मैं हर उस रचना का सम्मान करता हूँ जो मार्क्स के शब्दों में Human moment यानी मानव-क्षण का सृजन करती है।

'कविता और समय' के बारे में आपने कहा है कि यह पत्रिकाओं की आदेशपूर्ति का फल है। लेकिन आप मानेंगे कि किताब का संयोजन किसी आदेश का परिणाम नहीं होता। इसीलिए किताब से अनुपस्थित महत्त्वपूर्ण लेखकों के बारे में सवाल उठते हैं और 'ड्राप आउट' शब्द का प्रयोग होता है (जो हुआ भी)। क्योंकि लेख न हो तो कोई बात नहीं कि वह कवि-आलोचक का विशेषाधिकार है। किन्तु एक किताब में सन्दर्भ के स्तर पर उन लोगों की अनुपस्थिति हो जिनके बिना परिदृश्य अधूरा है तब खुलासा ज़रूरी है।

किताब में तुलसी हैं कबीर अनुपस्थित। निराला हैं प्रसाद-पन्त ग़ायब। त्रिलोचन, शमशेर, नागार्जुन हैं केदारनाथ अग्रवाल नहीं। केदारनाथ सिंह, रघुवीर सहाय, श्रीकान्त वर्मा, कुमार विकल यहाँ तक अशोक वाजपेयी और परमानन्द श्रीवास्तव हैं लेकिन कुँवरनारायण, विनोद कुमार शुक्ल, ऋतुराज, देवताले, विष्णु खरे नहीं। यहाँ तक अज्ञेय अनुपस्थित। कई और नाम। और आपके सभी समकालीन-मंगलेश डबराल, विष्णु नागर, उदय प्रकाश, असद जैदी, आलोक धन्वा, राजेश जोशी आदि। तो यदि 'ड्राप आउट' यह नहीं भी है तो सन्दर्भ विहीनता क्यों है ?

आपने जो कहा वो ठीक ही है कमोबेश। जो नहीं है वो तो नहीं ही है। होता तो निश्चय ही अच्छा रहता। दिक्कत यह है कि यह मेरी पहली ही किताब है और अभी कलम में रोशनाई बाकी है। फिर ऐसी कोई किताब दुनिया में आज तक नहीं निकली जिसमें सब कुछ हो, कुछ भी न छूटे। इसलिए ज़ोर इस पर होना चाहिए कि क्या है, और जो है वो कैसा है। इसके अलावा आलोचना की किताब या इण्टरव्यू कोई वोटर लिस्ट नहीं है जिसमें प्रत्येक वयस्क का नाम हो ही। वैसे मैं दो किताबें तैयार कर रहा हूँ अभी। एक, पूर्ववर्ती कवियों पर। दूसरी, समवयस्कों पर। कबीर पर एक लेख छपा है, पन्त पर हाल ही में एक संगोष्ठी में पढ़ा है। विष्णु नागर और विजय कुमार पर लगभग तैयार है। लेकिन हमेशा ही कुछ-न-कुछ छूट जायेगा। जिसके लिए अफ़सोस करूँगा। आलोचना एक हिसाब से सहकार-कर्म भी है। इसलिए चाहता हूँ कि इन ख़ाली जगहों को दूसरे लोग भी (लिखें) भरें। मैं अकेला क्या करूँगा। मैंने तो मुक्तिबोध पर भी नहीं लिखा। मुक्तिबोध ने भी शायद निराला पर नहीं लिखा। तो क्या हुआ ? यह भी हो सकता है कि किसी प्रिय कवि पर लिखने के लिए हमें अगले जनम तक इन्तजार करना पड़े क्योंकि हम उसे इतना प्यार करते हैं और इसलिए

लिखना मुल्तवी करते जाते हैं। मेरे सबसे प्रिय कवियों में ग़ालिब, मीर, शेक्सपीयर, मीराँ और कालिदास हैं, उन पर भी तो लिखना बाकी ही है। यानी सारे अच्छे काम अभी बाकी हैं। फिलहाल यही कि 'हमें नीको लगी सो करी हमने, तुम्हें नीको लगी न लगी न लगे।'

नवें दशक पर आपकी कुछ टिप्पणियाँ हैं जैसे—उसका अ-राजनीतिक स्वरूप, बड़े जीवन प्रश्नों से विमुखता, अतिसहजता, ज़्यादा घरेलू रूप, लोक और शहरी सिंथेटिक ग्रस्तता, जीवन की जटिलता और अन्तर्विरोधों से दूरी, बौद्धिक सख़्ती (अशोक वाजपेयी को उद्धृत करते हुए) की कमी। आपके शब्दों में वह 'माइनर पोएट्री' है। तो क्या यह अवधारणा रिजेक्शन के आस-पास नहीं?

ये सारी बातें सही हैं, लेकिन अपनी जगह से हट कर ज़्यादा तल्ख लग रही हैं। मैंने 'माइनर पोएट्री' 'नवें' तथा 'आठवें' दोनों ही दशकों की कविता के लिए कहा था और अभी भी मुझे लगता है जब कहा था तब ठीक ही कहा था। लेकिन इधर इसमें काफी बदलाव आया है। हमारे अनुज कवियों में विकास हुआ है। उनमें साहस भी है, चौतरफा ताकती आँखें हैं और भाषा का थोड़ा भिन्न व्यवहार। इसलिए मैं ख़ुश हूँ कि मेरी कई बातें गलत सिद्ध हो रही हैं या होंगी। जिस तरह पुत्र और शिष्य से पराजित होने पर ख़ुशी होती है, वैसे ही आलोचक को कवियों से पराजित होने पर।

अपनी किताब में आपने यह भी माना है कि रघुवीर सहाय के बाद की पीढ़ी के कवियों का अभी तक कोई समुचित जीवन परिप्रेक्ष्य नहीं बन पाया है। दूसरे शब्दों में उनके बाद कोई 'मेजर पोएट' फिलहाल दृश्य में नहीं दीख रहा। अगर ऐसा है तो कारण की गुत्थी खोलें।

बड़ा कवि या तो सहसा पैदा होता है या फिर धीरे-धीरे विकसित होता है। कीट्स, रैम्बो, लोर्का, भारतेन्दु बड़े थे ही शुरू से जबकि यीट्स विकसित हुए धीरे-धीरे। मुक्तिबोध और नागार्जुन भी। हमारे बीच के कवियों का विकास तो हो ही रहा है। इन्हीं में से कोई या कई बड़े कवि होंगे। ये नहीं होंगे तो दूसरे होंगे। हर भाषा अपना कवि ढूँढ़ ही लेती है।

इधर की समीक्षा-आलोचना के प्रति आपकी धारणा उत्साहवर्धक नहीं है या कहें नाराजी भरी है। आलोचना-समीक्षा के इधर के चरित्र की पर्तें खोलना बेहतर होगा...तो कुछ... कहें ?

तुर्गनेव एक फ्रांसीसी आलोचक के बारे में कहते थे—वह उस शिकारी कुत्ते की तरह है जो तेज़ दौड़ सकता है, बेहद फुर्तीला और आज्ञाकारी है और लगातार

शिकार की टोह में रहता है, बेचारे में एक ही कमी है—वह सूँघ नहीं सकता। तो हमारे अधिकांश बन्धु सूँघ ही नहीं सकते, कविता पहचानने और उसे खोल कर देखने की कूबत ही नहीं उनमें। बहुत कम लोग कविता से प्रेम करते हैं, ध्यान से पढ़ते हैं। पढ़ते भी हैं तो अपनी किसी धारणा या संकल्प की पुष्टि के लिए। यहाँ यह भी जोड़ दूँ कि हम-आप-सब आलोचक हैं, आलोचक को अलग से कोई पूँछ थोड़े ही होती है। अरिस्टोफेनिस का नाटक 'मेंढक' आलोचना को समझने के लिए अनिवार्य पाठ है।

◆◆

आज़ादी के पूर्व एक राष्ट्रवाद था जिसमें मुक्ति का सामूहिक स्वप्न था। इधर दूसरा राष्ट्रवाद है। लोग कह रहे हैं वह पुनरुत्थानवादी मुखौटे में हाज़िर और सक्रिय है। वह हमारे समय और समाज को किधर ले जा रहा है और क्या करना ज़रूरी है ?

अभी राष्ट्रवाद है कहाँ ? विदेशी कुत्ते पालने वाले, विदेशी दवा-दारू वाले, और विदेशी कम्पनियों के हाथ देशी बच्चों का पालना तक गिरवी रखने वाले राष्ट्रभक्त कब से हो गये ? देशभक्त वो है जो देशी चीज़ें इस्तेमाल करे, देशी भाषा में बच्चों को पढ़ावे और देश की मिट्टी-पानी-हवा और लोगों से प्रेम करे। जो पेट से फालतू एक दाना भी न खावै न संचै जैसा कि हमारे वेद कह गये हैं। जो ऐसा न करे वो कैसा राष्ट्रवादी ? इन्हें न तो उत्थान से मतलब है न पुनरुत्थान से, इन्हें पुनरुत्थानवादी कहना इस शब्द की तौहीन है, ये तो पुनर्पतनवादी हैं। ये उस सोनार की तरह हैं जो अपनी माँ के गहने से भी सोना चुरा ले।

स्त्री से जुड़े मुद्दे इस महाद्वीप के लिए अहम हैं। इससे हर मनीषी जूझता रहा है। आज की राजनीति में इस प्रश्न के उत्तर के लिए कोई जगह दीखती है अथवा नहीं ?

नारी मुक्ति कोई आज का विषय तो है नहीं। निराला ने वाल्मीकि के बारे में लिखा था—'धरती की बेटी को मान दिया'। आज चेतना ज़्यादा है। उत्साह भी। स्त्री की मुक्ति दो बार में होगी। एक तो सभी पीड़ितों के साथ। दूसरे, स्त्री मात्र के रूप में। स्त्री ही सबसे ज़्यादा दलित है, दलितों में दलित। मैं ख़ुद इस बात को ठीक से नहीं समझता था। स्त्री को नहीं, स्त्री-शरीर को देखता था। गाँव-देहात के सामन्ती तरीके से सोचता था। धीरे-धीरे मुक्त हो रहा हूँ। मेरी इच्छा है कि अपने देश में जहाँ भी जाऊँ, सड़कों-बाज़ारों-स्थानों में, जितने पुरुष दिखें उतनी ही स्त्रियाँ। और कोई अकेला न घूमे, स्त्री-पुरुष साथ पूरा परिवार। सबसे ज़रूरी है कि स्त्रियाँ आर्थिक रूप से स्वतन्त्र हों। दूसरे, जो बात दंतकथा में रत्नावली जी ने तुलसीदास को कही थी–

'यह तो हाड़-चाम का शरीर है'—इसे नैतिकता की रंगभूमि न बनाया जाये। प्रेम पर आधारित सारे सम्बन्ध नैतिक हैं/स्त्री के शरीर का दुरुपयोग ही उसके शोषण की शुरूआत है। जहाँ तक राजनीति का प्रश्न है, यह बहुत दिलचस्प है कि दुनिया के चार सबसे गरीब देशों—भारत, श्रीलंका, बंगलादेश और पाकिस्तान–में स्त्रियाँ प्रधानमन्त्री रहीं, फिर भी इन देशों में स्त्रियाँ सर्वाधिक दलित हैं। मतलब यह कि राजा-रानी कोई भी हो, अगर नीतियाँ ग़लत हैं तो ग़लत काम ही होंगे। इसलिए ज़रूरी है आर्थिक आज़ादी और बराबरी, हर स्त्री-पुरुष अपने पैर पर खड़ा हो, ऐसी नीति।

महाराष्ट्र में दलित चेतना सामाजिक आन्दोलन का परिणाम थी। लेकिन उत्तर भारत में दलित साहित्य का विमर्श 'मण्डल' के साथ उठा एक प्रायोजित विवाद है और दलित लेखकों की 'क्रिएटीविटी' के एवज़ में। ऐसा कहा जा रहा है। सारी पत्रिकाओं में सिर्फ़ बहस है रचना नहीं। इस विमर्श को आप किस तरह देख पाते हैं ?

भारत में दलित जाति के लोग पूरे देश में हैं। दलितों के आन्दोलन पहले से होते रहे हैं। संस्कृत कविता में भी उनकी वाणी और जीवन-दृश्य मिलते हैं। फिर भक्ति-आन्दोलन तो है ही। हिन्दी में इस तरह का आन्दोलन जैसे मराठी में हुआ वैसा नहीं हुआ। साथ-साथ यह भी कहना चाहिए जो कि मुक्तिबोध ने कहा है कि जैसी नारी जागृति महाराष्ट्र में आयी वैसी हिन्दी क्षेत्रों में नहीं आयी। मतलब यह कि हिन्दी क्षेत्रों में व्यक्ति की गरिमा का भान और आन्दोलन धीमा रहा। अभी जो चर्चा चल रही है वो अच्छी बात है। उसका सम्बन्ध 'मण्डलवाद' से नहीं बल्कि उन परिवर्तनों से है जो भारतीय समाज में अनेक वर्षों से हो रहे हैं। चेतना आने पर, स्वाधीन अनुभव करने पर कला का जन्म होता ही है। इंग्लैण्ड में भी चार्टिस्ट आन्दोलन के बाद मजदूरों में जागृति आयी और पहली बार बहुत बड़े पैमाने पर मजदूर वर्ग से लेखक निकले जिन्होंने प्रायः आत्मकथाएँ लिखीं। आगे चल कर इन्हीं में से लॉरेंस निकले। इसलिए ज़रूरत है कि हर आदमी अपनी ज़िन्दगी के बारे में लिखे। कौन जानता है कि हिन्दी के भाग्य में कौन-सा लेखक कहाँ छिपा बैठा है। सबको प्रोत्साहन और मान मिलना चाहिए। लेकिन बड़ा लेखक वही होगा जो हर तरह से स्वाधीन होगा, हर तरह की कुण्ठा और लिप्सा से मुक्त होगा।

भूमण्डलीकरण के रथ पर बरास्ते मीडिया जो पूँजी का बाज़ार है उसकी परिणति के बारे में आप क्या सोचते हैं ?

देखिए बाज़ार का कोई हमला नहीं होता। यह कहना ही ग़लत है। बाज़ार तो हर हाल में होगा। पहले भी था। यह पूँजीवाद का हमला है। अपने नग्न, नृशंस अवतार में

पूँजीवाद। बात चाहे जितनी घिसी-पिटी लगे सच है कि पूँजीवाद सब कुछ को ख़रीद-बिक्री की चीज़ में बदल देता है, इसलिए लेखक-कलाकार-वैज्ञानिक और यह देह भी 'ऑन सेल' है। मीडिया का काम यह है कि वह आपको बाज़ार में ले चले। विज्ञापनहीन मीडिया की कल्पना हो ही नहीं सकती। बाज़ार कैंसर की तरह बढ़ता है। इसे ही भूमण्डलीकरण कहा जाता है। हाल-फिलहाल तो पूँजीवाद का अन्त नहीं दीखता। लेकिन अन्त तो होगा ही अगर आदमी को आदमी के रूप में जीना है।

उत्तर-आधुनिक विमर्श के नाम पर इधर जो महानगरीय गूँज है वह समूचे महादेश के सन्दर्भ में कितनी सकारात्मक है और कितनी ग़ैर ज़रूरी है। उसका चरित्र क्या है ?

जिसे उत्तर-आधुनिकता कहा जाता है उसकी मुख्य प्रतिज्ञा यह है कि अब वर्ग जैसी कोई सर्वव्यापी अवधारणा नहीं रही यानी आर्थिक आधार पर समाज के विकास को नहीं देखना चाहिए। दूसरे कारक ज़्यादा महत्त्वपूर्ण हैं। यानी वर्ग नहीं, नस्ल, धर्म, जाति, लिंगभेद, क्षेत्र और अन्ततः व्यक्ति-व्यक्ति। इसलिए राजनीति अब इन्हीं कारकों की होगी। लोग कहते हैं कि हम तो अभी आधुनिक भी नहीं हुए, उत्तर-आधुनिक कैसे हो गये ? बात यह है कि जहाँ कहीं पूँजीवाद का नया अवतार है वहाँ-वहाँ उत्तर-आधुनिकता भी होगी। एक होगा तो दूसरा भी होगा। इसलिए भारत में अभी पूँजीवाद के अन्तर्गत उत्तर-आधुनिक राजनीति चल रही है अर्थात् जाति, सम्प्रदाय, धर्म, क्षेत्र, लिंग भेद पर आधारित राजनीति। यानी 'राजनीति कड़ी से कड़ी चल रही है', निराला के शब्दों में।

हाल के चुनावों में वाम राजनीति का आधार कुछ खोखला और कमज़ोर हुआ है। उसे ले कर कई सवाल हैं जो चर्चा में हैं। लेकिन पार्टी में आत्ममन्थन की कोई ठोस प्रक्रिया नहीं दीख रही। जबकि इस स्थिति के बरक्स विरोधी अधिक संगठित हैं। आप इस विघटन पर क्या कहेंगे ?

वाम राजनीति, यानी वर्ग-आधारित पूँजीवाद विरोधी राजनीति, का आधार खोखला नहीं हुआ है, बल्कि लगातार चौड़ा हुआ है। ये वामपंथी दल हैं जो खोखले हुए हैं। उन्होंने अपना वैचारिक लंगर—वर्ग-संघर्ष, पूँजीवाद का विरोध, वास्तविक जनतंत्र की माँग—खो दिया है। उनका विश्वास जनता पर से और ख़ुद अपने पर से उठ गया है। ज़रूरत है कि गरीबों को फिर से संगठित किया जाय नहीं तो बर्बरता या सामूहिक विनाश ही हमारी नियति है। एक प्रश्न सदा ही सत्य है—आखिर लोग इतने दुःख में क्यों हैं ? क्यों किसी के पास इफ़रात है और किसी के पास कुछ भी नहीं ?

राजनीति भौतिक ताप को दूर करती है। साहित्य का विषय सब कुछ है–दैहिक, दैविक, भौतिक सारे ताप।

◆◆

आपके पास कविता का ऐसा फॉर्म है जिसमें छन्द, गहरी लय और इधर की गद्य कविताओं वाला रूप भी। यानी फॉर्म का विस्तार तो है लेकिन काया कल्प का जोख़िम कम। कहीं इसी वजह तो लम्बी कविताएँ आपके यहाँ सिरे से नहीं हैं ?

आदमी जब से इस धरती पर आया तब से उसकी काया वैसी ही है। कोई ऊपरी बदलाव नहीं आया। फिर भी हर आदमी अलग-अलग है। प्रायः ऐसा ही हर कविता के बारे में समझना चाहिए। हर कविता के अँगूठे की छाप अलग–अलग होती है। यह ज़्यादा ग़ौर करने की चीज़ है। इसे पहचानना भी ज़्यादा मुश्किल होता है। वैसे भी कायाकल्प का अर्थ यह नहीं होता कि मानव–काया पशु–काया में बदल जायेगी। कायाकल्प में भी भीतरी परिवर्तन ही होता है। अब रही बात लम्बी कविता की। कबीर, सूर, मीरा और ग़ालिब या मीर ने तो 'लम्बी' कविताएँ नहीं लिखीं। तो क्या इन्हें कमज़ोर माना जाए। अर्थात् कविता की श्रेष्ठता का सम्बन्ध उसकी लम्बाई–चौड़ाई से नहीं है। लम्बाई यानी रूप पर अतिरिक्त आग्रह एक प्रकार का 'रूपवाद' ही तो है। जैसा मैं पहले भी कह चुका हूँ मेरे लिए ज़रूरी है अधिक–से–अधिक को कम–से–कम में कहना।

आपकी कविता में मगही-भोजपुरी का सहज प्रवेश है और वह 'खड़ी बोली' में घुल-मिल जाती है ऐसी कि उसका अंग हो उठे। लेकिन हमारे जीवन व्यवहार में उर्दू का एक गहरा मुकाम है। वह आपको आकर्षित करती है, जैसा आपने कहा भी। लेकिन वह आपकी कविता में ठिठक-ठिठक जाती है, ऐसा क्यूँ ?

मण्डलोई जी, मैं कविता खड़ी बोली हिन्दी में लिखता हूँ। भोजपुरी, मगही या उर्दू में नहीं। मेरी कोशिश यह रहती है कि भाषा पात्र के अनुकूल हो या स्थिति के मुताबिक और उसी शब्द का इस्तेमाल किया जाय जिसके बदले कोई दूसरा शब्द इस्तेमाल न किया जा सके। अगर कविता मेरी आवाज़ में है तो चाहता हूँ कि जैसा बोलता हूँ वैसा लिखूँ। कविता में अनेक स्वर, अनेक भंगिमाएँ आती हैं लेकिन 'सबकी आवाज़ के पर्दे में' कवि की ही आवाज़ तो छिपी होती है। जो ख़ुद कवि की आवाज़ है वही सच्ची आवाज़ है, चाहे वह भोजपुरी से सनी हो या उर्दू से (जैसे शमशेर) या संस्कृत से (जैसे प्रसाद)। उर्दू गद्य के बिना हिन्दी में मँजाव नहीं आ

सकता, ऐसा मुझे लगता है। इसलिए उर्दू गद्य का असर पहचानने के लिए शब्दों को नहीं, वाक्य की संरचना को देखना चाहिए। कविता में शब्द झूठ बोल सकते हैं, पर वाक्य नहीं, लय तो कतई नहीं जो पूरे वाक्य की या उससे भी अधिक की होती है। इसलिए मेरा आग्रह है कि वाक्यों को जाँच कर देखा जाये।

जीवन जितना सघन और प्रामाणिक जिसमें भय, हत्या, संशय, प्रेम और दैन्य, आपके यहाँ भागती-चलती रेलगाड़ी में हैं उससे कम बाहर की दुनिया में। और उनमें 'मानव-क्षण' की दशाओं की मूर्त्तता उतनी से भी कम जितनी रेलगाड़ी में ऐसा क्यूँ ?

पहले तो मैं आपकी बात से सहमत नहीं हूँ। ख़ैर। उसको छोड़ दें। मैं एक आम बात कहता हूँ। हर कवि को इस पल-पल परिवर्तित प्रकृति-वेश या जगत-वेश में कुछ स्थिरता भी ढूँढ़नी होती है। इसी कारण प्रायः हर वास्तविक कवि के कुछ अपने निजी बिम्ब या प्रतीक होते हैं जो बार-बार आते हैं, लगभग रूढ़ बन कर। इसी कारण यात्रा का प्रतीक-चिह्न या 'मोटिफ' भी आता है जो एक बहुत पुराना मोटिफ भी है। तीसरे संग्रह में पहली से ले कर अन्तिम कविता तक चलने का, गति का या यात्रा का बिम्ब मौजूद है। अधिकांशतः। लेकिन पहले दोनों संग्रहों या इधर की कविताओं में ऐसा नहीं है। शायद समय और स्थान में हो रहे तीव्र परिवर्तन के लिए यात्रा या ट्रेन का यह मोटिफ आया। जो भी हो।

अपने बचपन में लौटते हुए आपने अपने आस-पास का सजीव वर्णन किया है उनके नाम और पहचान सहित। आपकी कविताओं में भी प्रकृति है लेकिन नाम, पहचान विहीन। थोड़ा सा कदम्ब है, बरगद, पीपल या अशोक लेकिन इकहरा सा या उल्लेख मात्र कि वह जीवन का हिस्सा कम लगे। इसी तरह जगहों का ज़िक्र। इस सन्दर्भ में मुझे 'निवृत्त', 'चेहरा', 'जाना है', 'सौन्दर्य', 'मई का एक दिन', 'जितनी दो आँखें,' 'युद्धक्षेत्र' आदि कविताएँ सहज याद आती हैं। लोकेल और उसके भीतर की प्रकृति धड़कनों सहित कम आती है या नहीं भी। सो कोई वजह ?

ऐसा है प्रिय मण्डलोई जी, कि मैं तो कविता लिख रहा होता हूँ, वनस्पति शास्त्र या भारत की जड़ी-बूटियाँ जैसी कोई पुस्तक तो नहीं। दूसरी बात, मात्र प्रकृति-चित्रण मेरा मकसद भी नहीं। आखिरी बात, मेरा जितना ज्ञान है उतना ही तो कविता में प्रगट होगा।

आपके पहले दो संग्रहों में उम्मीद है और प्रसन्न मन का आलोक भी।

पाने या पा लेने का भरोसा है और आह्वान भी, तीसरे संग्रह में चौरतफ़ा खोने का अवसाद गहराया है। उम्मीद और खुशी है भी तो हताशा और संशय में हिलगी हुई और जागरण-आह्वान की चेष्टाएँ कम हैं। क्या कहेंगे इस परिवर्तन पर ?

आशा और निराशा अलग-अलग दशाएँ नहीं हैं। दोनों एक साथ मौजूद होती हैं। मनुष्य के जीवन की गोधूलि की तरह है आशा-निराशा, एक ऐसी गोधूलि जो सूर्योदय, मध्याह्न और सूर्यास्त हर काल में मौजूद रहती है। जो निराशा की स्थिति है वह कई बार ज़्यादा समृद्ध करती है बनिस्पत कि उद्दण्ड आशावाद के। स्थिति को समझना ज़रूरी है। दुनिया की महान कविता ट्रैजेडी है चाहे वह इडिपस हो या किंग लियर या महाभारत। लेकिन इन महान काव्यों ने मनुष्य की आत्मा को ज़्यादा सम्पन्न किया, उसे ज़्यादा जीवट प्रदान किया। आज मुझमें किसी जागरण या आह्वान की सामर्थ्य नहीं है। क्योंकि वैसी स्थिति नहीं है। कविता तो तूती की आवाज़ है या वॉकमैन के दो स्पीकरों की आवाज़ जिसे आप तब तक नहीं सुन सकते जब तक कान में भीतर सटा न लें और तब यह बाहर गिरी-पड़ी आवाज़ आपके पूरे आभ्यंतर को बेचैनी और नाद से भर देगी।

आपकी कविता में आया अपराधों की स्वीकार का सच मुझे आकर्षित करता है जैसे—'जहाँ बोलना था चुप रहा। जिससे बोलना बन्द कर देना था उससे। हँस-हँस कर बोला' या फिर 'एक मैं ही बचा था साबुत। और मैंने यारों को दारू पिलायी इसी मौज में।' और कई पंक्तियाँ हैं। तो यह कैसे सम्भव हुआ कि कठिन बहुत है यह ? और दूसरी जगह कम ?

इसमें कोई नयी बात नहीं है। कविता तो आरम्भ से आत्म-स्वीकार है, कबूल करना या कन्फ़ेशन। तुलसीदास के अनेक पद और छायावाद का बड़ा हिस्सा और मुक्तिबोध का काव्य—सब में यह कबूल करने का भाव है। यह आत्म-भर्त्सना एक तरह की पर-आलोचना भी है उन सब की जो इससे हो कर गुजरेंगे। कविता में जो कुछ घटता है वह मनुष्य मात्र के साथ घटता है।

आपकी कविता में घरू औरतें हैं और बाहर की औरतों के इक्का-दुक्का ज़िक्र जैसे 'दरजिन' जैसी एकाध कविता में। लेकिन औरतों का सघन-सजीव रूप नहीं जो इस सदी तक आ कर भी शोषित-प्रवंचित या कहें प्रताड़ित है। फिर मार्क्सवादी तो खासी पक्षधरता ही नहीं रखते बल्कि हिमायत करते हैं और आप भी मार्क्सवादी हैं ? इस पक्ष

पर आपकी प्रतिक्रिया ?

हो सकता है आप सही कहते हों। हो सकता है कुछ काम आगे चल कर हों। या न हों। कई बार लगता है कि अन्ततः आपका निजी जीवन ही आपके कवि व्यक्तित्व को निर्धारित करता है। आपकी कविता में वही रास्ते तो आयेंगे जिन पर आप चले हों। जो जगह पृथ्वी पर नहीं वह किसी एटलस में कैसे होगी ? लेकिन एटलस में जो रंग होते हैं वे उन जगहों में नहीं होते–वे रंग, जगहों की वे सिकुड़ी दूरियाँ ये सब अयथार्थ हैं और कविता में भी यही अयथार्थ कई बार ज़्यादा महत्त्वपूर्ण होता है। मेरा थोड़ा एतराज मार्क्सवादी कवि नामक प्राणी से विशेष अपेक्षा को ले कर है। देखिए, वेदांती होने का यह मतलब नहीं कि कवि ब्रह्मचर्य के बारे में लिखे, गाँधीवादी होने का मतलब यह कतई नहीं कि कवि चरखा का गुन गाने लगे, इसी तरह मार्क्सवादी कवि किसी खास काट की कविताएँ लिखेगा, ऐसा नहीं है। मार्क्सवादी होने का अर्थ है भौतिकवादी होना। द्वन्द्वात्मक। लेकिन आप जो कह रहे हैं वो शायद सही है।

'कसौटी' के ताज़ा अंक में कविता को ले कर नवल जी का विस्तृत मूल्यांकन है और उसमें आपकी कविता का जो मूल्यांकन है, उसमें यह कहा गया है कि ज़्यादातर कविताएँ निस्सार हैं और एक जगह तो 'बचकानी' पद का प्रयोग हुआ है, वैसे कुछ कविताओं की प्रशंसा भी है लेकिन जो लिखा गया उसे दिल्ली में 'लोकल पौलिटिक्स' की गणित कहा जा रहा है। यह क्या मामला है ?

इन चीज़ों पर वक्त क्यों बर्बाद करते हो लीलाधर ? दो पंक्तियाँ याद रक्खो– एक मीर की और एक कबीर की। हुज़ूर मीर कहते हैं—'कुफ्र कुछ चाहिए इस्लाम की रौनक के लिए'। कबीर साहब फरमाते हैं—'श्वान रूप संसार है भूँकन दे झख मार।'

आपकी कविताओं में सूक्ष्म अन्तर्दृष्टि के साथ तहें बनती हैं, ख़ास कर राजनीति कविताओं में जैसे 'डायरी : मार्च 78', 'ईर्ष्या' और 'नैतिक प्रश्न' तो दूसरी तरफ 'जितनी भी दीप्ति', 'श्राद्ध का अन्न', 'शेष' आदि। शिल्प आपका सुगठित है जैसे एक लम्बे समय में पका हुआ। तो आपकी रचना प्रक्रिया का स्वभाव भी कुछ अलग ही होगा ?

काम तो भूमिगत ही ज़्यादा चलता है। यह एक पूरावक्ती काम है। फिर भी दो तरह से हम रचना-प्रक्रिया को समझ सकते हैं। एक तो यह कि पत्थर का एक टुकड़ा है और उसे काट-छील कर आप एक मूर्ति निकाल लेते हैं। दूसरा यह कि जैसे तिलचट्टे का शरीर है, एक-एक टुकड़ा जोड़ कर बना हुआ। प्रायः इन्हीं दो में से कोई एक

स्थिति लिखने की होती है। मुझको हमेशा मुश्किल होती है। घर-परिवार, नौकरी और दूसरे बहुत सारे काम निपटाते हुए—जैसे बन्दरी अपने बच्चे को सीने से चिपटाये सारा काम करती है वैसे ही लगभग—उन कविताओं को लगातार सेते हुए। यानी शरीर तो जा रहा होता है आगे और मन पीछे जैसे दुष्यन्त के रथ की पताका। कविता के भुवन में काल की गणना भिन्न होती है—वहाँ बीस साल का एक वर्ष होता है। रचना-प्रक्रिया के बारे में एक दिलचस्प प्रसंग सुनाता हूँ। प्रसंग शेक्सपीयर का है कि वह अपनी देहाती प्रेमिका को चूम रहे हैं इत्मीनान से, अचानक वह युवती कुछ बुदबुदाती है और शेक्सपीयर उसे किनारे झटक कान से पेन्सिल उतारते हैं, जो शब्द उसने कहे उसे डायरी पर नोट करते हैं और फिर चूमने लग जाते हैं। तो ऐसा ही समझिए।

कई पत्रिकाओं ने हाल में कहा है कि हमारे समय की कविताओं का जनता से अलगाव है। मज़दूर, किसान, दिहाड़ी वालों और कामकाजी समुदाय में वह कम चर्चा में है फिर भी आपके अनुसार वह अगोचर पाठक के साथ है। तो जनता से दूर होते जाने की इस चिन्ता के बारे में आप क्या सोचते हैं ?

मैं ख़ुद नहीं जानता कि मेरे पाठक कौन हैं या कहाँ हैं। एक बार की बात है। मैं पटने की एक गोष्ठी से निकल रहा था और मिलने-जुलने के कारण लगभग आखीर में निकला। गेट पर एक आदमी ने रोका और कहा, मैंने आपकी कविता 'उम्मीद' पढ़ी है। मैं भी दियारा का रहने वाला हूँ और जानता हूँ कि हर बार बाढ़ में पड़ने के बाद भी लोग गाँव नहीं छोड़ते। तो मुझे लगा कि कहीं न कहीं कुछ लोग हैं जिनके मन पर कोई हल्का सा ही सही धब्बा रोशनी का छूटता है। हमारी कविताएँ न तो साधारण लोगों तक पहुँचती हैं न ही हम उनके बीच जा कर सुनाते हैं। कई बार कुछ लोग यह भी कहते हैं कि समझ में नहीं आतीं। शायद उनकी बात में दम हो। मैं तब बहुत परेशान हो जाता हूँ। इससे ज़्यादा संहारक आलोचना और कुछ हो नहीं सकती।

क्या आप अपनी कविताओं में जीवन की वैसी स्थापना कर पाये, जैसा चाहते रहे हों। और वह कैसी होगी जैसी हो न सकी हो ?

हमेशा कुछ-न-कुछ कमी लगती है, कुछ-कुछ खाली, छूटा हुआ। और जब लोग तारीफ़ कर रहे होते हैं तब भी मैं जानता हूँ कि कहाँ-कहाँ झोल है। कभी-कभी ऐसा भी होता है कि चाहता कुछ हूँ, होता कुछ और है। कई बार कलम बन्द कर देता हूँ। बस आप ऐसे समझिए कि जितनी रोशनी बाहर मैदान में है उतनी तो कभी मेरे कमरे में नहीं होगी, चाहे मैं सारी खिड़कियाँ खोल दूँ और दरवाज़े भी।

याद करें तो हमें किसी कवि की कुछ ही कविताएँ याद रही आती हैं।

उनकी श्रेष्ठता की वजह से या फिर अधिक चर्चा के कारण। लोग जैसे राम की शक्तिपूजा, अँधेरे में, रामदास, मोचीराम, नगई मेहरा, असाध्यवीणा, लुकमान अली, भूखण्ड तप रहा है आदि को एक पल में याद करते हैं। संयोग से ये सभी लम्बी कविताएँ हैं। क्या इधर लम्बी कविताओं का समय बीत गया। और आपके यहाँ तो कोई लम्बी कविता है नहीं ?

लम्बी कविताओं का समय बीत नहीं गया। साहित्य में किसी भी रूप का समय नहीं बीतता। बस अलग-अलग समय की ज़रूरतें अलग-अलग होती हैं। आज कोई महाकाव्य लिखे तो लिख ही लेगा, कौन रोकेगा उसे ? हिन्दी का औसत कवि महाकाव्य, खण्ड काव्य, प्रबन्ध काव्य आदि-आदि लिखना चाहता है और अन्ततः लम्बी कविता पर जा कर राजी होता है। हिन्दी का अपना रूप या तो इतिवृत्त का है या प्रगीत का। दोनों को मिलाने से लम्बी कविता जैसी चीज़ बनाने की कोशिश हुई है ज़रूर जो महत्त्वपूर्ण है। लेकिन वेस्टलैण्ड जैसी सघन, कसी हुई, जहाँ हर शब्द महाकाव्य है, ऐसी लम्बी कविता लिखना मुश्किल है। एडगर एलेन पो तो मानते थे कि लम्बी कविता अपने आप में हो ही नहीं सकती। जहाँ तक मेरी बात है यह मेरे स्वभाव के अनुकूल नहीं है शायद। ठीक कह नहीं सकता। मैं नाटक लिखना चाहता हूँ—काव्य-नाटक। ज्ञानेन्द्रपति ने अच्छा लिखा है काव्य-नाटक।

नैतिक बोध आपकी कविता में गहरा है जैसे—''वैसे ही मैं भी तो काम आ सकता हूँ। अन्न उगा न सकूँ तो क्या। सूखते धान के पास बैठा कौआ तो हो सकूँगा।'' 'नये इलाके में' यह नैतिकता इधर कम हुई है वह संशय और भय में खोती हुई है ?

नैतिक बोध तो हमेशा ही सक्रिय रहता है। लेकिन यह बोध हमेशा एक तरह का नहीं होता। जिसे आप संशय, हतांशा और भय कहते हैं वहाँ भी नैतिक बोध प्रबल होता है, बल्कि गहरा नैतिक बोध ही इन्हें जन्म देता है। जिसमें किसी प्रकार की नैतिकता बची ही नहीं उसे संशय या भय भी नहीं होता। जो अन्तिम रूप से पतित हैं, उनमें कभी कोई अन्तर्द्वन्द्व नहीं होगा। ऐसा क्यों है कि विश्व साहित्य के सारे अमर पात्र दुर्धर्ष नैतिक द्वन्द्व में जीते हैं। द्वन्द्व से परे केवल वही होता है जो सन्त हो या शुद्ध क्रिमिनल।

आपकी अनुवाद की किताबें हैं। अंग्रेज़ी में भारतीय युवा कविता की 'वायसेज' तथा वियतनामी कवि 'तोहू' की कविताओं की पुस्तिका। इस काम को आपने बढ़ाया नहीं। और अब वैसी शिद्दत भी नहीं है ?

आपने सही गौर किया। यह काम पीछे रह गया। अंग्रेज़ी के सिवा और कोई

दूसरी विदेशी भाषा मैं जानता नहीं। अपनी भाषाओं में भी थोड़ा-बहुत बंगला समझ सकता हूँ। तो मैंने पाया कि अब हमारी हिन्दी में सीधे फ्रेंच, रूसी, जर्मन, स्पेनिश या मलयालम, पंजाबी, संस्कृत, मराठी से अनुवाद करने वाले मौजूद हैं। तो अंग्रेज़ी के मार्फत यह काम करने का कोई तुक नहीं है। जो काम वरयाम सिंह या प्रभाती नौटियाल या महेश दत्त या रति सक्सेना या राधावल्लभ त्रिपाठी ज़्यादा विश्वसनीय तरीके से कर रहे हैं उसमें टाँग अड़ाने से क्या फ़ायदा। पत्रिका 'तनाव' इतना बड़ा काम लगातार कर रही है। जहाँ तक अंग्रेज़ी से अनुवाद की बात है वो भी लोग कर ही रहे हैं। इसके अलावा किसी पूरी पुस्तक का अनुवाद बिना किसी प्रकाशकीय समर्थन के आप नहीं कर सकते। फिर भी मैं स्वान्तः सुखाय लगातार अनुवाद करता रहता हूँ। मेरी इच्छा है शेक्सपीयर के नाटकों के अनुवाद की। कभी-न-कभी करूँगा ज़रूर।

'साहित्य अकादमी' पुरस्कार पर उठे विवाद पर कोई प्रतिक्रिया। वैसे मौन रहना आपकी नीति है ?

इस प्रश्न को मैं छोड़ रहा हूँ। इन चीज़ों के बारे में मैं कुछ कहना नहीं चाहता। यह साहित्य के बाहर का, बल्कि जीवन के बाहर का प्रसंग है। जिन सहृदय लोगों ने मुझ अकिंचन को जो स्नेह और समर्थन दिया उनके प्रति नतमस्तक हूँ।

सदी की दिशा प्रवर्तक रचनाएँ आपकी दृष्टि में कौन-सी हैं—कथा और कविता में। साथ में अपने समकालीनों की रचनाओं पर कुछ कहें ?

जो थोड़ा-बहुत मैं कह सकता हूँ वह कविता के ही बारे में। मेरी समझ से ईसा की बीसवीं शताब्दी में हिन्दी कविता में चार चरण या मोड़ हैं–छायावाद, प्रगतिवाद, नयी कविता तथा 'आठवें दशक' का आरम्भ। बड़े कवि तो अनेक हुए लेकिन जिन तीन कवियों ने परवर्ती कविता को सर्वाधिक प्रभावित किया वे हैं निराला, मुक्तिबोध और अज्ञेय। मैं इसमें धूमिल को भी मानता हूँ। शताब्दी के सबसे बड़े कवि हैं—निराला। मेरे सबसे प्रिय भी। मेरे दो अन्य प्रिय कवि हैं—सियाराम शरण गुप्त तथा सुभद्रा कुमारी चौहान। सर्वाधिक महत्त्वपूर्ण कविता-पुस्तक है—'नये पत्ते।'

उपन्यास में प्रेमचन्द, यशपाल, अमृत लाल नागर मुझे सर्वाधिक प्रिय हैं। सर्वाधिक प्रिय उपन्यास 'कर्मभूमि'।

कहानी में भी मुख्यतः चार मोड़ हैं—प्रेमचन्द, सुदर्शन, कौशिक की पीढ़ी, भीष्म साहनी, निर्मल वर्मा, मोहन राकेश, राजेन्द्र यादव की पीढ़ी—ज्ञानरंजन-दूधनाथ, काशीनाथ की पीढ़ी और फिर स्वयं प्रकाश, उदय प्रकाश, अखिलेश की पीढ़ी। मेरे सबसे प्रिय कहानीकार फणीश्वरनाथ 'रेणु'। सबसे प्रिय कथा-पुस्तक 'बहती गंगा।'

समकालीन मतलब जो लोग जुड़वाँ कवियों की तरह हैं, जो लगभग एक साथ लिखने और छपने लगे और जो मिल कर एक प्रवृत्ति विशेष को भी दर्शाते हैं। राजेश जोशी सबसे करीबी (और रकीबी भी) दोस्त रहे। उनकी दो कविताएँ ख़ास तौर पर बहुत पसन्द हैं—बिजली सुधारने वाले मज़दूर और एक वो कविता जो तीन बेरोजगार दोस्तों के बारे में है। असद जैदी की 'बहनें' तथा स्टेशन पर दोने में साग-पूड़ी वाली कविता। मंगलेश की 'संगतकार' तथा वो कविता जिसमें बाघ के डुकरने की आवाज़ का ज़िक्र है। नरेन्द्र जैन की 'हजारा सिंह का गिटार।' विनोद भारद्वाज की वो कविता जिसमें तीन वेश्यायें बस से जा रही हैं। उदय प्रकाश की ताप्ती शृंखला वाली कविताएँ। राजेन्द्र शर्मा की 'वसुंधरा'। ध्रुव शुक्ल की 'हा' वाली कविता। विनोद दास की 'प्रार्थना के क्षण'। मनमोहन की 'पीली खिड़की खुली हुई है।' वीरेन डंगवाल की आई.आई.टी. कानपुर से सम्बन्धित कविताएँ—सूखे पुल वाली। नीलाभ की 'वजीफ़ी' वाली और पंकज सिंह की 'इन्हीं हालात में।' विजय कुमार की मुम्बई शहर के जीवन पर आधारित कविता जिसमें जलते रबड़ की गन्ध है। आलोक धन्वा की 'ब्रूनो की बेटियाँ'। ज्ञानेन्द्रपति की 'चेतना पारीक' तथा वो कविता जिसमें फालसा, खिरनी, शहतूत का ज़िक्र है। विष्णु नागर की 'भरोसा'। महाराज कृष्ण सन्तोषी की 'शरणार्थी शिविर में प्रेम'। तुलसी रमण की 'आग और दादियाँ'। अग्निशेखर की 'भागे पण्डित'। गगन गिल की 'एक दिन लौटेगी लड़की'। स्वप्निल श्रीवास्तव की वो कविता जो बुनकरों के बारे में है। और भी कविताएँ हैं। यहाँ केवल अपने समकालीनों या समवयस्कों का उल्लेख कर रहा हूँ। इनके अलावा मेरे अग्रज और अनुज कवि हैं जिनकी कविताएँ बहुत महत्त्वपूर्ण हैं। समवयस्कों में अनिल गंगल, गोविन्द माथुर, ओम भारती, हेमन्त शेष, सुल्तान अहमद भी शामिल हैं।

और अन्त में, ये बताएँ कि आपने इस बातचीत में ख़ुद को कितना बचाया-छुपाया और मुझे छकाया ? प्रतिप्रश्न न होने से मामला एकतरफ़ा रहा, है न ?

छियालिस साल की ज़िन्दगी के बारे में छियालिस से भी कम पन्नों में अगर कहना पड़े तो निश्चय ही बहुत कुछ छूट जायेगा। साफ़-साफ़ कहना शायद हमेशा मुमकिन नहीं होता। हकला कर ही पूरी बात कही जा सकती है। बहरहाल। आपने मुझे बातचीत के लायक समझा, इसका बहुत-बहुत शुक्रिया।

आह को चाहिए इक उम्र असर होने तक

(अरुण कमल से बीरेन्द्र सिंह, एकान्त श्रीवास्तव और कुसुम खेमानी की बातचीत)

बीरेन्द्र सिंह : बचपन कहाँ और किस तरह बीता ? घर-परिवार स्कूल का वातावरण क्या लेखक-मन के निर्माण में सहायक बना ? पहली कविता जैसी कोई स्मृति ?

अरुण कमल : बचपन बिहार के भोजपुर और मगह क्षेत्र में बीता। जन्म तो नासरीगंज, रोहतास, में सोन किनारे हुआ। बाबू जी हाई स्कूल में शिक्षक थे। वहाँ से फिर गड़हनी, बारुन, शेरघाटी, कुदरा, हसन बाज़ार जैसी छोटी जगहों में जहाँ-जहाँ बाबू जी गये मैं भी चलता गया और मैट्रिक की परीक्षा हसन बाज़ार से दी। गड़हनी के बाद बाबू जी सरकारी नौकरी में सब इन्स्पेक्टर ऑफ़ स्कूल्स हो गये। इसलिए तबादला होता रहा। घर का वातावरण किताबों का था। बाबू जी के पास बहुत किताबें थीं, अंग्रेज़ी में भी। मैं पढ़-समझ तो नहीं सकता था, लेकिन वे किताबें, और उनकी गन्ध जो बिस्कुट के डब्बे की गन्ध से मिलती थी, मुझे खींचती रही। मुझे अब भी याद है 'मादाम बुवारी' का आवरण और एक वाक्य भीतर के किसी पन्ने का कि 'उसका चेहरा बिखरे बालों के बीच ऐसे था जैसे घोंसले में अण्डा।' फिर काफ़ी किताबें सोवियत संघ से छपी हुई थीं। गोर्की, चेख़व, तॉलस्तॉय। और बाबू जी कम्युनिस्ट थे, नौकरी के पहले पार्टी में भी काम करते रहे, सो मार्क्स-एंगेल्स, लेनिन की किताबें भी थीं जो मैंने बाद में पढ़ी। इनके अलावा घर पर स्कूलों में बाँटने के लिए हज़ारों किताबें आती थीं जिनमें कालिदास का 'अभिज्ञानशाकुन्तलम्' मुझे अब भी याद है। शेरघाटी में मैं बुनियादी विद्यालय में पढ़ा जो गाँधीजी-विनोबाजी के सिद्धान्तों के अनुरूप था। कताई-बुनाई-बुवाई सब सिखाया जाता। इसके पहले थोड़ा समय एक मकतब में भी पढ़ा। लेकिन साहित्य के प्रति सजगता कुदरा में हुई, फिर हसनबाज़ार के स्कूल में पढ़ते हुए। यहाँ हिन्दी प्रेमी शिक्षक थे। हसनबाज़ार में घर के

बगल में जो डॉक्टर थे, डॉ. रामकविलास पाण्डेय जी, वे सारी प्रमुख पत्रिकाएँ मँगवाते थे। जिनसे ले कर मैं ख़ूब पढ़ता था। 'जन', 'स्वाधीनता' और 'जनशक्ति' यहीं पढ़ा। ये सारी बातें आपको प्रभावित करती हैं और धान के खेत, बगीचे, पुराने मन्दिर, कब्रिस्तान का एकान्त, मिट्टी के घर में लिपी भूमि पर नंगे पाँव चलना जो दुनिया का सम्भवत: सर्वाधिक गहन ऐन्द्रिक अनुभव है और नदियाँ, नहर, आसमान के बदलते रंग और घर में गौ-बछड़ा, हथेली पर बछड़े की साँस का चलना...और देह का अंकुरित होना...और किताबें और कुछ दोस्त जैसे शाहनवाज, मुन्ना जो विवेकानन्द के नाम से दिल्ली दूरदर्शन में है...। पहली कविता सम्भवत: भोजपुरी में लिखी। सन् सड़सठ में आम चुनाव हुए, फिर उनहत्तर में मध्यावधि, तो लिखा– 'परियार चुनाव के बाप रहे एसों बचवा आइल बा।' पहला बड़ा कवि भी हसनबाज़ार में रहते देखा––भिखारी ठाकुर।

बीरेन्द्र सिंह : महाविद्यालय का जीवन ? नौकरी और दाम्पत्य जीवन के बारे में बतायें ?

अरुण कमल : सन् उनहत्तर में पटना आ गया मैट्रिक के बाद। यहाँ पढ़ने लगा। विज्ञान। बड़े दिन की छुट्टी में घर जाने के पहले सूचना पट्ट पर देखा कि बी.एन. कॉलेज की हरिश्चन्द्र सभा की ओर से एक कविता प्रतियोगिता है। मैंने अपनी एक कविता डाल दी। मुझे द्वितीय पुरस्कार मिला। कविता-पाठ भी हुआ। और मेरा परिचय रामकृष्ण पाण्डे से हुआ। मुझसे दो क्लास आगे थे। फिर गहरी मित्रता। उनके बिना मेरा जीवन, साहित्यिक जीवन, शायद भिन्न होता। जल्दी ही उन्होंने साइक्लोस्टाइल्ड पत्रिका 'प्रक्रिया' निकाली। रामकृष्ण जी बहुत अच्छे कवि हैं। बंगला-उर्दू भी अच्छी जानते थे। उनकी कविता पुस्तक भी आयी और अभी वह यूनिवार्ता, दिल्ली में हैं। तो 'प्रक्रिया' में मेरी कविता पहली बार प्रकाशित हुई। बात सन् सत्तर की है। कुछ दिन बाद रामकृष्ण पाण्डे ने बताया कि वह कविता प्रोफ़ेसर नन्दकिशोर नवल जी ने पढ़ी है और वह चाहते हैं कि मैं उनसे मिलूँ। सो मैं पाण्डेय जी के साथ नवल जी के घर गया। वहाँ से मेरा जीवन फिर बदला। उनके बिना न तो मैं इतना सुन-समझ सकता था, न पढ़ सकता था। और वह एक वरदान की तरह थे। तभी मैं रामकृष्ण जी के साथ प्रगतिशील लेखक संघ की एक गोष्ठी में गया। यह सम्बन्ध भी महत्त्वपूर्ण था। तभी नागार्जुन को देखा, रेणु को, शिवचन्द्र शर्मा; हंस कुमार तिवारी, सुहैल अजीमाबादी सब पटने में थे। दिनकर जी के दर्शन हुए। जैसे-जैसे आपकी उम्र बढ़ती है बहुत से लोग आपको मिलते हैं, आपकी मदद करते हैं। आप पर प्रभाव डालते हैं। लेकिन एक कवि के जीवन का बचपन सबसे महत्त्वपूर्ण होता है। उसकी चिरसंचित; अक्षय राशि।

और उसके बाद शुरू की युवावस्था के मित्र, वातावरण, अनुभव। यहीं आलोक धन्वा और ज्ञानेन्द्रपति भी मिले। सुरेन्द्र स्निग्ध तो सहपाठी ही थे। एम.ए. की परीक्षा समाप्त होते-होते मैं पंजाब नेशनल बैंक में बतौर क्लर्क चुन लिया गया और पहली नौकरी औरंगाबाद में शुरू की। एक महीना रहा। फिर काम छोड़ कर पटना लौट आया। फिर मोतिहारी में लेक्चरर हुआ। छह महीने रहा। फिर पटना आ गया। तब से यानी सन् अठहत्तर के दिसम्बर से यहीं हूँ। और सन् अस्सी में शादी हो गयी। शुद्ध पारम्परिक। दो बच्चे हुए। बेटा इंजीनियर है। बेटी एम.बी.ए. कर रही है।

बीरेन्द्र सिंह : पटना का जीवन और बिहार की वर्तमान सामाजिक-राजनीतिक परिस्थितियाँ किस तरह आपके नागरिक और कवि को अनुशासित करती हैं ?

अरुण कमल : जैसा मैंने बताया पटना का जीवन बहुत ऊर्जावान था। अब शायद नहीं है। या ऐसा मुझे लगता है। या शायद हर आदमी को लगता है कि जो जीवन, जो नगर या स्थान उसकी युवावस्था में जैसा था वैसा अब नहीं है। जो सामाजिक-राजनीतिक परिस्थितियाँ हैं वे सब जगह लगभग एक जैसी हैं। फिर भी मेरी हालत अग्निशेखर या महाराजकृष्ण सन्तोषी जैसी तो नहीं या गुजरात के किसी अल्पसंख्यक की तरह तो नहीं। इतना ज़रूर है कि मुझे लगता है कि मैं बहुत अकेला हूँ, सबसे दूर, कटा हुआ। और मैं किसी का प्रतिनिधि नहीं। मेरे पक्ष में कोई नहीं। फिर भी मैं जलते काष्ठखण्ड की चींटियों की तरह यहीं अपने बिहार अपने शहर पटने में रहा। यहीं तो रोजी-रोटी है। यही बहुत है।

बीरेन्द्र सिंह : प्लेटो के गणतन्त्र में कवियों को कोई जगह नहीं मिली थी। आज के गणतन्त्र में कवि, लेखकों, कलाकारों की कैसी और कितनी जगह देखते हैं ?

अरुण कमल : आज के गणतन्त्र में जगह केवल उसको है जिसके पास धन है। यह पूँजीवादी गणतन्त्र है। आप चाहे जो भी कहें-लिखें आपको छूट है। किसी को केवल लिखने के कारण कोई परेशानी सत्ता की ओर से नहीं होती। लेकिन जो दूसरे सत्ता-केन्द्र हैं जैसे धर्म या जाति वहाँ से दिक्कत हो सकती है। पर राजनीतिक सत्ता इतनी आश्वस्त और स्थिर है कि निश्चिन्त होकर आपकी ओर से बेपरवाह है। इसलिए यहाँ आपके लिए कोई जगह नहीं है। आप किसी के न तो प्रवक्ता हैं, न कोई आपको सुन रहा है। सोवियत संघ में सोल्जेनित्सिन की बात का महत्त्व था, वह सत्ता आपको सुनती थी; आज आप चाहे जो बक लो, कोई नहीं सुनता, इसलिए कोई ख़तरा भी नहीं। लेकिन आज भी अगर आप सत्ता को चुनौती देने वाले किसी संगठन

या दल में सक्रिय हैं तो आपको बख्शा नहीं जायेगा।

बीरेन्द्र सिंह : ऐसे समय में जब शब्द हाशिए पर फेंक दिये गये हैं, कला से क्या किसी परिवर्तन की उम्मीद की जा सकती है ?

अरुण कमल : शब्द कभी भी हाशिए पर नहीं जाते। आज पूरे देश में और दुनिया में शब्दों का उपयोग अनेकगुणा ज़्यादा हो रहा है। पहले न तो इतना टेलीविज़न, रेडियो, कैसेट, कम्प्यूटर, अख़बार, पत्रिकाएँ थीं न इतना बोलना-लिखना। सन्नाटा आज दुर्लभ है जैसे रात्रि का पूर्ण अन्धकार। अन्तर यही है कि आज साहित्य की कोई प्रत्यक्ष भूमिका नहीं है। इसके बावजूद पूरी दुनिया में साहित्य को नियन्त्रित करने का निरन्तर प्रयत्न हो रहा है। हिन्दी नहीं, अंग्रेज़ी में लिखो और नाम—पैसा लूट लो—यह भी उसी चाल का एक नमूना है। पुरस्कार, पद, सम्मान सब आपको शासन-तन्त्र में शामिल करने का प्रयत्न है। आप अगर सत्ता के साथ हैं तो सुखी हैं। फिर भी हिन्दी में अधिकांश लेखक सत्ता विरोधी हैं, हर प्रकार की सत्ता के विरोधी। और यही उम्मीद है। साहित्य लोगों के मन को बदलता है। इसीलिए उससे उम्मीद है।

कुसुम खेमानी : भारतीय समाज के वर्तमान दौर को आप किस प्रकार देखते हैं ? क्या आन्दोलनों का दौर समाप्त हो गया ?

अरुण कमल : नहीं, आन्दोलनों का दौर समाप्त नहीं हुआ, कभी समाप्त नहीं होता। छोटे-छोटे आन्दोलन तो चल रहे हैं, पर कोई बड़ा देशव्यापी आन्दोलन अभी नहीं है। अभी का दौर किसी बड़े आन्दोलन के गर्भाधान का दौर है। ऐसी गैर बराबरी, बेरोजगारी, अनिश्चितता और जीवन का निरन्तर क्षय हमेशा के लिए नहीं हो सकता। आज कोई भी निश्चिन्त और सुखी नहीं है। जल्दी ही पूरे देश में बड़ा जन-उभार आने वाला है। जैसे नेपाल में हुआ, जैसे लातिनी अमेरिका में हुआ। बल्कि पूरी दुनिया एक नया स्वप्न देख रही है। पूँजीवाद चाहे जितनी कोशिश कर ले लेकिन आदमी ऐसी ज़िन्दगी बर्दाश्त नहीं करेगा।

कुसुम खेमानी : बिहार, छत्तीसगढ़, आन्ध्र जैसी जगहों में नक्सलवाद की भूमिका में क्या कोई परिवर्तन नोट करते हैं ? समाज में आमूल-चूल परिवर्तन की कोई उम्मीद बची है ?

अरुण कमल : पूँजीवाद निरन्तर अपनी इकाइयों को जोड़ कर वैश्विक बन चुका है। दुनिया का कोई कोना उसकी पहुँच या पकड़ से बाहर नहीं है। ऐसे में मेरी समझ है कि प्रतिरोध को भी उतना ही संयुक्त और सर्वव्यापी होना पड़ेगा। विद्रोह तो छिटपुट हो सकते हैं, पर आन्दोलन नहीं। समाज को तो आमूल-चूल ही बदलना है। लेकिन कोई भी परिवर्तन, यहाँ तक कि क्रान्ति भी हठात् सब कुछ बदल नहीं देती।

कुसुम खेमानी : उत्तर-आधुनिकता, भूमण्डलीकरण और सांस्कृतिक साम्राज्यवाद पर आपके विचार ?

अरुण कमल : कुछ लोग मानते हैं कि इस देश में पूँजीवाद नहीं है या कमज़ोर है। वे मानते हैं कि सामन्तवाद ही प्रबल है। कोई भी आर्थिक अवस्था या सामाजिक अवस्था शुद्ध नहीं होती। एक ही समय में पूँजीवाद के अनेक चरण, सामन्तवाद, प्राक्-सामन्ती व्यवस्था, जनजातीय व्यवस्था, आदिम अवस्था तक मौजूद हो सकते हैं। जैसे भारत में ही अण्डमान-निकोबार की जारवा जाति (जो प्रायः नंगी रहती है) से ले कर अन्तर्राष्ट्रीय वित्तीय पूँजी तक अनेक आर्थिक-सामाजिक अवस्थाएँ मौजूद हैं और इसीलिए अनेक अन्तर्विरोध हैं। लेकिन मुख्य व्यवस्था, शासक व्यवस्था पूँजीवाद है। इसी की रक्षा में उत्तर-आधुनिकता, भूमण्डलीकरण तथा सांस्कृतिक साम्राज्यवाद लगे हैं। उत्तर-आधुनिक दर्शन ही आज की भारतीय राजनीति की प्रेरणा है। गाँधीवाद या मार्क्सवाद नहीं जो मूलतः मानववाद या वर्गवाद की अवधारणा है। उत्तर-आधुनिकता ऐसी किसी भी सर्वव्यापी अवधारणा को अस्वीकार करके समाज के अन्य विभाजनों पर बल देती है, जैसे कि समाज वर्गों में नहीं, जातियों, धर्मों, लिंगों, क्षेत्रों, बोलियों में बँटा है। आज ऐसे दल बहुत हैं जो जाति या धर्म को ही एकमात्र विभाजक कारक तथा पहचान मानते हैं। वे यह भी मानने को तैयार नहीं कि हर जाति में अमीर-ग़रीब होते हैं। 'मलाईदार परत' की बात उन्हें नागवार लगती है। इसी दर्शन के तहत सभ्यताओं का संघर्ष या इस्लाम का विरोध भी प्रचार पा रहा है। इसकी जड़ें बीसवीं सदी के दर्शन—नीत्शे, हाइडेग्गर तथा हर्स्सेल एवं सोशल डार्विनिज्म में हैं। पूँजीवाद अपने पक्ष में समाज के सभी अन्तर्विरोधों का इस्तेमाल करता है। ये तमाम जातिवादी, धर्मवादी पार्टियाँ शुद्ध पूँजीवादी पार्टियाँ हैं। अफसोस यह है कि कम्युनिस्ट पार्टियाँ भी उन्हीं के साथ हैं। और कई बार वैसा ही सोचती हैं। पूँजीवाद का दर्शन एवं विचार-तन्त्र बेहद मजबूत है। भूमण्डलीकरण तो पूँजीवाद की सबसे बड़ी देन है। तकनीकी क्रान्ति ने इसे तेज़ी दी। आज सब कुछ एक दूसरे से जुड़ा हुआ है। अगर कोई सोचे कि वह कहीं एक कोने में अपने ढंग से रह लेगा तो यह गलत है। आप अब इस गुँजलक या नेटवर्क से बाहर जा ही नहीं सकते। सांस्कृतिक साम्राज्यवाद उसी गुँजलक को पुख्ता करता है। धन की महिमा आज हर जगह है। अंग्रेज़ी में लिखे दोयम श्रेणी की चीज़ें आपके प्रेमचन्द-निराला पर भारी हैं। आपकी बोलियाँ नष्ट हो रही हैं। और आपकी पहचान केवल आपकी जाति या धर्म है जिसे पहचान की राजनीति कहा जाता है। क्या मनुष्य इतना इकहरा, इतना एकांगी है ?

एकान्त श्रीवास्तव : वर्तमान समय की क्या और कैसी चुनौतियाँ हैं और

उनसे कैसे निपटा जाए ? एक नागरिक और लेखक की हैसियत से ?

अरुण कमल : वर्तमान समय की चुनौतियाँ तो अनेक हैं, कुछ पहले से चली आ रही, कुछ नयी। अभी हमारे देश की राजनीति संख्या-बल की राजनीति है। इसमें जो कमज़ोर है, अल्पसंख्यक है उसके लिए जीना कठिन है। दूसरी बात कि आज सामान्य हितों (कॉमन इंटरेस्ट) का स्थान खण्डित हितों (सेक्शनल इंटरेस्ट) ने ले लिया है। आज सबसे बड़ी ज़रूरत है उस सर्वनिष्ठ तत्त्व या हित की पहचान और उसके पक्ष में संघर्ष करना। साहित्य का काम है उस सहित की भावना को, स्थिति को उजागर करना। इसी सहित-भाव के कारण ही तो प्राचीन साहित्य आज भी पढ़ा जाता है। बोर्खेस की पंक्ति ले कर कहें तो 'मेरी मनुष्यता इस भावना में है कि हम सब एक ही ग़रीबी के स्वर हैं।'

एकान्त श्रीवास्तव : आपने अपनी एक कविता पुस्तक में तुलसी को उद्धृत किया है। परम्परा से आधुनिकता का किस प्रकार का सम्बन्ध बनता है ?

अरुण कमल : मैंने अपनी सभी कविता-पुस्तकों के आरम्भ में विनयपत्रिका के एक अन्तिम पद की तीन अन्तिम पंक्तियाँ उद्धृत की हैं। वैसे कहें तो इस तुलसी-दल के पड़ने से मेरा दूषित काव्य भी पवित्र हो जाता है। हिन्दी में समकालीनता का दबाव बहुत है। अंग्रेज़ी में न तो चौसर दूर के लगते हैं न शेक्सपीयर, न दाँते न सर्वेन्तीज। मेरी समझ है कि हम सब जो आज लिख रहे हैं वे कबीर-तुलसी-वाल्मीकि के वंशज भी हैं और समकालीन भी।

एकान्त श्रीवास्तव : 'नये इलाके में' अपने शीर्षक में कुछ चौंकाता है? क्या यह अनुभव की नयी ज़मीन की तरफ़ कोई संकेत है ?

अरुण कमल : यह तो मैं नहीं बता सकता। लेकिन इतना कह सकता हूँ कि ये कविताएँ अपने समय को पहचानने, परिभाषित करने तथा उस समय में मनुष्य के आन्तरिक-बाह्य जीवन को देखने की कोशिश है। यह वो समय है जब सोवियत संघ ध्वस्त हो चुका है, भारत में सबसे तेज़ गति से परिवर्तन हो रहे हैं, पुराने मूल्य टूट चुके हैं, नये मूल्य प्रगट नहीं हैं, मनुष्य निरन्तर छीजते हुए भी अपनी मनुष्यता बचाने के लिए संघर्षरत है, जहाँ आपके विश्वास, स्वप्न सब पर सन्देह किया जा रहा है, जहाँ जीवित बने रहना भी कठिन हो रहा है और जहाँ आकर भारतीय जीवन और संस्कृति गम्भीर संकट में पड़ जाती है। मैंने जो करना चाहा उसका सारांश कर पाना कठिन है। दूसरी बात यह कि हर कविता एक नये अनुभव की देन होती है और एक नये अनुभव की जननी भी।

कुसुम खेमानी : क्या कविता पुतली में संसार को समेट लेने की कामना है ?

अरुण कमल : इसे कई तरह से बताया जा सकता है। एक तो यह शीर्षक अपनी प्रतिज्ञा में उत्तर-आधुनिकता के खण्डीकरण-दर्शन का विलोम है। दूसरे, आज हर कविता कम-से-कम में अधिक-से-अधिक को कहने की कोशिश है। ऐसे भी लोग हैं जो अधिक-से-अधिक में कम-से-कम कहने के प्रार्थी हैं। लेकिन मेरा दर्शन तथा कला-बोध भिन्न है। भारतीय कविता, विशेष कर, संस्कृत कविता, की सबसे बड़ी विशेषता एवं चरित्र उसकी बिम्ब शक्ति है। एक बिम्ब अनेकानेक दृश्यों का पुंज है। वाल्मीकि, व्यास, कालिदास, भवभूति, शूद्रक से लेकर निराला, शमशेर तक। मेरा स्वभाव स्फीति, विस्फार एवं प्रबन्ध के अनुकूल नहीं।

एकान्त श्रीवास्तव : आपकी कविताओं में घटनाएँ बहुत हैं। क्या इसके पीछे बिहार का सामाजिक परिप्रेक्ष्य है या वैयक्तिक जीवन।

अरुण कमल : मैं तो समझता हूँ कि घटनाएँ बहुत कम हैं क्योंकि मेरा जीवन 'सपाट समतल मैदान' (शब्द प्रेमचन्द के) रहा। फिर भी मैंने जो देखा, जो थोड़ा-बहुत सहा उसे ही सामने रखा। बिहार तो यहाँ है ही। देश-विदेश सब है। लेकिन महत्त्व उसका होना चाहिए जो घटनाओं के भीतर से प्रगट होता है—जीवन का अर्थ।

एकान्त श्रीवास्तव : क्या कारण है कि अपने प्रिय लेखकों, कवियों की सूची बताने में एक रचनाकार बहुत कृपणता बरतता है। जैसे किसी का नाम लेते ही उसका पाव भर ख़ून छनक जाएगा। कृपया आप अपने प्रिय लेखकों, कवियों (नये-पुराने) के नामों की संक्षिप्त सूची से अवगत कराने की उदारता बरतें।

अरुण कमल : मैंने कहीं पढ़ा था कि अन्तिम दिनों में निराला के पास ताखे पर केवल दो ही किताबें थीं—रामचरितमानस और शेक्सपियर-रचनावली। 'प्रिय' बहुत कठोर शब्द है। कोई कवि इतनी आसानी से प्रिय नहीं हो जाता। अगर मुझे चुनाव लड़ना हो तो पूरी मतदाता-सूची पेश कर दूँ जैसा कि कुछ लोग करते हैं। लेकिन मैं तो स्वान्तः सुखाय अपने प्रिय कवियों का नाम लूँगा। प्रत्येक कवि को मैंने अपना ख़ून जला कर प्राप्त किया है। यह भी होता है कि कोई कवि आपको आज प्रिय है और कल नहीं। फिर जो नये या समकालीन कवि हैं उनमें महत्त्वपूर्ण की सूची बन सकती है, पर प्रिय तो वही होगा जिसे आप बार-बार पढ़ें, जो आपके जीवन में अलग-अलग क्षणों में याद आये तथा जिसके रोज़ नये अर्थ खुलें—आह को चाहिए इक उम्र असर होने तक। तो, मेरी सूची दस प्रिय कवियों की—इस प्रकार है :

वाल्मीकि, कालिदास, तुलसीदास, कबीर, मीर, ग़ालिब, निराला, सुभद्राकुमारी चौहान, मुक्तिबोध, शमशेर। मेरे प्रिय धूमिल भी रहे, नागार्जुन भी, नागार्जुन तो गुरु हैं। और केदारनाथ सिंह भी। मेरे समकालीन, मुझसे वय में छोटे-बड़े श्रेष्ठ कवि अनेक हैं। पर प्रिय...। हाँ, शेक्सपियर और महाभारत, अपरिहार्य। प्रियतम।

बीरेन्द्र सिंह : कौन-सा पंछी अधिक पसन्द है और क्यों ?

अरुण कमल : आपने अचानक यह क्यों पूछा ? इतने पंछी हैं। इतने जीव-जन्तु। परन्तु मुझे कौआ बहुत पसन्द है। पहली बात तो यह कि आज तक कोई भी कौआ को पिंजड़े में नहीं रख सका। यहाँ तक कि चिड़ियाघर में भी नहीं। दूसरी बात यह कि वह बहुत चालाक और धूर्त माना जाता है, लेकिन भोलापन देखिए कि कोयल अपने अण्डे कौआ के घोंसले में डाल देती है और बेचारा कौआ उसे सेता रहता है। ऐसा भोलापन दुर्लभ है। तीसरा यह कि उसका रंग काला होता है, पर भीतर के रोंयें सफ़ेद, और इतना सुडौल कोई दूसरा पक्षी नहीं है, एक पंख भी फालतू नहीं। चौथी बात यह कि उसे हमारे स्वजन-परिजनों की ख़बर रहती है और उनके आने के पहले ही वह उनका सन्देश पहुँचा देता है। अगली बात यह कि लोकगीतों में सुन्दरियाँ उसकी चोंच सोने से मढ़वाना चाहती हैं। फिर यह कि लिखने के लिए भी उसके पंख का प्रयोग हुआ है। और अन्तिम बात यह कि वह हमारे पितरों को भी जानता है। नहीं, एक बात रह गयी—वो यह कि जब एक कौआ पिटता है, तो सारे कौए हंगामा कर देते हैं। एक बात और—जब एक कौए को खाना मिलता है तब वह सबको बुला लेता है, कभी अकेले नहीं खाता।

कुसुम खेमानी : अंग्रेज़ी भाषा में अध्यापन और हिन्दी में लेखन। इसमें कोई व्यवधान पहुँचता है या सहायता ?

अरुण कमल : इसमें कोई ख़ास बात नहीं है। बल्कि यह तो एक ही बात है। दोनों ही तो साहित्य हैं। किसी भी हिन्दी लेखक के लिए तीन भाषाओं का ज्ञान अनिवार्य है-संस्कृत, अंग्रेज़ी और उर्दू। पहले के लेखक मराठी या बांग्ला भी जानते थे। इसके अलावा, किसी एक अन्य भाषा को आरम्भ से अब तक जानना ज़रूरी है उसके विकास, स्वभाव, वाद-विवाद तथा उसके जरिए अपनी भाषा को समझने के लिए। कविता-कथा को छोड़ भी दें तो बिना अंग्रेज़ी आलोचना को आद्योपांत पढ़े आप आलोचक हो ही नहीं सकते। एक निजी बात—मैं अंग्रेज़ी बहुत कम जानता हूँ और अंग्रेज़ी साहित्य पढ़ाया भी कम ही है।

श्रेष्ठ कविता समाज की आलोचना है

(अरुण कमल से धर्मेन्द्र सुशान्त की बातचीत)

अरुणजी, साहित्य से पहला साक्षात्कार कब और किस रूप में हुआ ?

जिसे मौखिक या लोक साहित्य कहते हैं वह तो जन्म से ही साथ रहता है। लोक गीतों और दादी-नानी की कथाओं में। जिसे लिखित साहित्य कहते हैं वह अक्षर-ज्ञान के लगभग साथ-साथ शुरू होता है—'घर चल। फल खा।' जैसे पदों से। फिर छोटी कविताओं से—'घड़ी देख कर घोड़ा बोला गाड़ी आयी लेट है/छड़ी हिलाकर बकरा बोला खाली मेरा पेट है' या 'भोली भाली गाय हमारी/ दूध बहुत यह देती है'। इसमें तुकों का संगीत का और आकस्मिक संयोजनों का बहुत बड़ा हाथ होता है। ये चीज़ें आपको भाषा के भँवर में खींच लेती हैं। इसीलिए, बिल्कुल आरम्भिक स्तर पर किताबों में कविताओं-रचनाओं का चुनाव माने रखता है। तो बाकी बच्चों की तरह ही मेरा भी पहला परिचय ऐसे ही हुआ होगा। लेकिन कुछ लोगों को भाषा का यह रूप, रोज-ब-रोज के जीवन के रूप से थोड़ा अलग रूप से खींचता है–लोकगीतों की लय; बिरहा की वह तान जहाँ एक ही ध्वनि खिंचती-बेधती चली जाती है, सोरठी ब्रजभार की वह लय जो आपको भीतर-भीतर पिघलाती है, चैता की वह पुकार जो आपमें अनहोनी, रहस्यमय भँवरें उठाती है–और आपको लगता है कोई अलौकिक शक्ति आप पर घेरा डाल रही है। तब शायद एक बच्चा इसे समझ नहीं पाता। लेकिन ढलान से तेज़ उतरती बैलगाड़ी के बैलों की घण्टियाँ भी जब उसे रोक लेती हैं तब उसे इन ध्वनियों-लयों में कोई नाता कोई बराबरी ज़रूर लगती होगी। आगे भी कविताओं-कहानियों को पढ़ते हुए ध्वनियों-पात्रों-स्थितियों से यह तादात्म्य बनता है। शुरू में ही प्रेमचन्द, सुदर्शन और प्रसाद जैसे लेखकों का साथ आपकी दुनिया को भीतर-भीतर बदलने लगता है। प्रेमचन्द के बिना आपकी दुनिया दूसरे तरह की होती। ईदगाह, पंचपरमेश्वर, दो बैलों की कथा—ये केवल कहानियाँ नहीं रहतीं। मुझको तो लगता है अगर हिन्दी भाषी लोगों को एक झटके में निष्ठुर बनाना हो तो

प्रेमचन्द को किताबों से हटा लिया जाए। 'हार की जीत' और 'बिसाती' जैसी कहानियाँ आपको प्रेम करना सिखलाती हैं, एक ऐसी लालसा और रोमान का अंकुरण करती हैं जिसकी कोई परिभाषा सम्भव नहीं, परन्तु जो पूरे जीवन आपको एक आलोक-वृत्त में आविष्ट रखता है।

साहित्य के नजदीक आने और फिर ख़ुद लिखने की पृष्ठभूमि में कौन-कौन-सी चीज़ें रहीं ?

जैसा कि अनेक लोगों ने पहले भी कहा है आप दूसरों का लिखा हुआ पढ़ कर लिखने की ओर बढ़ते हैं। पढ़ी हुई रचनाएँ आपको केवल भरती ही नहीं, बल्कि आपके भीतर को बाहर भी खींचती हैं। मैंने पहले पहल भोजपुरी में कुछ लिखा या कहा। पहला बड़ा कवि जिसे मैंने देखा वे भिखारी ठाकुर थे। तब मैं नवीं कक्षा में था। घर में बाबू जी के पास भी बहुत किताबें थीं। एक बार स्कूल में एक सांस्कृतिक कार्यक्रम में एक परिचित लड़के को कविता पढ़ते देखा-सुना जो उसने बताया उसकी कविता थी। उसकी ख़ूब तारीफ़ हुई। पत्रिकाएँ पढ़ता था। साथ में विवेकानन्द गुप्त था जो आज दिल्ली में है, दूरदर्शन में और अच्छी कहानियाँ लिखता है। और यह बहुत उथल-पुथल का समय था, 1967 का, भयंकर अकाल, पारिवारिक अर्थाभाव, राजनीतिक परिवर्तन, नक्सलबाड़ी, कम्युनिस्टों-सोशलिस्टों की सभाएँ, उनमें आरम्भ में जोशीले गीत, नारे और शाम को धान रोप कर लौटती रोपनियों के गीत, प्रातः कहीं रामचरितमानस का पाठ...। ये सारी चीज़ें मिल कर तेरह-चौदह साल के लड़के को मथ देती हैं और फिर उसका अपना शरीर, अपना मन। पूरा समाज एक किशोरवय देह की तरह बदल रहा था। इतना अनगढ़, उद्विग्नता और अनिश्चय पर जीवट से भरा। लेकिन आप ख़ुद भी नहीं जानते कि आप क्यों और कैसे लिखने लगे जैसे आप कभी नहीं जान पाएँगे कि आपने देखना या बोलना कैसे सीखा।

फिर जब मैं पटना आ गया तो यहाँ एक कविता-गोष्ठी में मेरी मुलाकात रामकृष्ण पाण्डे से हुई जो अभी दिल्ली में हैं, यूनिवार्त्ता में और श्रेष्ठ कवि हैं, और उनके संग-साथ ने मेरी सारी फलियों को खोल दिया। रवीन्द्रनाथ से ले कर सुकान्त तक और निराला से ले कर नयी कविता के कवियों तक। फिर उन्हीं के सौजन्य से नवल जी से भेंट हुई जिनका प्रभाव रहा। उनकी सहायता, उत्साहवर्द्धन और ज्ञान। तभी मैं प्रगतिशील लेखक संघ की गोष्ठियों में जाने लगा। यह बात 1970 तक की है।

आपने जब लिखना शुरू किया तो अपनी पूर्ववर्ती पीढ़ी की ओर से क्या चुनौतियाँ थीं और अपना रास्ता तय करते हुए अपने पूर्व के

कवियों से लेन-देन का क्या हिसाब रहा ?

1970 तक सीधा-सीधा किसी एक कवि का प्रभाव शायद नहीं रहा होगा। धर्मयुग, साप्ताहिक हिन्दुस्तान जैसी पत्रिकाओं को पढ़ कर और रामकृष्ण पाण्डे के सान्निध्य से कुछ कविता-पुस्तकों को पढ़ कर मैं चल रहा था। जब नवल जी से मिला तो उन्होंने धूमिल और मुक्तिबोध का नाम लिया जो मैं जानता नहीं था। उन्हीं से ले कर धूमिल को पढ़ा। पहले तो कठिनाई हुई। फिर अच्छा लगने लगा। कुछ कविताओं में उनकी तर्ज भी आ गयी—'सारे घरों की बत्तियाँ गुल हो गयी थीं' 'सिर्फ पावरहाउस की बत्ती जल रही थी' जैसी पंक्तियाँ धूमिल की देखादेखी लिखीं। उन्हें सत्तर के युवा लेखक सम्मेलन में देखा भी। बहुतों को देखा। तभी एक दिन नागार्जुन को देखा। और रामकृष्ण पाण्डे के साथ अंकिमचन्द्र जी के घर गया तो उन्होंने नागार्जुन की पुस्तक 'सतरंगे पंखों वाली' दी, तथा केदारनाथ अग्रवाल की 'फूल नहीं रंग बोलते हैं।' उस समय हम लोग शिवचन्द्र शर्मा जी के घर बहुत जाते थे। उन्होंने 'स्थापना' में मेरी दस कविताएँ भी छापीं। और 'स्थापना' का त्रिलोचन अंक भी दिया। कन्हैया जी ने वपत्सारोव, नेरुदा तथा नाजिम हिकमत के अनुवाद दिये। सोवियत या रूसी साहित्य तो बचपन से साथ था। अब तक हम सब धूमिल तथा उनके साथ के कवियों के असर में थे। लेकिन 'सतरंगे पंखोंवाली' ने मेरी आँखें खोल दीं। यह हमारे आस-पास का जीवन था, आस-पास की बोली थी और गहरा प्रेम था, गहरी करुणा जो चेखव की कहानियों में थी, जो प्रेमचन्द में थी। तभी 'तालाब की मछलियाँ' निकली। 'पत्रहीन नग्न गाछ' मिला। और शमशेर की 'कुछ कविताएँ', 'कुछ और कविताएँ', त्रिलोचन की 'धरती'। इन सबने जैसे मुझे वो रास्ता दिखा दिया जो मैं खोज रहा था। आस-पास का जीवन, आस-पास की बोली। एक बात और। मेरे मौसेरे भाई संस्कृत पढ़ रहे थे, और कुल्हड़िया में रहते थे। वहाँ मैं अक्सर जाता और रहता था और संस्कृत कवियों को पढ़ता था। संस्कृत कविता की उपमाएँ और बिम्ब विस्मित कर देते। तब एक नया रास्ता मिला। जो वास्तव में भारतीय कविता का सबसे पुराना और अटूट रास्ता है। साधारण लोगों के दुख-सुख, रोष, सन्ताप, उद्वेलन, आवेश, हिंसा, अनेकानेक भाव, भाषा की अनेकानेक छवियाँ, भंगिमाएँ, बोली के अनेक स्तर, लोच, उतार-चढ़ाव और सब कुछ का समाहार करने वाले बिम्ब। कालिदास और भवभूति के बिम्बों ने मुझे समकालीन कविता को नये ढंग से देखने पर विवश किया। तभी आलोक धन्वा जी ने निराला की कई पुस्तकें मुझे पढ़ने को दीं। फ़ैज़ भी दिया। और 'चाँद का मुँह टेढ़ा है' मैंने ख़ुद खरीदा। मुक्तिबोध ने मेरे नितान्त निजी संकटों में मुझे सँभाला। कविता की इस शक्ति का मुझे इसके पहले अन्दाज़ न था। ये सारे कवि वो थे जो सम्पूर्ण जीवन के कवि थे, प्रेम उद्दाम आवेग से

सम्पन्न और गहरी करुणा के कवि। मैं अपने कवियों को पाने लगा था। आप कैसा लिखेंगे या लिखना चाहते हैं, यह बहुत कुछ इस पर निर्भर करता है कि आप किन कवियों को, किस कविता को प्यार करते हैं। किन्हें कब रास्ते के किसी पड़ाव पर छोड़ दूसरे का साथ करते हैं। और फिर इसी तरह चलता जाता है। लेकिन आप किसी कवि को प्यार करेंगे यह बहुत कुछ आपके निजी जीवन, विचार तथा बनावट पर निर्भर करता है। आपके अपने अनुभवों पर। मेरा रास्ता नागार्जुन से हो कर निराला का रास्ता था। लेकिन गति तो मेरी थी, क्षुद्र और डगमग।

आपकी कविताओं में लोक छवियाँ या लोक तत्त्वों की उपस्थिति को विशेष तौर पर रेखांकित किया जाता है। क्या यह कोई छूटती हुई चीज़ को दर्ज करने की कोशिश थी अथवा इससे अधिक कुछ और...

अगर कुछ लोगों ने ऐसा देखा है तो ठीक ही है, लेकिन आप जानबूझ कर, कोशिश करके ऐसा नहीं करते। यह कोई छूटती हुई चीज़ भी नहीं है। आज भी भारत का जीवन एक साथ बिल्कुल नया और नितान्त पुराना भी है। यहाँ कोई भी चीज़ कभी न तो छोड़ी जाती है, न छूटती है, सिर्फ उसकी जगह बदल जाती है। श्री कोसाम्बी ने 'मिथक और यथार्थ' में बहुत दिलचस्प विवरण देते हुए कहा है कि 'इण्डिया इज़ अ लैण्ड ऑफ़ लॉग सरवाइवल्स', कि 'भारत दीर्घ जीवन प्रसारों की भूमि है'। जब तक आप अपनी भाषा में लिख रहे हैं वे सारी चीज़ें आपकी पहुँच के भीतर रहेंगी। दूसरे, जो आपका जीवन है गाँव-कस्बों, छोटे शहरों का, यहाँ तक कि महानगरों का भी, वहाँ वे सारे तत्त्व आज भी मौजूद हैं। हो सकता है बाद के लोगों का जीवन कुछ भिन्न हो। लेकिन मेरा तो निजी जीवन भी गाँव-कस्बों का ही रहा। इसीलिए जब आप तय करते हैं कि अपने जीवन के अपने अनुभवों के बारे में अपनी बोली में लिखेंगे तो लोक तत्त्व तो आएँगे ही। लेकिन मुझे ब्रेख्त की यह पंक्ति भी याद है कि 'पीपुल डोण्ट विश टु बि फोक', कि 'लोग लोक नहीं होना चाहते'। सब कुछ बदलता है। जो स्त्री पहले अपनी चप्पलों को हाथ में टाँगे चलती थी और शहर के पास पहुँच कर उसमें पैर डालती थी, वह अब घर में भी चप्पल पहने रहना चाहती है। जब कभी जीवन में तेज़ और बड़े परिवर्तन होंगे तब सारे पुराने, चिरन्तन तत्त्व टूटेंगे। आप उन परिवर्तनों को पकड़ना चाहते हैं, केवल उसे नहीं जो स्थिर या रूढ़ है। तब ये लोक तत्त्व एक पृष्ठभूमि तथा प्रति-भूमि भी रचते हैं। ये सम्भ्रान्त, भद्रवर्गीय परम्परा के मुखोमुखि लौकिक, जन-परम्परा को प्रस्तुत करते हैं। प्रेमचन्द और निराला में यह तत्त्व निरन्तर विद्यमान है। आगे रेणु और नागार्जुन तथा मुक्तिबोध में भी। लेकिन कहीं भी इसकी एकछत्र उपस्थिति या महिमा-मण्डन नहीं है।

हरेक रचनाकार का एक अपना विशिष्ट स्वर होता है--उसकी मौलिकता। अपनी कविता के सन्दर्भ में इस प्रश्न पर क्या कहेंगे ? इस बहाने अपनी रचना-प्रक्रिया पर भी प्रकाश डालें।

अपना विशिष्ट स्वर क्या है अथवा है भी या नहीं, यह तो दूसरे लोग बताएँगे। मौलिकता स्वयं बहुत साफ पद नहीं है। जैसा कि अनेक लोग पहले बता चुके हैं, मौलिकता करके कुछ होता नहीं। आप करोड़ों-अरबों-खरबों लोगों की तरह हैं, और साथ ही उन सबसे अलग भी, एक अकेला, एकमेव। लेकिन यह एकमेव होना बाकी सब भी होने पर निर्भर है। चूँकि आप मेरी रचना-प्रक्रिया के बारे में भी पूछ रहे हैं तो क्षमा करेंगे अगर मैं अपनी ही कविता की मार्फत कहूँ कि आप सारा कुछ दूसरों से लेते हैं और फिर उस लोहे में बस एक धार दे देते हैं जो आपकी अपनी है, लेकिन जो उस दिए गये लोहे के बाहर नहीं है। निर्मल वर्मा ने अपने एक साक्षात्कार में कहा था कि जैसे कोई बच्चा है तो उसकी आँख बुआ से मिलती है, नाक दादी से, चेहरे पर एक तरफ़ माँ की छाया है तो एक तरफ़ पिता की, फिर भी वह चेहरा उसका अपना अनूठा है। अंग्रेज़ी के कवि ब्लेक ने भी कहा था कि एक बच्चे के चेहरे में माँ के चेहरे को पिता के चेहरे से आप कहाँ अलग होते देखते हैं। तो ऐसा ही एक कवि के स्वर के साथ भी होता है। आप जितना ज़्यादा दूसरों से मिलते हैं, उतना ही नितान्त अनूठे या अपने होते हैं, जो दूसरों से कटते या बचते हैं वे अपना स्व भी खो देते हैं। यह बात कवि, व्यक्ति, समाज तथा राष्ट्र सबके लिए सच है।

आपकी कविताओं में डर-भय, हताशा, संशय आदि काफ़ी है। कई विद्वान इन चीज़ों की उपस्थिति को बिहार के मौजूदा हालात से जोड़ कर देखते हैं कि वहाँ ऐसा है, जो अरुण कमल की कविताओं में सघन रूप में आया है/आता है। क्या सचमुच ऐसी ही बात है अथवा समझने में कहीं चूक हो रही है ? वास्तव में इस तरह की चीज़ों के सहारे अभिव्यक्ति का मूल परिप्रेक्ष्य क्या है ?

डर-भय, हताशा, संशय, अनिश्चय आदि भाव हैं। ख़ास कर आगे चल के। अगर कुछ लोग इसे हमारे आस-पास के जीवन से जोड़ते हैं तो वह सही ही होगा क्योंकि कविता का तात्कालिक अनुभव तो वहीं से आता है जहाँ आप रहते हैं। लेकिन इतना ही सब कुछ नहीं है। हमने पहले भी बात की है कि निराला की कविताओं में स्पष्टत: न तो भारत की स्वाधीनता का उल्लेख है न विभाजन के रक्तपात या उस समय की हिंसा का फिर भी उस समय की जो उनकी कविताएँ हैं, यहाँ तक कि 'आराधना' के भक्ति-पद भी, उनमें बार-बार 'अँधेरा' आता है, 'शिशिर की शर्वरी',

'हिंस्र पशुओं भरी', 'गहन है यह अन्धकारा।' आदि। मुक्तिबोध को लें तो भय, आशंका, सन्देह, अनिश्चय और केन्द्रीय बिम्ब अँधेरे का है। इनका सम्बन्ध उनके तात्कालिक जीवन तथा स्थान से होगा। लेकिन साथ-ही-साथ यह उनके समय का केन्द्रीय रूपक भी है। कविता अपने समय के केन्द्रीय भाव के लिए रूपक या बिम्ब भी रचती है। मुझको लगता है कि पूँजीवाद के इस बढ़े हुए दौर में हमारा जीवन निरन्तर नष्ट हो रहा है—डर-भय, हताशा, संशय, अनिश्चय, हिंसा, स्वार्थ यानी जितने भी बुरे, अनिष्टकारी भाव हैं, वे प्रबल हैं। यहाँ सुख नहीं है। यहाँ ख़ुशी नहीं है। यह संक्रमण का भी दौर है। अकारण नहीं है कि हर संक्रमण-युग में और पूँजीवाद के आगमन से ले कर आज तक पिछले चार सौ वर्षों के हमारे जीवन में (विशेषतः यूरोप में) ये तत्त्व ही बढ़ते गये हैं और सारे प्रतिनिधि लेखकों ने कमोबेश इसे ही व्यक्त भी किया है। इसलिए यह केवल एक आंचलिक घटना नहीं है, यही हमारा वैश्विक जीवन है। पूँजीवादी समाज का जीवन। धन की महिमा और मनुष्यता के क्षरण का जीवन। फिर भी सम्भाव्य चेतना की स्वर्ण रेखा से सम्पन्न। आखिर कविता जीवन की खोज ही तो है, जीवन को समझने और जीवन जीने के सहारों की खोज।

कविता कैसे पढ़ी जानी चाहिए ?

देखिए यह तो ज़्यादती होगी कि कविता यूँ नहीं, यूँ पढ़ें। कोई एक तरीका तो है नहीं। दूसरी बात यह है कि कई बार कविता अपने को तब प्रगट करती है जब आप उसे भूल चुके हों यानी ऐन पढ़ते वक्त नहीं, बाद में, बहुत बाद में। फिर भी, मुझको कभी-कभी लगता है कि अभी भी कविता पढ़ने का वो ढंग हम पर हावी है जिसमें हम पूरी कविता को, पहले शब्द से लेकर आखिरी शब्द तक, ध्यान में नहीं रखते, बल्कि सबसे ज़्यादा उठे हुए हिस्से को, सबसे ज़्यादा चमक वाले स्थलों को ही चुन कर बैठ जाते हैं। इससे कविता का पूरा मन्तव्य नहीं मिलता। होना चाहिए कि आप पूरा-पूरा पढ़ें। फिर यह भी कि आप एक-एक शब्द को भी पढ़ें—ध्यान से। इसका भी अभाव है। एक-एक शब्द को आपस में मिला कर। और उसकी लय को जो कि आज प्रायः साँस की लय होती है उसे भी पकड़ें। निराला ने कुछ कवियों और कविताओं को इस तरह से पढ़ कर टिप्पणियाँ लिखी हैं। श्रेष्ठ कविता पाठक से धैर्य की माँग करती है। यह भी थोड़ा सोचना चाहिए कि हो सकता है कवि ने कुछ ख़ास वजह से यह शब्द या बिम्ब दिया हो। मुझे ग़लत लग रहा है, फिर भी उतावली ठीक नहीं। इसके अलावा जैसे रघुवीर सहाय की कविता है तो उसे अलग तरह से पढ़ना होगा। हर कवि को प्रायः अलग-अलग तरह से पढ़ना होगा। कभी-कभी एक ही

पंक्ति अलग-अलग बलाघात से अलग-अलग अर्थ दे सकती है जैसे 'इब्ने मरियम हुआ करे कोई' में **हुआ करे कोई** के परस्पर भिन्न अर्थ निकल सकते हैं। ख़ैर! यह एक पूरा अलग प्रकरण है। उत्तर-आधुनिकता में कविता के पाठ का अवमूल्यन हुआ है। इसी के साथ एक-दो बातें कवि द्वारा स्वयं अपनी कविता के पाठ या आवृत्ति के सम्बन्ध में। जब मैं किसी कवि को मग्न भाव से अपनी कविता सुनाते देखता हूँ, तो मुझे रश्क होता है। अपनी कविता स्वयं पढ़ते वक्त न तो पूरी तरह तादात्म्य सम्भव है न निर्लिप्तता। मुझे मालूम है कि इसमें कहाँ-कहाँ झोल है, कहाँ-कहाँ काठ के फाँट में मसाला भरा गया है, और कहाँ चूक रह गयी है। इसलिए तादात्म्य सम्भव नहीं, साथ ही यह भी कि यह मेरे किस निजी प्रसंग से जुड़ी है, किस चोट का चिह्न यहाँ बाकी है जो मुझे निर्लिप्त नहीं होने देती।

आपकी नज़र में एक अच्छी कविता-श्रेष्ठ कविता, श्रेष्ठ किन आधारों पर बनती है? कविता के रूप को ले कर आपकी राय ?

यह सबसे मुश्किल सवाल है। श्रेष्ठ कविता की पहचान बता पाना या कविता की परिभाषा बताना सबसे मुश्किल है। इसी से लगा आपका सवाल कविता के रूप को ले कर है। इससे लगता है कि अक्सर कविता की गुणवत्ता को रूप या शिल्प से जोड़ कर देखने का प्रचलन है। कविता के रूप तथा वस्तु अलग-अलग नहीं होते। जो वस्तु है वही रूप है यानी शब्दों की निर्मिति। प्रश्न यह है कि शब्दों को, और किन शब्दों को, किस तरह जमाया जाए कि जो कहना है वह सबसे अच्छे तरीके से कहा जाए। और कथ्य जितना जटिल होगा, रूप भी उतना ही संश्लिष्ट होगा। नयी-से-नयी बात को नये-से-नये ढंग से कहना। लेकिन इतना भी नहीं। मुझे कविता में विपुलता और घनत्व पसन्द है। अधिक-से-अधिक को, जीवन के सर्वाधिक महत्त्वपूर्ण अन्तर्विरोधों को, कम-से-कम में व्यक्त करना, सर्वाधिक संश्लिष्ट बिम्बों के जरिए, जैसे निराला करते हैं, अपने श्रेष्ठ मुहूर्त्त में प्रसाद या मुक्तिबोध करते हैं, जैसे तुलसीदास या कबीर करते हैं। डॉ. नामवर सिंह की पुस्तक 'कविता के नये प्रतिमान' के आरम्भिक पृष्ठों में 'शुष्कोवृक्षः तिष्ठतिअग्रे' को ले कर महत्त्वपूर्ण विचार-विमर्श है जो कविता की श्रेष्ठता की अवधारणा को बहुत स्पष्टता से प्रस्तुत करती है। कविता की श्रेष्ठता का कोई अन्तिम आधार नहीं हो सकता।

यहीं ठहर कर वैसे कवियों/रचनाकारों : चाहे वे अपने यहाँ के हों या बाहर के—के बारे में बतलाएँगे, जो आपके पसन्दीदा हैं ? उनके लेखन की विशेषताएँ ?

पहले की बातों से जोड़ कर कहें तो मेरे लिए श्रेष्ठ कविता के उदाहरण

निराला, तुलसीदास और शेक्सपियर में मिलते हैं। ये ही मेरे अन्तिम प्रतिमान या निकष हैं। कबीर। मीर। ग़ालिब। बहुत प्रिय हैं। शेक्सपियर की विशेषता है कि वह जीवन के हर कण को महान कविता में बदल देते हैं। मनुष्य, सम्पूर्ण मनुष्य, और सम्पूर्ण जीवन उनका पोषण-क्षेत्र है। तुलसीदास में भी यही शक्ति है। यही कारण है कि आज भी जीवन के अधिकांश क्षणों-अवसरों पर तुलसीदास की कोई-न-कोई पंक्ति, अर्द्धाली, पद आपको याद आती है। निराला भी उसी कोटि के कवि हैं। 'ढेले गड़ने वाले थे घुल गये' बारिश के बाद का ऐसा सूक्ष्म निरीक्षण दुर्लभ है। ये सारे कवि गहन इन्द्रिय बोध के कवि हैं और जीवन की जटिलता के। इन्हें मैंने मूल में पढ़ा है। इसलिए इनका नाम लेने की हिम्मत कर रहा हूँ। लेकिन बीसवीं शताब्दी में इसी कोटि के महान कवि नेरुदा भी हैं जिन्हें केवल अनुवाद के सहारे पढ़ा है। इन सबकी ख़ूबी यह है कि अगर वह कहते हैं, 'ठण्ड' तो आप ठण्ड महसूस करते हैं। शेक्सपियर यह नहीं कहते कि मैं दुःख में हूँ, वह कहते हैं 'ओ, फुल ऑफ़ स्कार्पियन्स इज माइ माइण्ड' (मेरा माया बिच्छुओं से भरा है)। तुलसीदास कहते हैं, **'डासत ही गयी बीति निसा सब कबहुँ न नाथ नींद भरि सोयो'**। और कबीर जो एक ही पंक्ति में सम्पूर्ण भाव-नभ को भर देते हैं। सूर जो भाषा की सम्पूर्ण संगीत-सम्पदा को प्रस्तुत करते हैं। ग़ालिब दुःख की जटिलता के अन्यतम कवि हैं, सम्भवतः पहले भारतीय कवि जो धर्म-इतर कवि हैं (मैं जानबूझ कर सेक्युलर नहीं कह रहा हूँ) या पूर्णतः लौकिक। जब सारा दुःख-सुख यहीं भोगना है, कोई अन्य लोक नहीं, तो दुःख की भीषणता बढ़ जाती है। और विद्यापति, अजीब है, कि उनके शृंगार-गीतों को पढ़ते-सुनते हुए भी गहन विषाद की अनुभूति होती है। और मीर तथा नज़ीर अकबराबादी खड़ी बोली के ऐसे कवि हैं जिनसे हर बार कलम उठाने के पहले भाषा की भंगिमा और चाल सीखनी पड़ती है। ऐसा विस्तार खड़ी बोली के दूसरे किसी कवि में नहीं है, खड़ी बोली के वाक्य-विन्यास की अनन्त भंगिमाएँ। तो अलग-अलग कवि के पास आप अलग-अलग कारण से जाते हैं। कहते हैं निराला के पास अन्तिम दिनों में केवल दो ही किताबें थीं—रामचरितमानस और शेक्सपियर। यह ऐसा प्रकरण है जो कभी ख़त्म नहीं होगा। आप अपने प्रिय कवियों की चर्चा करते रहें। ख़ैर! एक बात और कई बार अगर आप ख़ुद भी कविता लिखते हैं तो उन कवियों को भी ढूँढ़ते हैं जो आपके स्वभाव से बिल्कुल भिन्न हों ताकि जो आपमें कम है या नहीं है उसे वहाँ से ले सकें। वे कवि भले आपके प्रिय कवि न हों, लेकिन आपके लिए अत्यन्त अपरिहार्य होते हैं। उल्टी तरफ़ से प्रिय।

मौजूदा समय-समाज में कविता की क्या जगह है ? उसकी सार्थकता ?

क्या कहीं अकेले पड़ते जाने जैसा भी लगता है ?

मौजूदा समय-समाज में कविता की कोई पूर्वनिर्धारित जगह नहीं है। क्योंकि कविता इस पूँजीवादी समाज की आलोचना है, इसका प्रतिपक्ष। जो कविता आलोचना नहीं करती वह सहज ही सत्ता, समाज तथा व्यवस्था द्वारा अंगीकार कर ली जाती है। कविता, श्रेष्ठ कविता हमेशा ही अपने समाज की आलोचना करती रही है। वह आपको तोष नहीं देती। वह आपको बेचैनी और तड़प से भर देती है। वह ज़ोर से 'ना' कहती है। क्योंकि जो है उससे बेहतर चाहिए। क्योंकि आदर्श की स्मृति शेष है। क्योंकि मनुष्य को वैसा नहीं होना है जैसा वह है ? और ऐसा करते रहना ही कविता की सार्थकता है। अगर आप गौर करें तो पाएँगे कि इस पूँजीवादी समाज में (जिसे मुलायम बनाकर बाज़ार-व्यवस्था कहा जा रहा है) ऐसे किसी तत्त्व की प्रासंगिकता नहीं है, जिसका व्यवसाय न हो सके, जिसकी खरीद-बिक्री, मुनाफा न हो सके। कविता आज भी सबसे कम (अथवा एकदम नहीं) व्यवसाय-योग्य है। इसका अस्तित्व ही प्रतिवाद या आलोचना में है, समर्थन तथा स्वीकार में नहीं। यही इसकी सार्थकता है। और ऐसा करते हुए न तो कविता अकेली पड़ सकती है न कवि। जाति, धर्म, क्षेत्र, लिंग, भाषा आदि आधारों पर बाँटने में सफल होने के बावजूद पूँजीवाद हमारे इस रोज़ के अनुभव को झूठा नहीं बना सकता कि दुनिया में अमीर और ग़रीब हैं, शोषण है, और आदमी की ज़िन्दगी, लाख रुपये पाने वाले सॉफ़्टवेयर इंजीनियर की ज़िन्दगी भी, लगातार नीचे जा रही है। सुख नहीं है। कभी-कभी अकेलापन लगता है। लगता है कि तुरन्त पूछा जाएगा—तुम्हारी जाति, तुम्हारा धर्म, तुम्हारी भाषा, तुम्हारा प्रान्त, तुम्हारा सेक्स ? तो क्या मैं चुप हो जाऊँ ? यही तो पूँजीवाद चाहता है, तो क्या मेरा बोलना सिर्फ मेरी जाति, मेरे धर्म का बोलना है ? तब तो अन्त में यह केवल मेरा अकेला बोलना होगा। लेकिन नहीं। अगर महँगी है तो सबके लिए, रेल का भाड़ा बढ़ता है तो सबके लिए, बेरोज़गारी है तो हर जगह है, गोलियाँ चलती हैं तो सब पर चलती हैं और अगर मैं कूड़े और नाले पर चल रहा हूँ तो सब उसी पर चल रहे हैं। ज़रूरत है यह दिखलाने की कि कुछ ऐसा है जो सबमें है, सर्वनिष्ठ। कविता उसी सर्वनिष्ठता की खोज है। 'ओ आइ हैव सफर्ड विद दोज हूम आइ सा सफर', शेक्सपियर की पंक्ति है—मैंने उन सब के साथ दुख भोगा जिन्हें दुख भोगते देखा। कविता सबके दुखों और संघर्षों की अविचलित साक्षी है। इसलिए इसका अकेलापन भी असंख्य है।

आपकी पीढ़ी के बाद जो लोग कविता लेखन में सक्रिय हुए, उनके लेखन के बारे में आपकी क्या राय है ? परवर्ती पीढ़ी की कविता में

कौन-कौन-सी चीज़ें आपकी नज़र में ऐसी हैं, जो आपकी पीढ़ी से इन्हें अलग पहचान देती हैं--अच्छाइयाँ और कमजोरियाँ इनकी...?

हाँ, अब तो हमारे साथ के लोग साठ के पार जाने लगे। बाद में कई बहुत अच्छे कवि आये और आ रहे हैं। आप देखिए कि हर बार जब लगता है कि कविता समाज-बाहर हो रही है या कविता की फिक्र ही किसको है तब एकदम नये लोग सामने आते हैं। होता यह है कि पहले के बड़े कवि और अन्य कवि भी लिख रहे होते हैं जो जीवन के नये अद्यतन पक्षों को अपने-अपने ढंग से व्यक्त करते हैं, लेकिन जो नये लोग होते हैं वे ही वास्तव में अपने समय के प्रतिनिधि स्वर होते हैं, क्योंकि नये समय की चोट सबसे पहले उन्हीं पर पड़ती है। वे उन नयी बदली हुई स्थितियों से स्वयं भी निर्मित हैं और इसीलिए सबसे नये कम्पन को सबसे पहले वे ही ग्रहण करते हैं, चाहे उनकी रचना कितनी भी अनगढ़ या ऊबड़-खाबड़ क्यों न हो। इसलिए मेरा मानना है कि हमारे ठीक बाद जो आये, अष्टभुजा, कात्यायनी, एकान्त, बद्री, अम्बुज, संजय, देवीप्रसाद, विमल कुमार के साथ, उन्होंने हमसे भिन्न कविता लिखी, नये तरीके खोजे; जो उनके भी बाद अनिमेष, हरिश्चन्द्र, आशुतोष, पवन, बोधिसत्व के साथ आये उन्होंने फिर कुछ नया किया और आज जो आ रहे हैं वे उनसे भी थोड़ा भिन्न हैं। अब सवाल यह है कि यह भिन्नता क्या है ? पहले तो यह ध्यान में रखना ज़रूरी है कि छायावाद, उत्तर छायावाद, प्रगतिवाद, प्रयोगवाद, नयी कविता, अकविता, युवा कविता जैसे लगभग हर दशक में होने वाले आन्दोलन सन् सत्तर के बाद नहीं हुए। हमारे साथ के लोगों ने अपने को नागार्जुन-त्रिलोचन-मुक्तिबोध और फिर निराला से जोड़ा और अपनी देशज काव्य-परम्पराओं को पहचानते हुए बाहर की कविता से भी सम्बन्ध बनाये रखा। इस प्रकार कविता रचने की जो यथार्थपरक प्रणाली बनी वह आगे भी सुगमता से चली। इस तरह प्राय: हर दशक में होने वाले शिल्पगत आन्दोलन आगे नहीं दिखते। दूसरी बात यह कि विचार के स्तर पर, दर्शन तथा विचारधारा के स्तर पर भी कोई विशेष फर्क या विचलन नहीं दिखता। तीसरी, और जो सबसे ज़रूरी बात है वो यह कि पिछले पचीस-तीस वर्षों में कोई बड़ा आन्दोलन या परिवर्तन समाज में नहीं हुआ जो एक झटके में कविता के स्वभाव को भी बदल दे। लेकिन इसका अर्थ यह नहीं कि सब कुछ स्थिर तथा एक ढर्रे पर चला। नहीं; भीतर-भीतर काफी बड़े परिवर्तन हुए जिन्हें बाद की कविताओं ने पकड़ा और व्यक्त किया। पूँजीवाद के अबाध विकास और विस्तार ने जीवन में जो अस्थिरता, हिंसा, अनिश्चय पैदा किया वह बाद की कविताओं में है। इन कवियों ने शानदार कविताएँ लिखी हैं। कई बार तो मुझे रश्क होता है। शिल्प के स्तर पर बड़ी बात यह हुई कि इधर कविता में ब्योरे या विवरण बढ़े, ज़्यादा बारीक काम होने लगा, स्वर-

भंगिमाएँ नयी आयीं। इनमें पहले की तरह का विचार-हठ भी नहीं मिलता यानी समझने की खुली कोशिश बढ़ी। जैसा मैंने पहले कहा यथार्थपरकता ने इस कविता को दूर तक फैलने और जीवन के हर ब्योरे को अपनी झोली में डालने का अवसर दिया। अभी बिल्कुल नये कवि जिस त्वरा से अपने जीवन की असुरक्षा और अस्थिरता को जिस भाषा में व्यक्त कर रहे हैं वह महत्त्वपूर्ण है। आखिर वे ही तो आज के प्रतिनिधि कवि हैं। कोई माने या न माने जीवन के हर क्षेत्र में जो नये लोग हैं वे ही उस क्षेत्र के प्रतिनिधि कर्ता हैं। वैसे यह सही है कि आज हमारे बीच त्रिलोचन-केदारनाथ सिंह-कुँवर नारायण-विनोद कुमार शुक्ल और अन्य वरिष्ठ भी उपस्थित तथा सक्रिय हैं। निराला हमारे सबसे बड़े कवि रहे लेकिन चालीस, पचास, साठ दशकों के प्रतिनिधि स्वर दूसरे थे। जो सबसे नया है उसमें सम्पूर्ण अतीत है। बाकी तो अपना भला-बुरा वो ख़ुद सोचेंगे। क्योंकि समाज में पतन के दौर भी आते हैं।

और आज अपनी पीढ़ी की रचनात्मकता के प्रति क्या सोच है ? मौजूदा समय में अपनी पीढ़ी के लेखन को कैसा पाते हैं ? उससे क्या उम्मीद है ?

जैसा मैंने अभी कहा, हमारी अपनी पीढ़ी के लोग भी लिख रहे हैं और अपने स्वभाव के अनुरूप अपनी ज़मीन को लगातार जोत रहे हैं। उनमें से कई में निरन्तर परिवर्तन भी हुए हैं और शायद होंगे। लेकिन यह भी लगता है कि इस उमर तक आते-आते उनमें जो पकाव हो सकता था वो आना अभी बाकी है। साहित्य और समाज में थोड़ी स्वीकृति तथा प्रतिष्ठा पाने के बाद और भी ज़रूरी होता है कि आप 'भद्र' तथा 'सार्वजनिक' होने से बचें और कविता के लिए जो साधना होती है तथा बृहत्तर समाज से जो लगाव होता है उसे बढ़ाएँ। हमारी पीढ़ी को अभी बड़ा काम करना बाकी है। हिन्दी की महान परम्परा से बहुत कुछ सीखना है। लिखा भी तो कम है हमने। इतने कम काम पर क्या होगा ? इसे औपचारिक विनम्रता न माना जाए। यही सच है।

व्यक्तिगत तौर पर मुझे यह पीढ़ी का बँटवारा कुछ खास संगत नहीं जान पड़ता। या फिर यह भी कि नौवें दशक के कवि, आठवें दशक के कवि आदि-आदि। तो पूछना यह है कि कविता/रचना की समकालीनता का आपका अन्दाज़ क्या है ?

ऐसा माना जाता है कि लगभग दस साल पर एक नयी पीढ़ी आ जाती है। लेकिन यह आज के तेजी से बदल रहे पूँजीवादी दौर के लिए भले सही हो, आज से

सौ साल पहले या उसके पहले के भारतीय समाज के लिए सही नहीं था क्योंकि तब एक ही प्रकार का सामाजिक-आर्थिक जीवन लम्बी अवधि तक चलता था। जहाँ-जहाँ पूँजीवाद आया वहाँ-वहाँ परिवर्तन ज़्यादा तेज़ और हठात् होने लगे जैसे इंग्लैण्ड में, यूरोप में, फिर बाद में अमेरिका में। इसलिए पीढ़ियों का यह बँटवारा चाहे कितना भी कृत्रिम लगे लेकिन आज सच है क्योंकि हमारा जीवन सहसा बदल जाता है और संवेदना भी। जैसे सोचिए कि पहले हम हफ़्तों इन्तज़ार कर सकते थे अपने सम्बन्धी के कुशल-क्षेम के लिए, आज एक मिनट भी भारी लगता है। तो समय के साथ हमारा रिश्ता बदला। ऐसे ही स्त्री के शरीर के प्रति पुरुष का दृष्टिकोण बदला। आज ऐसी कविता सम्भव नहीं जिसमें एक प्रेमी खिड़की पर बैठी स्त्री के एक गिरे हुए सुनहले केश को देख मोहित हो जाए। ऐसे ही समाज के विभिन्न जातियों के प्रति, दलितों के प्रति और स्वयं उनका जीवनमात्र के प्रति दृष्टिकोण तथा व्यवहार बदला तो इस सब से तो बार-बार नयी संवेदना आएगी अर्थात् जीवन के प्रति परिवर्तित रुख, व्यवहार और प्रतिक्रिया। यही समकालीनता है। आज अगर कोई कहे 'हे रूपसि तू केश दे दे स्वर्णसिंचित' तो क्या वह समकालीन होगा ? यह समकालीनता कथ्य, विचार, दर्शन, भाव, भाषा, लय हर स्तर पर प्रगट होती है। वैसे मैं ऐसे कवियों से मिल चुका हूँ जो वीरगाथा काल या रीतिकाल अथवा भक्तिकाल में जी रहे हैं। उत्तर-छायावाद काल अभी भी फूल-फल रहा है। परन्तु जीवन में जो सबसे नया है वही आज की समकालीनता है और उसे व्यक्त करने वाले ही समकालीन हैं। अगर आप इसे लाखों बरसों के पैमाने पर देखें और प्राक्ऐतिहासिक काल से चल कर आज तक की एक इकाई मानें तब तो नया से नया कवि भी वाल्मीकि का समकालीन होगा और उन्हीं की कुटिया में बैठा द्रोण में मधु का पान कर रहा होगा।

आपके लिए अपने लेखन के सन्दर्भ में परम्परा का क्या अर्थ है ?

अभी तक हमने जो बातें कीं वहाँ परम्परा लगातार उपस्थित रही। जैसे मैंने कहा कि मैंने नागार्जुन से रास्ता-पाया, फिर निराला से, तुलसीदास-कबीर-शेक्सपियर से और आगे भी अपने पूर्वजों से सीखते रहना है, लेते-छोड़ते-बढ़ाते। मुझे चलना तो उसी मार्ग पर है, लेकिन यह ख़याल रखते कि मेरे पाँव उनके चरण-चिह्नों पर न पड़ें और यह भी कि जहाँ वह मार्ग वन में लुप्त होता दिखे वहाँ से मैं नया मार्ग बनाऊँ, समुद्र पर सेतु भी, व्योम में अन्तरिक्ष-स्टेशन भी, पाताल में मेट्रो भी।

आलोचना ने आपको रचनात्मक स्तर पर कोई सहायता की है ? आपने ख़ुद भी आलोचना लिखी है। आलोचना-लेखन के मौजूदा परिदृश्य पर किन बातों पर आपका ध्यान जाता है ?

आलोचना आपको बताती है कि श्रेष्ठ क्या है और क्यों है। श्रेष्ठ की पहचान के बिना आप श्रेष्ठ रच भी नहीं सकते। हिन्दी में और अन्यत्र भी हमारे बड़े कवि बड़े आलोचक भी रहे यदि उन्होंने आलोचना की, जैसे प्रसाद, निराला, पन्त, महादेवी, मुक्तिबोध, अज्ञेय, शमशेर, साही आदि। जिन्होंने आलोचना न भी की उन्हें श्रेष्ठता का भान तो रहा ही होगा। तो मुझे आलोचकों ने सिखाया श्रेष्ठ की पहचान करना, मुझमें वो विवेक जगाया। अंग्रेज़ी के आलोचकों में खास कर डॉ. जॉन्सन, कॉलरिज, इलियट, लीविस और रेमण्ड विलियम्स तथा लुकाच और बेंजामिन ने। हिन्दी में सर्वाधिक आचार्य रामचन्द्र शुक्ल और डॉ. नामवर सिंह ने। अपभ्रंश पर नामवर जी की जो किताब है उसमें भाषा के व्यवहार को ले कर बेहद महत्त्वपूर्ण चर्चा है तथा 'कविता के नये प्रतिमान' के आरम्भिक अंश हर काल की कविता के लिए कुंजी है। वास्तव में सारी आलोचना श्रेष्ठता की पहचान का प्रयत्न ही तो है। इसके अलावा अपने समय की सारी लड़ाइयाँ साहित्य के क्षेत्र में मुख्यतः आलोचना ही तो लड़ती है। सबसे अच्छा आलोचक वो है जिससे सबसे ज़्यादा लोग (और हीनतम लोग) नाराज़ हों। क्योंकि वह जल्दी किसी को श्रेष्ठ नहीं कहेगा। मैंने किसी आलोचक के बारे में पढ़ा था कि वह कवियों की ख़ूब खातिरदारी करता, ख़ूब खिलाता-पिलाता परन्तु कवि चाहते कि वो ये सब न करे, सिर्फ तारीफ कर दे, जो कि वह कभी न करता। मुझे लांजाइनस और होरेस भी बहुत प्रिय हैं।

अभी जो आलोचना है उसमें अनेक विद्वान लोग हैं। बस कभी-कभी एक ही बात खलती है। एक किस्सा है—एक फ्रांसीसी आलोचक के बारे में तुर्गनेव कहा करते थे—वह उस शिकारी कुत्ते की तरह है जो मालिक के प्रति वफादार है, ख़ूब फुर्तीला है, ख़ूब तेज़ दौड़ सकता है, पलक झपकते शिकार पर झपट सकता है, लेकिन बेचारे में एक ही कमी है—सूँघ नहीं सकता। तो यही कमी कई बार कुछ समकालीन आलोचकों में मिलती है। बाकी सब ठीक है। आलोचक के साथ दिक्कत यह है कि इमली के पेड़ की तरह उस पर फल लगना देर से शुरू होता है जबकि कवि काफी जल्दी और कथाकार भी अपेक्षाकृत जल्दी काम शुरू कर देते हैं। क्योंकि आलोचक को तैयार होने में ज़्यादा वक्त लगता है। उसे साहित्य तो पढ़ना ही होता है, बाकी सब कुछ पढ़ना होता है। नया भी पुराना भी। इसलिए बिना पूरी तैयारी के आप आलोचक नहीं बन सकते। प्रसन्नता की बात है कि हमारे बीच ऐसे अनेक लोग हैं। मुझे बहुत प्रशंसा मिली जिसका शायद मैं अधिकारी नहीं, और कुछ विरोध भी हुआ जो वाजिब ही कहा जाएगा। आलोचना के परिदृश्य का निर्माण वास्तव में तत्कालीन रचना करती है। हम अपनी ही भाषा को देखें तो पाएँगे कि हर महत्त्वपूर्ण दौर और हर महत्त्वपूर्ण कवि ने नयी आलोचना के लिए प्रेरित किया। स्वयं कवियों ने भी कई बार

पहल की। तो अलग से आलोचना की कोई स्थिति सम्भवतः नहीं होती। सिद्धान्त की बात अलग है।

मौजूदा दौर के सबसे बड़े और महत्त्वपूर्ण सवाल, जिन्हें एक रचनाकार की हैसियत से और एक नागरिक की हैसियत से आप विचारणीय मानते हैं।

आज के सबसे बड़े और महत्त्वपूर्ण सवाल ? एक बात तो यह है कि आप अगर रचनाकार हैं तो उन सवालों को अलग तरीके से उठाते हैं यानी स्थितियों, प्रसंगों, चरित्रों के जरिये। कोई घटना महत्त्वपूर्ण इसलिए होती है कि वह लोगों के जीवन को, आन्तरिक जीवन को, मानव-सम्बन्धों को बदल देती है। इसलिए सवाल वे बड़े और महत्त्वपूर्ण हैं जो सबसे ज़्यादा लोगों को, उनके निजी जीवन को, उनके होने मात्र को सर्वाधिक प्रभावित करते हैं। अन्ततः किसी भी राजनीतिक या सामाजिक घटना की तीव्रता इससे मापी जाती है कि उससे किस व्यक्ति के निजी जीवन पर कैसा और कितना प्रभाव पड़ता है। अभी जो रोटी मैं तोड़ रहा हूँ कल मेरे हाथ से छिन सकती है। आज रात मैं जिस कमरे में सो रहा हूँ कल मुझसे छिन सकता है। हज़ारों किसानों की मौत, लाखों लोगों का बेघरबार होना, करोड़ों नौजवानों की बेकारी—ये सब ज़रूरी सवाल हैं। कल आपके घर के पास मल्टीप्लेक्स खुलेगा और सैकड़ों ठेले वाले, खोंमचे वाले, फेरी वाले बर्बाद हो जाएँगे। जब तक आपके पास साधारण जीवन के भी साधन नहीं तब तक आप पूर्ण मनुष्य की तरह भावों-भावनाओं का भी अनुभव नहीं कर सकते। जहाँ सारी शक्ति जीवन जीने में ही नष्ट हो जाए वहाँ भावों की बारीकी और जटिलता भी मुश्किल है। इसलिए आज का सबसे ज़रूरी सवाल है करोड़ों लोगों को जीवन जीने का वाजिब साधन मुहैया करना। देश में लगातार ग़रीबी और ग़ैर-बराबरी बढ़ रही है। एक तरफ बर्बर प्राचुर्य है तो दूसरी तरफ भर पेट भोजन भी दुर्लभ। ऐसा क्यों है ? ऐसे में न तो आज़ादी सम्भव है न जनतन्त्र। आज हमारे सामने आज़ादी को बचाने का भी सवाल है। जनतन्त्र को बचाने का सवाल। पूँजीवाद आज बहुत मज़बूत है। इससे टकराना आसान नहीं। लेकिन देश के अधिकांश लोग इसके शिकार हैं और इसीलिए जल्दी ही वे इकट्ठा भी होंगे। हमने आज़ादी के लिए कुर्बानी इसलिए तो नहीं दी थी कि थोड़े से लोग बेशर्मी से पैसा लुटावें और बाकी तमाशा देखें। आज अमीर-ग़रीब का सवाल कम उठाया जाता है। लेकिन यही **असली** सवाल है। इस देश में एक साथ दुनिया के सबसे अमीर लोग रहते हैं और सबसे ग़रीब लोग। हम चाहते हैं कि सारी सम्पत्ति देश की हो और सारी आपत्ति भी। अँधेरे के ताले को खोलना ज़रूरी है। पूरी दुनिया के लिए आज यही असली सवाल

है, बाकी सारे सवाल इसके बाद हैं।

आपके लिए 'देश' का क्या मतलब है ?

देश का मतलब है देश के लोग, देश की मिट्टी, जल, पवन। बिना किसी भेदभाव के। गुजरात भी सबका है और काश्मीर भी, केरल भी सबका है और बिहार भी। मैं तो चाहता हूँ कि बिना किसी पासपोर्ट या वीज़ा के हम सारी पृथ्वी पर टहलें। मेरा देश सिर्फ वही नहीं जहाँ मैं पैदा हुआ। मेरा देश पूरी वसुधा हो। लेकिन हम ऐसे समय में रह रहे हैं जब कल मेरी गली के बाद कोई दूसरा देश बन जा सकता है— यानी बँटवारा, टुकड़े-टुकड़े होना। तो जहाँ तक मुझे अपना माना जाए वहाँ तक मेरा देश है। देश मतलब घर।

अभी की वैश्विक-राष्ट्रीय परिस्थितियों में एक सजग रचनाकार का नैतिक और राजनैतिक बोध क्या हो ?.

मैं कोई राय या सलाह नहीं दे सकता। जहाँ तक मेरी बात है मुझे ब्रेख्त की ये पंक्तियाँ अक्सर याद आती हैं—

> **अभी जब मैं यह रोटी खा रहा हूँ**
> **दुनिया में करोड़ों लोग भूखे हैं**
> **यह जो पानी मैं पी रहा हूँ**
> **दुनिया में करोड़ों लोग प्यासे हैं**

जब से समाज दो वर्गों में बँटा तब से लड़ाई चल रही है। जो शोषित हैं वे कभी-कभी जीते, अक्सर हारते रहे; पर कभी भी हार नहीं मानी। मैं उन्हीं के साथ हूँ। 'हो न सके जो पूर्ण काम...।'

कविता पूरे जीवन के लिए संवाद लिखती है

(अरुण कमल से ओम निश्चल की बातचीत)

अस्सी के दशक और धूमिल के बाद की पीढ़ी में जिस कवि को उसकी तल्खी, संवेदनात्मक सच्चाई और नयी विचारशीलता के लिए जाना-पहचाना गया तथा जिसकी कविता उर्वर प्रदेश से समकालीन कविता के तापमान का जायज़ा लिया जा सकता था, वह अरुण कमल हैं। अपनी केवल धार, सबूत और नये इलाके में जैसे लोकप्रिय कविता संग्रहों के बल पर कविता में एक बड़ी शख़्सियत बन जाने की चरितार्थता अरुण कमल के कवि-व्यक्तित्व की विशेषता है। 1954 में बिहार में जन्मे अरुण कमल की कविताओं में भारतीय जीवन की विडम्बनाओं व अपने समय और समाज की धड़कनों को पकड़ने की जो कोशिश दिखती है—जिस मानवीय करुणा के साथ, किन्तु आत्म-दया से बचते हुए, उनकी कविताएँ महज शब्दों से नहीं बल्कि रक्त और धमनियों के सम्बन्ध की भाँति जन साधारण की अन्तश्चेतना से जुड़ती हैं—वह कविता के मौजूदा ढाँचे में विरलता से लक्ष्य है। यह अनायास ही नहीं है कि अरुण कमल की सदैव यह कोशिश रही कि उनकी कविता उन लोगों के जीवन और भावों पर ध्यान केन्द्रित करे जिन्होंने हमेशा-हमेशा से नंगे पाँव घूमते हुए इस धरती की पवित्रता का मान रखा। उनकी कविता की गृहस्थी में भाषा की अनेक रंगतें हैं।

जीवन के गहरे अनुभवों और भाषिक तद्भवता के सहमेल से बनी-बुनी अरुण कमल की कविताओं में किसी घोषणा पत्र की वाचालता नहीं, बल्कि मनुष्यता के पतन का आत्म-धिक्कार समाया हुआ है। शेक्सपियर, तुलसीदास, निराला और कबीर जैसे बड़े कवियों से अपनी कवि-चेतना को अनुप्राणित महसूस करने वाले अरुण कमल को यों तो अनेक प्रतिष्ठित पुरस्कार हासिल हुए किन्तु साहित्य अकादेमी पुरस्कार से एकाएक उन्हें ख्याति मिली और अपविरुद भी। अकादेमी पुरस्कार घोषित होते ही अशोक वाजपेयी ने जब अपने असमंजस का इज़हार किया

तो एकबारगी पुरस्कार चयन समिति की निष्पक्षता तक पर सवालिया निशान लगाये गये और तब कवियों की अपनी वरिष्ठता सूची और औचित्य समेत प्रस्तुत अशोक वाजपेयी का मनोमालिन्य भी छुपा न रहा। अचरज की बात यह कि कविता की मूल्यवत्ता पर नहीं बल्कि महज कवि को केन्द्र में रख कर चलाये गये इस अप्रिय विवाद के साथ एक बार फिर पुरस्कारदात्री संस्थानों के नेपथ्य का परिदृश्य ही उजागर हुआ। अलबत्ता अरुण कमल ने इस विवाद की कोई ख़ास नोटिस नहीं ली और न ही इसका प्रत्याख्यान किया, यहाँ तक कि इस मुद्दे पर वे कुछ कहने से भी बचते रहे। पिछले दिनों वे भारतीय भाषा परिषद कलकत्ता द्वारा आयोजित **वाचिक आस्वाद की एक शाम** में पधारे तो उनसे उनकी कविता और आज के कुछ ज़रूरी सवालों को ले कर बातचीत की गयी। अरुण कमल को इससे पहले रीवा, गोरखपुर, वाराणसी और फिर एक बार कलकत्ता में सुनने के बाद उनकी कविता के बारे में इतना तो कहा जा सकता है कि उसमें अपने समय को व्यक्त करने का सलीका है, उसका स्वर भले ही बहुत लाउड न हो किन्तु उसमें हमारी संवेदना को छूने की अचूक सामर्थ्य है। अरुण कमल का यह कहना मात्र कथन भर नहीं है कि जीवन में जो कुछ नष्ट हो रहा है, कविता उस सबकी अन्तिम शरणस्थली है, अभयारण्य। उनकी कविताओं में मनुष्यता को बचाने की गहरी आकुलता है।

–ओम निश्चल

ओम निश्चल : आप आठवें दशक के चर्चित कवियों में हैं। यह भी सुसंयोग ही है कि साहित्य अकादेमी पुरस्कार पाने वाले सबसे कम उम्र के कवि भी। किन्तु आपके पुरस्कार को ले कर जो विवाद उठाये गये, वे बड़े अप्रीतिकर ढंग से। शायद कविता की मूल्यवत्ता के विपरीत कवियों की सूचीबद्ध वरिष्ठता पर लोगों का ज़्यादा ध्यान रहा है। इस विवाद के सन्दर्भ में आप क्या सोचते हैं ?

अरुण कमल : पहले तो मुझे वह पंक्ति याद आती है मीर की, 'कुफ्र कुछ चाहिए इस्लाम की रौनक के लिए।' तो कुछ तो कुफ्र चाहिए और साहित्य में तो विवाद और विरोध यह कोई नयी बात नहीं है। यह तो होता ही रहता है। और थोड़ा-बहुत हो तो ठीक लेकिन अच्छा हो कि यह बातचीत कवि के बारे में नहीं, कविता के बारे में हो। लेकिन नेरूदा ने विस्तार से इस तरह के प्रसंगों के बारे में अपने 'मेमायर्स' में लिखा है। 'पोयट्री एन अकूपेशन' जो चैप्टर है, उसका आधा इसी के बारे में है। रवीन्द्रनाथ ठाकुर को भी जब 'नोबल प्राइज' मिला था तो इस पर भयंकर गहमा-

गहमी हुई थी। और पूरी दुनिया में इस बारे में जो लिखा गया, वह प्रकाशित भी है। डब्ल्यू.बी.ईट्स जिन्होंने गीतांजलि के अनुवाद में इतनी बड़ी भूमिका अदा की उन्होंने दस साल तक उनसे बोलचाल बन्द रखी। जब उनको दस साल के बाद नोबल पुरस्कार मिल गया तब फिर उन्होंने बातचीत शुरू की। तो अब दुनिया में जब बड़े कवियों का यह हाल है तो जो छुटभैये हैं, उनके बारे में क्या कहा जाय।

ओम निश्चल : बिहार के अपने समकालीन कवियों आलोक धन्वा और ज्ञानेन्द्रपति से आपकी कविताएँ बिलकुल अलग हैं। वे न तो ज्ञानेन्द्रपति की तरह शब्दरति या कि तत्सम के संधान में डूबी दिखती हैं और न आलोक धन्वा की तरह अनुभूति और भावुकता के तनाव से बनी-बुनी। एक निहायत सादे फलक पर आपकी कविताएँ बिना किसी 'शब्द-भार' तथा भावुक कथनों/आवेगों के सघन मार्मिकता का उदाहरण पेश करती हैं। क्या आप ऐसा महसूस करते हैं ?

अरुण कमल : पहली बात तो यह कि इसमें से बिहार शब्द हटा दिया जाए। आप हिन्दी कहिए। हिन्दी में बहुत सारे कवि हैं, अलग-अलग रंगों के, अलग मिज़ाज़ के, अलग ज़मीन के कवि हैं। और जब ऐसा नहीं होगा तो इतने सारे कवियों की ज़रूरत क्या होगी। जीवन इतना विविध है, आदमी ख़ुद इतना विविध और जटिल है कि उसके लिए अगर एक करोड़ आदमी हैं तो कम-से-कम दस लाख कवि तो चाहिए ही उन सब को पकड़ने के लिए। तो यह विविधता तो होनी ही चाहिए। और फिर ज्ञानेन्द्रपति में 'शब्दरति' नहीं है; वे बहुत सूक्ष्म प्रयोग करते हैं, शब्दों का; लेकिन जो मेरी कोशिश रही है वह दूसरी तरह की। जैसा कि जो मार्केज़ ने हेमिंग्वे की कहानियों के बारे में कहा कि वे आइसबर्ग की तरह हैं जिनका आप सिर्फ ऊपर का हिस्सा देखते हैं, बाकी पानी में डूबा होता है। वैसे ही इस कविता को भी होना चाहिए आइसबर्ग की उस नोक की तरह, टिप की तरह, जिसका बाकी हिस्सा पाठक को अन्वेषित करके निकालना होता है। इसके लिए ज़रूरी है, कम शब्दों में, कम जगह में ज़्यादा-से-ज़्यादा कहने की कोशिश की जाए और शब्द जो हों उनमें गुंफन हो, उनमें स्तर हों। आप उन्हें कई तरीके से उलट-पुलट के देख सकें। जैसे एक ही जैकेट को आप पाँच तरह से इस्तेमाल कर सकें, ऐसी कुछ मेरी कोशिश रही है।

ओम निश्चल : अरुण जी, यह शताब्दी बीतने को है। आठवें दशक से अब तक आपने अपनी कविता और समकालीन कविता के ढाँचे में क्या कुछ बदलाव महसूस किया है ?

अरुण कमल : करीब 25-30 साल तो हो ही गये। जब मैंने लिखना शुरू

किया तो धूमिल का बहुत गहरा असर था। वक्तव्य-प्रधान कविताएँ थीं उनकी। वैसे धूमिल को मैं महत्त्वपूर्ण कवि मानता हूँ। इसके बावजूद जो काम उन्होंने किया उससे भिन्न काम बाद में कवियों को करना था और जो धूमिल के बाद के कवियों ने किया उनसे भिन्न काम उनके बाद के कवियों को करना था। और हर कवि को हमेशा एक नया काम करना होता है, नहीं तो वह अपना विकास कर ही नहीं सकता। यह नया काम इसलिए करता है कि नये-नये तत्त्व जीवन में आते हैं, उनको पकड़ना, उनकी खोज करना और ख़ुद जैसे-जैसे हमारी उम्र बीतती है, हम एक ही आदमी को या एक ही वस्तु को अलग ढंग से देखते हैं। तब यह भी पता चलता है कि आदमी का जीवन कितना गहरा और रहस्यमय है। और जब आप जटिलता में प्रवेश करते हैं वस्तुओं, स्थितियों और मनुष्य के रहस्यों में प्रवेश करते हैं। तो जाहिर है वह परिवर्तन होगा। पिछले तीस वर्षों में हिन्दी कविता में जो सबसे बड़ा परिवर्तन हुआ वह यह कि कविता जीवन के प्रति ज़्यादा गम्भीर हुई, जीवन की पवित्रता को समझने और उसको कविता में बरतने का यह अनुभव समकालीन कविता ने हासिल किया। दूसरी बात यह कि यह अपने पीछे भी गयी। हम लोगों ने तो अपने को शुरू किया नागार्जुन और त्रिलोचन से जोड़ कर और धीरे-धीरे हम लोग भी और पीछे गये जैसे निराला की ओर गये। और अब फिर मुझे लगता है कि तुलसीदास, कबीर, सम्पूर्ण संस्कृत वाङ्मय—तो यह पीछे की ओर लौटना आगे की ओर जाने के लिए ज़रूरी होता है। कविता में 'वन वे ट्रैफिक' नहीं होता। यह 'टू वे' ट्रैफिक है और आना-जाना दोनों बना होता है। तो हिन्दी कविता में भी यह हुआ। कविता ज़्यादा गम्भीर हुई जीवन के प्रति और कविता ज़्यादा गम्भीर हुई अपनी परम्परा के प्रति।

ओम निश्चल : क्या आप लेखन को 'इन्जॉय' करते हैं। लिखने का यह सुख कैसा होता है ?

अरुण कमल : इसमें सुख भी है और एक तरह की पीड़ा भी है। यह बात हर सुख के साथ जुड़ी होती है। जब वास्तव में लिखने का मन होता है तो मजा आता है और ऐसा बिलकुल अकेले में होता है। जब जो हम कहना चाहते हैं, उसके लिए जो जद्दोजेहद करनी होती है, एक मुश्किल जो पेश आती है तो पीड़ा भी होती है। लेकिन उस पीड़ा का भी अपना सुख होता है। लिखने में सुख है, पीड़ा भी है लेकिन जाहिर है कि जब सुख की अनुभूति नहीं होगी तो कोई लिखेगा क्यों ?

ओम निश्चल : कविता के लिए किस तरह के नोट्स लेते हैं ? क्या वह एक ही ड्राफ़्ट में पूरी हो जाती है या कई बैठकों में ?

अरुण कमल : इसके बारे में मेरा मानना है कि आप चौबीसों घण्टे कविता के बारे में सोचते रहते हैं, नोट्स लेते रहते हैं। और यह लिखना हमेशा काग़ज़ पर नहीं

होता। जैसे पहले कवि, जब काग़ज़-कलम नहीं थी तो कैसे लिखते थे। लेकिन लिखते वो भी थे हमेशा। अब ग़ालिब थे तो वो गाँठ बाँधते थे सुतली में एक बहर पूरी हुई, एक गाँठ लगा ली। यह मन में गाँठ लगाने का काम हमेशा चलता है। और कई बार ऐसा भी होता है कि कोई बात आपको तुरन्त नोट भी करनी है। इसलिए मैं अपने पास कलम और काग़ज़ ज़रूर रखता हूँ। जब जहाँ मौका मिला, मैं यह काम करता हूँ। लेकिन सोचता हूँ कि किसी को पता न चले। यह बहुत गुप्त तरीके से हो और एक कवि को तो एक जासूस की तरह, एक भेदिया की तरह काम करना पड़ता है। 'पिकविक पेपर्स' जो डिकेंस का प्रसिद्ध उपन्यास है—पिकविक साहब निकलते हैं दुनिया की सैर पर। उनके साथ उनका नौकर सैमबेला भी है तो क्या होता है—कि दो इक्केवान हैं, वो आपस में मारपीट कर रहे हैं और गाली–गलौज भी। पिकविक साहब चकित होते हैं। उनके बोलने में उन्हें बहुत मजा आता है। तुरन्त वो नोट करने लगते हैं। तब तक जो दो ताँगे वाले लड़ रहे हैं—उन्हीं में एक कहता है—देखो-देखो, वो जासूस नोट कर रहा है तो वे आपस में लड़ना छोड़ कर इनको पीटने लगते हैं। तो एक कवि को एक जासूस की तरह काम करना पड़ता है। बशर्ते कि किसी को पता न चले कि यह जासूसी कर रहा है। कविता करने का काम चौबीस घण्टे का है। इस प्रसंग में एक मनोरंजक प्रसंग मैं और सुना दूँ। वह शेक्सपियर के बारे में है। जॉर्ज बर्नार्ड शा का नाटक है—'द डार्क लेडी ऑफ़ सानेट्स।' उसमें एक प्रसंग है। शेक्सपियर एक देहात की लड़की से प्रेम कर रहे हैं। प्रणय का प्रसंग है। चुम्बन का दृश्य है और वह देहाती लड़की कुछ बड़बड़ाती है चुम्बन के समय। अब शेक्सपियर तुरन्त उसको चूमना छोड़ कर कान से पेन्सिल उतार के जेब से नोटबुक निकाल कर उसको नोट करते हैं, फिर चूमना शुरू करते हैं। तो यह काम कवि को करना पड़ता है—अपने चुम्बन को भी बीच में रोक कर।

ओम निश्चल : क्या आपकी कविता एक ही ड्राफ़्ट में पूरी हो जाती है या कई बार कई-कई बैठकों में ?

अरुण कमल : इसमें मुझको थोड़ी दिक्कत होती है। कोई कविता एक ड्राफ़्ट में कभी पूरी नहीं होती। कई बार, अनेक बार संशोधन करने पड़ते हैं। छपने के बाद किताब में आने के बाद भी कुछ कविताओं में संशोधन करना पड़ता है। कुछ को मैं फिर बाद में छोड़ देता हूँ कि अब वो जैसी संतति हो गयी—हो गयी। अब हम क्या कर सकते हैं। लेकिन कविता छपने के पहले निश्चित रूप से मुझको कई ड्राफ़्ट बनाने पड़ते हैं और मेरा काफ़ी काग़ज़ बर्बाद होता है। कुछ कवि तो मन में ही सारा कर लेते हैं, मुझसे वह नहीं होता। जब तक मैं काग़ज़-कलम पर काम न करूँ।

ओम निश्चल : आप एक अध्यापक भी हैं तो क्या अध्यापन ने आपकी कविता को 'एनरिच' किया है ?

अरुण कमल : यह अध्यापक मैं उस तरह से हूँ जैसे कि मैं ईंटा भी ढो सकता था या मैं कोई राज मिस्त्री भी होता या हो सकता है मैं माली होता। अब कबीरदास तो बुनकर थे। बुनकर होने से उनकी कविता में बहुत सारे 'इमेजेज' आ गये। तुलसीदास तो क्या थे, पहले तो वो फलित ज्योतिष ही करते थे। पण्डित तो थे ही लेकिन वो सब उन्होंने किया नहीं। भक्त थे। तो आजीविका के जो साधन हैं वे हमें प्रभावित तो करते हैं, क्योंकि जो संघर्ष होता है रोजी-रोटी का, वह आपके पूरे व्यक्तित्व को प्रभावित करता है। तो हो सकता है, उससे कुछ चीज़ें आयी हों लेकिन मेरी यह कोशिश होती है कि वह बिलकुल एक अलग काम की तरह, पेट के लिए जो काम किया जाता है, उसकी तरह मैं वो काम करूँ और अध्यापन का जो जीवन है उसमें कोई बहुत विविधता भी नहीं है। जैसे अगर मैं कुली होता तो मुझको जो अनुभव होते वे बहुत बड़े संसार के अनुभव होते जो अध्यापन में सम्भव नहीं है और किताबों की दुनिया है तो वो तो वैसे भी जब आप लिखते-पढ़ते हैं तो होगी ही।

ओम निश्चल : लेकिन एक अध्यापक के रूप में अपने छात्रों से, सहयोगियों से जो आपका साहित्यिक विमर्श होता है, उससे तो एक 'एनरिचमेंट' का वातावरण बनता है।

अरुण कमल : देखिए, सहयोगियों से मेरी कोई बात साहित्य पर नहीं होती, कसदन। तय करके मैं साहित्य पर कोई बात नहीं करता हूँ, जो छात्र हैं उनसे भी। आमतौर पर जब तक कोई बहुत योग्य विद्यार्थी न हो तब तक कोई बात नहीं होती। मेरा एक प्रिय विद्यार्थी है अनिमेष (प्रेमरंजन) इतना अच्छा कवि है। वह रहा। ऐसे ही दो-चार विद्यार्थी होंगे और मैं पढ़ाता भी हूँ तो आलोचना पढ़ाता हूँ ताकि कविता पढ़ाने का भी मौका न मिले। क्योंकि कविता पढ़ाने से कहीं न कहीं से उसकी एक निश्चित धारणा मन में बनती है और कई बार जिद के तहत आप अपनी उस धारणा पर अड़े रहते हैं। क्योंकि हर बार आप उसमें संशोधन करेंगे तो पढ़ा नहीं सकते। पढ़ाना एक परिपाटी है और पढ़ना उस परिपाटी को तोड़ना; इसलिए मैं उसको अलग रखता हूँ।

ओम निश्चल : अरुण जी, जॉर्ज सेफरीज ने कहीं लिखा है, कविता कभी झूठ नहीं बोलती। वह सच का उद्‌घाटन है। इस तथ्य को आप किस तरह महसूस करते हैं ?

अरुण कमल : यह इस पर निर्भर है कि वह कैसा कवि है। कबीर के बारे में तो हम ऐसा कह सकते हैं लेकिन हर कवि के बारे में यह नहीं कहा जा सकता।

क्योंकि जो सच जानेगा, वही तो सच कहेगा और सत्य की खोज दुर्लभ है, मुश्किल है। जो बहुत बड़े कवि हैं, उन्हें ही सत्य की मणि हाथ लगती है। क्योंकि उसकी रक्षा तो सर्प कर रहा होता है। यह किंवदन्ती ही है लेकिन ख़ूबसूरत किंवदन्ती है कि सर्प अपनी मणि की रक्षा करता है। सत्य की जो मणि है—इतने सारे सर्प उसको घेरे होते हैं और उनके फनों के बीच हाथ डाल कर उस मणि को उठा करके कविता में ला कर सुरक्षित कर देना—यह काम कबीर, तुलसी और बीसवीं शताब्दी में निराला जैसे कवियों के बस का ही रहा। तो जो बड़ी कविता है वह यही करती है। किन्तु मेरे जैसे छोटे कवि तो बस देखते हैं यह तमाशा कि कैसे मणियों की हेराफेरी हो रही है।

ओम निश्चल : किन्तु कविता का काम सच बोलना तो है ?

अरुण कमल : हाँ, कविता सच बोलती है। बोलना चाहिए उसको। नहीं तो वह कविता नहीं होगी। हर महत्त्वपूर्ण कवि सत्य की खोज अपने ढंग से करता है और वह सच बोलता है। अब यह सच भी तो अलग-अलग लोगों के लिए थोड़ा भिन्न हो सकता है। लेकिन इस अर्थ में इसका एक उद्देश्य यह है कि कविता कहीं-न-कहीं एक विघटनकारी शक्ति है। जब आप सच बोलते हैं तो जो समाज का बना-बनाया ढाँचा है, चाहे राजनीति का हो, अर्थ तन्त्र का हो, उसे आप विघटित करते हैं। समाज में जो कुछ उचित नहीं है, उस पर चोट करते हैं। हर सच चोट करता है। इसलिए कविता अन्ततः एक विघटनकारी शक्ति है। बिना सच्चाई के यह सम्भव नहीं है। सच्चाई हमेशा सब कुछ को विघटित करती है और एक नये संगठन की भी निर्मिति करती है।

ओम निश्चल : आपके पठन-पाठन की पसन्दीदा पुस्तकें कौन-सी हैं ?

अरुण कमल : एक तो मेरे सबसे प्रिय कवि हैं शेक्सपियर। उनको मैं हमेशा पढ़ता हूँ और हिन्दी में तुलसीदास और निराला। ये मुझको बहुत प्रिय हैं। इनको मैं हमेशा पढ़ता हूँ। इसके अलावा कुछ किताबें ऐसी हैं—अच्छा, यह बदलता रहता है। कभी दो-चार साल कोई किताब मैं लगातार कई बार पढ़ता रहा हूँ। फिर भी एक किताब है, 'मेरा दागिस्तान' रसूल हमजातोव की। उसने काफी समय तक मुझको बाँध के रखा। एक किताब है 'ए बी सी ऑव रीडिंग'—एज़रा पाउण्ड की। यह एक अद्भुत पुस्तक है। यह भी मेरी बहुत ही प्रिय पुस्तक है। एक है 'एलिस इन वंडरलैण्ड' और जितने भी अनुवाद हिन्दी में हैं—एक शमशेर जी का और कृष्ण बलदेव वैद का। मैं वो भी पढ़ता हूँ। मूल तो पढ़ता ही हूँ। मुझको बस मजा आता है। तो ये चीज़ें मेरे नियमित पठन में शामिल हैं। और एक किताब और, वह है मार्क्स लिखित 'कम्युनिस्ट पार्टी का घोषणा-पत्र'। उसको भी मैं जब कभी मौका मिलता है, पढ़ता हूँ। ये ऐसी कुछ पुस्तकें हैं जो मैं पढ़ता हूँ।

ओम निश्चल : और ख़ास तौर से पसन्दीदा कवि ?

अरुण कमल : हाँ, वो मैंने पहले ही कहा आपसे। बहुत-से कवि आपको पसन्द हो सकते हैं। दो-चार लोगों का नाम ले कर बाकी को छोड़ना ठीक नहीं है। लेकिन कुछ कवि ऐसे होते हैं, जिनका लम्बा साथ चलता है। जैसे मैंने कहा, शेक्सपियर, तुलसीदास, कबीर। कबीर मुझको प्रिय तो रहे हैं लेकिन इधर कबीर से अन्तरंगता बढ़ी है। निराला मुझको बहुत प्रिय हैं और मुझको तो कालिदास बहुत प्रिय हैं। तो ये कुछ कवि हैं। बाहर के बीसवीं सदी के कवियों में मुझे नेरूदा बहुत प्रिय हैं। मुझको टी.एस.ईलिएट कवि के तौर पर और उससे भी ज़्यादा आलोचक के तौर पर बहुत प्रिय हैं। उनकी आलोचना की किताबें मैं नियमित तौर पर पढ़ता हूँ।

ओम निश्चल : क्या आप लिखते हुए आलोचकों की परवाह करते हैं ?

अरुण कमल : बिलकुल नहीं। क्योंकि आलोचक तो कहीं है नहीं। वो तो लिखने के बाद आते हैं। इसलिए उनके बारे में नहीं सोचता। पहले सड़क बनेगी तब उस पर गाड़ी चलेगी। मैं तो अपना गिट्टी और कोलतार बिछाने में लगा रहता हूँ। वो जो बिछाने वाले ख़ास तरह की चप्पल पहनते हैं, जिनके तल्ले में बहुत-सी गिट्टी और अलकतरा लगा रहता है। तो मैं तो चप्पल पहने हुए अपना काम करता रहता हूँ। उस समय किसी गाड़ी के बारे में सोचने का सवाल ही नहीं है। जब सड़क बनेगी तब गाड़ी आएगी। तब फिर सड़क को किसका डर है।

ओम निश्चल : अरुण जी, आपकी दृष्टि में कविता की सार्थकता क्या है ?

अरुण कमल : यह बहुत ही प्राचीन—इसलिए बहुत नवीन भी है—और इसलिए इसका उत्तर देना बहुत कठिन भी है। कोई-न-कोई सार्थकता तो इसकी है तभी मैं लिखता हूँ। लेकिन वह सार्थकता क्या है। कैसे कविता मनुष्य को प्रभावित करती है, इसका ठीक-ठाक पता लगाना मुश्किल है। कभी-कभी मैं यह भी सोचता हूँ कि आखिर कविता बनी ही क्यों। कविता इतने विरोधों, इतनी प्रतिकूल परिस्थितियों के बाद भी जारी क्यों है।

कोई-न-कोई तो कारण होगा। जैसे लोग पूजा करते हैं। उससे उन्हें क्या मिलता है, उसकी सार्थकता क्या है। मुझको अभी समझ में नहीं आता कि बिलकुल ब्रह्ममुहूर्त में और कार्तिक पूर्णिमा के दिन स्नान, इसका क्या अर्थ है। इससे क्या मिलेगा, अब परलोक की आकांक्षा या परलोक में सुख मिलेगा, यह तो कविता बता नहीं सकती। कविता का यह काम भी नहीं है। कविता से जो मिलना है, वह इसी जनम में, इसी शरीर में, इसी आत्मा को मिलना है। लेकिन निश्चित रूप से कविता मनुष्य के रूप में जीवित रहने में सहायता करती है। और कई बार जीवन के संघर्षों में

भी वह अपनी सहायता कर सकती है, अलग-अलग स्थितियों में। कई बार कविता नारा भी बन सकती है। जैसा समय होता है वैसा कविता करती है और करेगी।

ओम निश्चल : अच्छा, अरुण कमल जी, छोटी उम्र में ही आपको बड़ी प्रसिद्धियाँ मिलीं। क्या इससे आपको कुछ असुविधा भी होती है जैसा कि एक शायर ने लिखा है : 'शोहरत को हर जगह पर है दुश्मनी का ख़तरा, कहीं लोग जल न जाएँ मशहूर हो न जाना।

अरुण कमल : इसमें दो बाते हैं। पहली बात तो यह है कि बहुत कम उम्र नहीं है मेरी। मैं तो सोचता हूँ, भारतेन्दु पैंतीस-छत्तीस साल, कीट्स सत्ताईस-अट्ठाईस साल, शैली, बायरन, बादलेयर, मायकोव्स्की, लोर्का—दुनिया के जो महानतम कवि हुए हैं, पिछले दो सौ वर्षों के वो सब तो चालीस के नीचे के हुए और वे तो दुनिया भर में मशहूर हुए और दो शताब्दियों से मशहूर हैं। उस हिसाब से तो कोई सवाल ही पैदा नहीं होता है। मुझको तो हमेशा लगता है कि प्रसिद्धि कम मिल रही है। इसलिए कोई दिक्कत का सवाल ही नहीं है। हम तो इस बात से परेशान हैं कि इतना कम क्यों ? तो इसमें दिक्कत है ? तो दिक्कत कुछ नहीं होती मुझको। कभी नहीं। और हिन्दी में तो यह है कि चाहे जितना प्रसिद्ध हों कोई जानता तो है नहीं आपको। इसलिए ऐसा तो है नहीं कि ट्रेन में बिना टिकट सफर करेंगे और लोग छोड़ देंगे आपको। सड़क पर चलेंगे, कोई पहचानता नहीं है आपको। फिर कोई दिक्कत ही नहीं है। और मुझको तो लगता है कि प्रसिद्धि कम ही मिल रही है, ज़्यादा नहीं। शायद कभी मिले-— मरणोपरान्त। और तब फिर क्या होता है, कौन जानता है ?

ओम निश्चल : आपकी कुछ पंक्तियाँ लोगों के कण्ठ में बस गयी हैं जैसे कि 'सारा लोहा उन लोगों का, अपनी केवल धार' तथा 'प्रजातन्त्र का महामहोत्सव छप्पन विध पकवान। जिनके मुँह में कौर मांस का उनको मगही पान।'--ऐसे लोकचित्त को छूने वाले मुहावरे कहाँ से लाते या कि उठाते हैं ?

अरुण कमल : देखिये, बहुत कुछ लिखने के बाद ऐसी पंक्तियाँ आ जाती हैं और यह कोशिश से नहीं, अपने आप आती हैं। जो बहुत आसान लगता है वह बहुत कठिनाई से हासिल किया हुआ होता है। अगर उसे पाठक अपने कण्ठ में बसा लें तो इससे ज़्यादा ख़ुशी की बात एक कवि के लिए कुछ हो नहीं सकती। लेकिन ऐसी पंक्तियाँ तो बहुत कम मिलती हैं। मैंने बहुत ज़्यादा ऐसी पंक्तियाँ लिखीं या ऐसी कविता लिखी—ऐसा तो है नहीं। दो-चार बस होंगी। तुलसीदास की पूरी रामचरितमानस जीवन के हर अवसर पर लोग आज भी उद्धृत करते हैं। मैं चाहता हूँ कि कविता जीवन

के हर अवसर पर, हम जो बोलना चाहते हैं, वह संवाद हमको दे दे। मैं आपसे बात कर रहा हूँ, मैं चाहता हूँ कि मेरे पास पहले से बना-बनाया संवाद किसी कवि का दिया हुआ होता तो कितना अच्छा होता। जब कविता ऐसा करने लगे—जैसे कि फ़िल्मों में आप पटकथा लिखते हैं, संवाद लिखते हैं। तो फ़िल्मों का संवाद उन अभिनेताओं/अभिनेत्रियों के लिए होता है। कविता पूरे जीवन के लिए संवाद लिखती है, हर आदमी के लिए और मेरा उद्देश्य यही है।

ओम निश्चल : कविता के बेजोड़ पाठ्यबल के बावजूद आज की कविता अपना वाचिक प्रभाव कायम करने में सफल नहीं दीखती। जबकि हमारे समय में बेहतरीन पाठ करने वाले अनेक कवि मौजूद हैं। ऐसी स्थिति में कविता के वाचिक आस्वाद को बचाये रखने और पुनर्स्थापित करने के लिए क्या कुछ किया जाना चाहिए ?

अरुण कमल : एक दिक्कत तो हिन्दी में हुई है। कविता जो वाचिक रूप में लोगों तक पहुँचती थी, उसमें बहुत-बहुत कमी आयी है। इसका एक उपाय तो यह है हम नियमित रूप से बड़े पैमाने पर गोष्ठियाँ करें। उस तरह से कवि सम्मेलन न भी करें जैसा कि बड़ा पण्डाल बना कर किया जाता है। लेकिन छोटी-छोटी गोष्ठियाँ हों। उसमें कविता को समझने का और लोगों तक पहुँचने का ज़्यादा अवसर भी है, जो बड़े पण्डाल में नहीं होगा। क्योंकि हर कविता को एक ही तरीके से नहीं पढ़ सकते। एक कविता हज़ार लोगों को बताने के लिए होती भी नहीं। जैसा आप बोलते हैं—कभी आप फुसफुसाते भी हैं, कभी आप अपनी प्रेमिका या पत्नी से भी बात करते हैं। अपने बूढ़े पिता से बात करते हैं, जो ऊँचा सुनते हैं। कभी आप बच्चों से बात करते हैं। कभी आप बाज़ार में सब्जी वाली से बात करते हैं तो कभी आप किसी को ज़ोर से पुकारते भी हैं। कई बार आप अपनी रक्षा के लिए चोर-चोर चिल्लाते भी हैं। तो जब जीवन के इतने सारे प्रकरण हैं तो कविता एक ही आवाज़ में कैसे होगी। इसलिए यह समझना कि हमेशा दस हज़ार लोगों की भीड़ हो और आप कविता पढ़ रहे हों तो ऐसी तो कुछ ही कविताएँ होंगी। सारी कविताएँ एक जैसी नहीं होतीं। हालाँकि अब तो सहूलियत ज़्यादा है, रेडियो है, टेलीविज़न है किन्तु दुर्भाग्य की बात है—रेडियो का तो फिर भी बड़ा इस्तेमाल हुआ कविता को लोगों तक पहुँचाने में लेकिन टेलीविज़न का नहीं हुआ। कवियों के कैसेट हिन्दी में कहाँ बने ? अभी कैसेट्स हों तो हम खरीद कर सुन सकते हैं, बीस रुपये में। वे भी नहीं बने। आवृत्ति की परम्परा यानी कविता को दूसरे लोग पढ़ें और पढ़ कर सुनायें, वह भी हिन्दी में नहीं है। सारा काम कवियों को ही कहा जाता है करने को। तो वह बेचारा कितना काम करेगा। ये संस्थाएँ आखिर हैं

किसलिए। उनको यह काम करना चाहिए। जो लोग कहते हैं कि कविता लोगों से कट रही है, उनको यह काम करना चाहिए। क्या वे यह काम करते हैं। अब तो साधन ज़्यादा हैं लोगों तक पहुँचने के। टेलीफ़ोन कन्सर्ट जब हो सकता है तो टेलीफ़ोन पर कविता पाठ भी हो सकता है। लेकिन जैसे-जैसे विज्ञान ने हमको लिखने और लिखित से आज़ाद किया, हमारी कविता उतना ही ज़्यादा लिखित में बँध गयी। क्योंकि इसका वाचिक उपयोग करने की क्षमता कवियों के पास तो है नहीं। यह दूसरों के पास है। वे यह करने नहीं देते।

ओम निश्चल : आज के समय का दबाव क्या आज की कविता में दीखता है ?

अरुण कमल : हर कविता में दीखता है। यह दबाव दो तरीके से दीख सकता है। एक तो यह कि समय की उँगलियों के निशान-नीले निशान कविता के गले पर हों और आप साफ उसको देख सकें। दूसरे आप सीधे-सीधे वहाँ से दूर हट कर जैसे हिन्दी के कुछ उपन्यासों-कविताओं में आप देख भी सकते हैं—ये दोनों ही समय का प्रभाव है। लेकिन मैं उस कविता को या उस रचना को महत्त्व देता हूँ जिसके गले पर समय की उँगलियों के नीले निशान हैं और उसके बावजूद वह कविता जीवित है...तो कविता पर समय का दबाव तो है ही—रहता ही है।

ओम निश्चल : आज के राजनीतिक ध्रुवीकरण को ले कर आपका कवि-मन क्या सोचता है ?

अरुण कमल : हम तो यह समझते हैं कि लोग मानें या न मानें—पूँजीवाद बहुत प्रबल है। और यह शुद्ध पूँजीवाद देश में राज कर रहा है। इस पूँजीवाद के विरोध में जो भी शक्तियाँ हैं उनको मिल कर संघर्ष करना चाहिए। मेरा यह निश्चित रूप से मानना है कि मनुष्यता का तब तक भला नहीं हो सकता जब तक पूँजीवाद इस धरती पर है। इसलिए ध्रुवीकरण तो हुआ नहीं। ध्रुवीकरण होना है। पूँजीवादी शक्तियाँ एक तरफ चाहे वे दस नामों या सौ नामों से क्यों न आएँ—रावण के दस सिर होते ही हैं—दस पार्टियाँ भी उनकी होंगी तो वे पूँजीवादी पार्टियाँ हैं। तो पूँजीवाद विरोध की शक्तियों को एकजुट होना चाहिए। और उनमें भी जो ख़राबी है—पूँजीवाद की खराबियाँ हैं—धन-सम्पत्ति के लोभ के कारण जो खराबियाँ जैसी होती हैं, उनसे उन दलों को भी बचना चाहिए जो पूँजीवाद का विरोध करते हैं। नहीं तो पूँजी के प्रति आकर्षण रख कर पूँजीवाद का विरोध कर ही नहीं सकते। निजी सम्पत्ति के प्रति आकर्षण रख कर आप निजी सम्पत्ति का विरोध नहीं कर सकते। तो, अभी तो ध्रुवीकरण होना है।

ओम निश्चल : जिस तरह के विरोध की बात आप कर रहे हैं वह

निकट भविष्य में क्या सम्भव दीखता है ?

अरुण कमल : निकट भविष्य में तो मैं नहीं कह सकता लेकिन उस ओर हम बढ़ रहे हैं। जो लोगों की समस्याएँ हैं उनका कोई समाधान तो है नहीं पूँजीवाद के पास। पूरी दुनिया में भयंकर बेरोजगारी है—यह जो मार--काट आप देख रहे हैं, इसका एक बहुत बड़ा कारण बेरोजगारी है। पूँजीवाद बिना ख़ून-खराबे के चल ही नहीं सकता। पूँजीवाद की जड़ में ही अपराधवृत्ति है। इसकी नींव में हिंसा है। क्योंकि पूँजीवाद इसी पर निर्भर है कि आप दूसरों से हड़प कर अपनी तिजोरी भरते रहें। यह तो हिंसा है। भारतीय वाङ्मय में यह कहा गया है कि जब आप पेट से अधिक एक दाना भी खाते हैं तो यह अपराध है। पूँजीवाद तो इस तरह से पूरा का पूरा अपराध है। तो इस अपराध जगत में तो अपराध और हिंसा ही होगी और क्या होगा।

ओम निश्चल : देश में सर्वोच्च पदों पर विदेशी मूल के लोग न बैठने पाएँ, इस राजनैतिक पूर्वाग्रह पर आपका क्या मत है ?

अरुण कमल : देखिए, अच्छा तो यह हो—देश की सेवा तो कोई भी कर सकता है। अलग-अलग रूप में कर सकता है। सवाल पद पर बैठने का नहीं है। सवाल यह है कि पद पर आप क्यों बैठ रहे हैं ? आपने इस देश की जनता में कौन-सी सेवाएँ की हैं; जनता की भलाई के लिए आपके पास कौन-से कार्यक्रम हैं। पद पर कोई बैठे—पद पर हमेशा नीति शासन करती है। देश का प्रधानमन्त्री चाहे कोई भी हो, शासन यहाँ पूँजी का होगा और वह देशी पूँजी का शासन नहीं चल रहा है। भारत पर शासन विदेशी पूँजी का चल रहा है। विदेशी पूँजी के विरोध में तो कोई नहीं बोलता है। जब आप विदेशी पूँजी का विरोध करेंगे तो विदेशी सत्ता का विरोध करेंगे। भारत में दो सौ वर्षों तक तो अंग्रेज़ों का शासन रहा। पिछले पचास साल से ही तो भारत में भारत का शासन है। लेकिन इन पचास वर्षों में भी विदेशी पूँजी का शासन कितने बड़े पैमाने पर रहा, और आगे होगा।

ओम निश्चल : क्या आज उपभोक्तावाद, बाज़ारवाद और भूमण्डलीकरण हमारी संस्कृति, सभ्यता, रहन-सहन और सोच को बदल देने पर आमादा नहीं दिखते। ऐसी स्थिति में जिस आज़ादी की स्वर्ण जयन्ती का दर्प हमारे भीतर हुंकार भरता रहता है, उस (आज़ादी) पर क्या फिर से गुलामी की छाया मँडराती नहीं दीखती ?

अरुण कमल : बिलकुल दीख रही है। क्योंकि हम तब तक स्वाधीन नहीं हो सकते जब तक आर्थिक रूप से स्वाधीन न हों। सोवियत संघ का विघटन हुआ। पूरे यूरोप में जो समाजवादी सरकारें थीं, वो चली गयीं। चीन ने भी काफी कुछ

उदारीकरण का रास्ता अपना लिया। अब यह देखें कि इन सब चीज़ों की जड़, एक सबसे बड़ा कारण जो रामविलास शर्मा जी हमेशा कहते हैं—वह है विदेशी पूँजी का आगमन। भारत में आप देखें, जितने चिकित्सा-कार्यक्रम हैं, जितने शिक्षा-कार्यक्रम हैं वे सब विदेशी पूँजी की मदद से चल रहे हैं। वे सब ऋण हैं और आप उसको खाये जा रहे हैं। कोई भी व्यक्ति, परिवार या समाज जब ऋण पर जीवित हो तो कितने दिन चलेगा। वह तो जब सत्य हरिश्चन्द्र बिक गये—ऋण के चलते ही तो यह सब हुआ तो अन्तिम में तो वह सब कुछ नोच लेने को तैयार होते हैं—कफन तक। भारतेन्दु का मशहूर नाटक है 'सत्य हरिश्चन्द्र' । यह सिर्फ धर्म और नीति का नाटक नहीं है—एक बड़े अर्थ में एक गहरा, राजनीतिक नाटक है। आज हम सब वहीं पहुँचे हुए हैं—उस उफान पर जहाँ कफन तक नोच लिया जाएगा।

ओम निश्चल : क्या ऐसी स्थितियों में निराश नहीं होते ?

अरुण कमल : निराश मैं कभी नहीं होता हूँ। क्योंकि जीवन में जो प्रतिकूलता है, संघर्ष है; कई बार बहुत मुश्किल होती है, पर उसका भी अपना मजा है। मैं तो मानता हूँ 'नेमते ज़ीस्त' जो शब्द है, जीने का जो मजा है, ये जीना अपने आप में नियामत है। यह तो बहुत बड़ी नियामत है। देखिये शेक्सपियर का एक नाटक है : 'हेनरी द फोर्थ'। उसमें युद्ध का दृश्य है : फाल्सटाफ अपनी फौज ले कर गया है। लेकिन वह पाता है कि जब लड़ाई शुरू होने को है तो सारी फौज भाग गयी। इस फौज में भिखमंगे थे जिनको वह 'रंगरूट' बना कर ले गया था। वे सब फिर चौराहों पर, सड़कों पर भीख माँगने के लिए भाग गये—पर फौज में रहने को तैयार नहीं थे। तो मैं यह समझता हूँ—भीख माँगना भी नियामत है। जिन्दा तो है आदमी। जीना नियामत है।

ओम निश्चल : एक कवि के रूप में अपनी सफलता आप किस रूप में देखते हैं ?

अरुण कमल : कवि की कोई सफलता नहीं होती। क्योंकि कविता लिखना कोई सफल-असफल होने का काम नहीं है। मैं सफल अपने को तब मानता हूँ जब मैं देखता हूँ कि जो लोग मेरे आस-पास है—पूरी जो दुनिया हैं-वह थोड़ा भी पहले से अच्छी हुई है।

ओम निश्चल : इस सदी को किन साहित्यिक उपलब्धियों के लिए आप याद रखना चाहेंगे ?

अरुण कमल : कविता में निराला के लिए, उपन्यास में प्रेमचन्द के लिए और आलोचना में रामचन्द्र शुक्ल के लिए।

आज कविता बाज़ार का प्रतिपक्ष है

(अरुण कमल से अजित राय की बातचीत)

साहित्य अकादेमी पुरस्कार के लिए चुने जाने पर बधाई देते हुए बात यहीं से शुरू की जाए कि इस पुरस्कार को आप किस रूप में लेते हैं ?

जैसा मुझे हमेशा लगा अपने काम का समर्थन और आगे के लिए प्रोत्साहन। इस प्रसंग में मुझे बार-बार चेख़व के नाटक—'सीगल' का यह संवाद याद आता है–'अब मैं जानती हूँ कोत्स्या कि हम लेखक हों या कलाकार, हमारे जीवन में यश और शोहरत की कोई जगह नहीं है, न उन चीज़ों की जिनके बारे में हम इतना सोचते थे। जो चीज़ सबसे ज़रूरी है, वह है सहते जाना, दुःख उठाना, फिर भी जीवन में विश्वास बनाये रखना।'

अनेक लोग मानते हैं कि आपको समय से पहले ही पुरस्कार मिल गया। साहित्य अकादेमी पुरस्कार पाने वाले आप हिन्दी के सबसे कम उम्र के कवि हैं।

अरे भाई, 44-45 की उम्र कोई कम भी नहीं होती। मुझसे बहुत-बहुत कम उम्र में दुनिया के कुछ बहुत-बहुत बड़े कवि हो चुके हैं, जैसे कीट्स, शेली, बायरन, रांबो, बॉदलेयर, मायकोवस्की, लोर्का, सुकान्त। तो उम्र से अच्छा या खराब लिखने का कोई मतलब नहीं है। बल्कि कभी-कभी तो मुझको लगता है कि कविता में और कला में एक ऐसा तत्त्व होता है जो बिल्कुल जैविक होता है और जन्म के जितने करीब हम होते हैं, वह उतना ही घना होता है। नेरूदा को भी लगता था कि कविता की उनकी पहली किताब में जो जीवद्रव्य (प्रोटोप्लाज्म) था वह बाद में कम होता गया। लेकिन इसका मतलब यह नहीं कि मैं पुरस्कार के पक्ष में कुछ कह रहा हूँ। मैं एक बार फिर कह दूँ कि पुरस्कार मिलने से अगर किसी को महत्त्वपूर्ण माना जाए तो इससे बड़ा दुर्भाग्य और कुछ नहीं होगा।

आपकी कविताओं में शुरू से ही एक खास किस्म की परिपक्वता और

प्रौढ़ता रही है जो एक खास बौद्धिक केन्द्रीयता और एस्थेटिक्स की माँग करती हैं। इस दृष्टि से क्या आपकी कविताओं का शिल्प नागार्जुन की बजाय मुक्तिबोध के अधिक करीब है ?

मैं जीवन की किसी भी अवस्था को अपरिपक्व नहीं मानता। तुरन्त-तुरन्त का जन्मा बच्चा भी या एक अंकुर भी जीवन की एक पूर्ण और संतृप्त अवस्था है। वह वही है जो उसे होना है—अपने होने की पूर्ण अवस्था में। कविता भी शायद ऐसी ही होती है—अपने आप में पूर्ण और सम्पन्न। वैसे जिसे हम विकास कहते हैं, वह एक अवस्था से दूसरी अवस्था में जाना भर है जो हमेशा चलता रहता है, जो तुलसीदास में भी है, निराला में और मुक्तिबोध में भी। मुक्तिबोध और नागार्जुन की जो दो धाराएँ कही जाती हैं, इसके बारे में मुझको लगता है कि धारा ने हमेशा रास्ता बदला है। बाद के जो कवि होंगे वे न तो मुक्तिबोध की तरह लिखेंगे न नागार्जुन की तरह। बाद की कविता को समझने के लिए मुक्तिबोध का एक छोटा-सा लेख 'सुभद्रा जी की सफलता का रहस्य' बहुत महत्त्वपूर्ण है। यह लेख समकालीन कविता की कुंजी है।

अकादेमी पुरस्कार के लिए चुने गए संग्रह को 'नये इलाके में' की अधिकांश कविताएँ एक तरह से आत्म-साक्षात्कार और निराशा की कविताएँ हैं। ऐसा क्यों ?

वैसे तो प्रत्येक कविता की जड़ व्यक्ति के सम्पूर्ण जीवन में होती है, फिर भी अलग-अलग समय में कविता का रूप और चरित्र भिन्न-भिन्न होता है। इस संग्रह की कविताएँ उस दौर में लिखी गयीं जब हमारे समाज में कुछ ऐसे परिवर्तन हो रहे थे जो आज भी जारी हैं। सोवियत संघ और समाजवाद का विघटन, भारत में विकास का एक ऐसा सिलसिला जिसने ग़रीबों को और ग़रीब बनाया और मनुष्यता के लिए जगह लगातार कम होती गयी। यह दौर भारतीय समाज का सर्वाधिक हिंस्र और बर्बर समय भी रहा। इसके अलावा मेरा निजी जीवन भी बड़ी मुश्किलों और यातना से गुजरा। इस संग्रह की कविताएँ इसी भाव दशा को व्यक्त करती हैं। लेकिन जीवित रहने की और जीवन को बचाये रखने की एक जर्जर कोशिश भी यहाँ मौजूद है।

लेकिन आपके पहले संग्रह 'अपनी केवल धार' और दूसरे संग्रह 'सबूत' की तुलना में इस तीसरे संकलन की कविताओं का मिज़ाज़ थोड़ा बदला है। क्या यह एक विचलन है ?

मेरी समझ से—वैसे अपना बदलता हुआ चेहरा शायद ही कोई देखता या पहचानता हो—यह पूरा परिवर्तन मेरे अपने अनुभवों और जीवन के बारे में निष्कर्षों में हुए परिवर्तन से जुड़ा हुआ है। मुझको लगा कि सब कुछ इतना भोला-भाला और

सुन्दर है नहीं। दुनिया को बदलना भी इतना आसान नहीं है और आदमी के जीवन में बहुत दुख और द्वन्द्व है। जिसे मैं हरा समझ रहा था वह लगातार 'स्याह' होता जा रहा है। शायद हताशा और पराजय का भाव इसी कारण है।

क्या प्रतिरोध की कविताओं का दौर समाप्त हो गया लगता है ?

धीरे-धीरे यह लगता गया कि कवि और कविता वास्तव में कोई परिवर्तन नहीं ला सकते, बल्कि समाज में भी उनके लिए कोई स्थान नहीं है। इसलिए यह समझने के बाद कविता के स्वर में, उसकी भंगिमा में और उसके आचरण में भी बड़ा परिवर्तन आया। हिन्दी समाज में वैसे भी कविता की कोई प्रतिष्ठा कभी नहीं रही। ज्विग्निये हेर्बेत कहते हैं : 'हमारा काम एक घिरे हुए शहर से रिपोर्ट भेजना भर है।' और अधिक-से-अधिक कविता एक तूती की आवाज़ है।

आने वाले दिनों में समकालीन हिन्दी कविता की कौन प्रवृत्तियाँ दीख रही हैं ?

मुझको तो वह कविता अच्छी लगती है जो कीचड़-कादो, काँटों-झाड़ियों से हो कर क्षत-विक्षत, लहू-लुहान गुजरती है। कविता का काम ही है जीवन के गहनतम अन्तर्विरोधों का उद्घाटन। आने वाले दिनों में हिन्दी कविता सम्भवतः यह काम करेगी जो निराला, प्रसाद, मुक्तिबोध और शमशेर ने किया। एक समानान्तर प्रवृत्ति भी हो सकती है कि कविता जटिलताओं और अन्तर्विरोधों से मुँह मोड़ ले और खुशनुमा समशीतोष्ण कटिबंध में तम्बू डाल ले। वैसी कविता छोटी कविता होगी और मैं पहली प्रवृत्ति के पक्ष में हूँ।

कहा जा रहा है कि इस समय केवल हिन्दी कविता विश्व कविता परिदृश्य में अपनी सक्षम उपस्थिति दर्ज कराने योग्य है। आपको क्या लगता है ?

यह सही है कि हिन्दी कविता दुनिया की श्रेष्ठ कविता की पाँत में बैठने योग्य है। बीसवीं सदी के इन अन्तिम वर्षों में हिन्दी कविता मनुष्य की नियति और जीवन के बड़े सवालों को लगभग उसी तीव्रता और उत्कण्ठा से रखती है जैसे दूसरी महत्त्वपूर्ण भाषाओं की कविताएँ। इसका बड़ा कारण यह है कि भारत में कविता की महान और प्राचीन परम्परा रही है। इसके बावजूद मुझे लगता है कि समकालीन हिन्दी कविता में श्रवण बिम्बों का अभाव है और यही वह क्षेत्र है जिसे ले कर मेरे मन में कुछ संशय है।

लेकिन कविता की भाषा और शिल्प के इकहरे और उबाऊ होते चले जाने की बात भी प्रायः सुनने को मिलती है।

देखिए, जो भी आरोप हैं वे जाहिर हैं खराब कविताओं के बारे में हैं और किसी भी समय में खराब कविताएँ ही ज़्यादा होती हैं। लेकिन जो अच्छी कविताएँ हैं उनमें तो ऐसा नहीं है। जैसे संजय चतुर्वेदी, कुमार अम्बुज, निलय उपाध्याय, अष्टभुजा शुक्ल या एकान्त श्रीवास्तव—सब अलग-अलग कवि हैं। सबका चरित्र और स्वभाव बिलकुल अलग-अलग है।

कविता की भाषा से लयात्मकता और रागात्मकता काफी कम होती जा रही है—क्या फिर से कविता में लय एवं छन्द की वापसी पर विचार होना चाहिए ?

मुझको नहीं लगता कि हिन्दी कविता में छन्द कभी अनुपस्थित हुआ। रघुवीर सहाय, केदारनाथ सिंह या कुँवर नारायण, कुमार विकल, मानबहादुर सिंह, विजेन्द्र और गोरख पाण्डेय तथा ध्रुव शुक्ल तक में छन्द मौजूद हैं। यह अलग बात है कि जिस तरह पहले सभी कवि छन्द में ही लिखते थे वैसे ही अब सभी कवि मुक्त छन्द में लिखते हैं। यानी छन्द हीनता भी एक रूढ़ि बन गयी है और रूढ़ियों का टूटना ज़रूरी होता है। मेरी ख़ुद की इच्छा है कि मैं बिलकुल साधारण-सी चीज़ों पर कुछ बहुत आसान लेकिन संगीतमय कविताएँ लिखूँ, जिसे कोई भी समझ सके और याद कर सके।

कविता के लिए समाज में बहुत कम जगह बची है फिर भी भारत में सबसे अधिक कविताएँ ही लोग लिख रहे हैं। क्या बाज़ार और उपभोक्तावाद कविता को निगल जायेगा ?

देखिए, मनुष्य का पूरा इतिहास एक अर्थ में बाज़ारों के बनने का इतिहास है—मनुष्यों (दासों) के बाज़ारों से ले कर वस्तुओं के बाज़ार तक। कविता इस बाज़ार का प्रतिपक्ष है। 19वीं सदी में जब भारत में बाज़ारों का बनना शुरू हुआ तो उस काल के सबसे बड़े कवि ग़ालिब ने कहा—'क्यों शाहिद-ए-गुल बाग से बाज़ार में आवे' और कविता बागों की रखवली करती है।

तो ऐसा क्यों लग रहा है कि कविता के पाठक कम हो रहे हैं ?

मुझे नहीं लगता कि कविता के पाठक घटे हैं। पहले भी कविता के पाठक कम ही थे। अब भी कम हैं लेकिन हैं। एक अगोचर पाठक वर्ग जो पूरे देश में फैला हुआ है, कवियों और कविताओं को पढ़ता है, निशान लगाता है और अन्ततः चुनता भी है। ऐसा नहीं होता तो कविता पर भी बाज़ार के सटोरियों का कब्जा होता। हिन्दी कविता देश भर में फैले अपने अभावग्रस्त पाठकों के भाव और कृपा से जीवित है। आज कविता संकलन जितने बिकते हैं पहले कभी नहीं बिके।

कवि या रचनाकार की राजनैतिक प्रतिबद्धता पर भी सवाल उठाए जा

रहे हैं। रचनाकार के लिए प्रतिबद्धता कहाँ तक ज़रूरी है ?

अभी के दौर में ऐसा कोई रचनाकार हो ही नहीं सकता जिसकी कोई-न-कोई राजनैतिक प्रतिबद्धता न हो। एक हिसाब से मॉर्क्स का पूरा लेखन राजनैतिक है और मिलान कुंदेरा का भी। जिन पोलिश कवियों का हम इतना नाम लेते हैं, वे सबके सब राजनैतिक कवि ही तो हैं और उनकी कविताएँ राजनीतिक प्रतिरोध की ही कविताएँ हैं। लेकिन एक बात मुझको हमेशा लगती है कि विचारधारा से भी बड़ा है दर्शन और दर्शन से भी महत्तर है—'विजन' यानी जीवन दृष्टि। एक ही विचारधारा बहुत लोगों की हो सकती है, लेकिन जीवन दृष्टि प्रत्येक बड़े लेखक की अपनी होती है—निजी।

आपकी अपनी वैचारिक प्रतिबद्धता अब भी मार्क्सवाद के प्रति है ?

पहले जिन कारणों से कोई मार्क्सवादी होता था आज भी वे कारण मौजूद हैं बल्कि ज़्यादा शिद्दत से मौजूद हैं। ग़रीबी, बेरोजगारी और मनुष्यता का विनाश आज भी हमारे सबसे बड़े सवाल हैं। इन सवालों को लाँघ कर कोई कैसे जी सकता है ? मार्क्सवाद में मेरी पूरी आस्था है।

अशोक वाजपेयी ने आपको 'खुले दिमाग़ का सदाशयी प्रगतिशील जिन्होंने वफादारी के लिए समझ का साथ कभी नहीं छोड़ा'—कहा है (जनसत्ता', 3 जनवरी 99)। क्या मार्क्सवाद से किसी विचलन के कारण ही उन्होंने आपको भारत भवन से जोड़ा ?

मैं इतने स्थूल तरीके से जीवन और साहित्य के बारे में नहीं सोचता। मुझे जब जो कहना उचित लगा, मैंने वही कहा और लिख कर कहा। मैं जानता हूँ कि 'अब्र' (बादल) क्या चीज़ है और 'हवा' क्या है और यह भी जानता हूँ कि 'वफा' क्या है। मैं सिर्फ सच और अपनी आत्मा के प्रति उत्तरदायी हूँ। एक बात मैं ज़रूर जोड़ना चाहता हूँ कि किसी तरह के लाभ या लोभ के लिए मैंने अपना पक्ष कभी नहीं छोड़ा।

क्या एक रचनाकार को जनता के पक्ष में सड़क पर उतरना यानी 'एक्टिविस्ट' होना भी ज़रूरी है ?

यह समय-समय की बात है। यदि कोई ऐसा आन्दोलन हो तो वह भी एक नागरिक की हैसियत से शामिल हो सकता है। लेकिन जो शामिल नहीं हो सकता इस कारण वे कम महत्त्वपूर्ण लेखक नहीं हो जाते—'जहाँ काम आवे सूई, कहाँ करी तलवार।' जहाँ तक मेरी बात है, अपनी रोजी-रोटी के लिए मैं लम्बी हड़तालों पर भी गया हूँ और जेल भी। पिछले बीस वर्षों से हिन्दी क्षेत्र में कोई बड़ा जन-आन्दोलन हुआ नहीं। और मैं जानना चाहता हूँ कि हिन्दी में ऐसे कौन से लेखक हैं जो पिछले वर्षों में जेल गये या यातना सही ?

‘है और हो के बीच ही कला डोलती है’

(अरुण कमल से वीरेश चन्द्र द्वारा लिया गया साक्षात्कार)

30 जून ’99 को अपने शहर से कवि के घर तक पहुँचने में जो उत्साह था, अपने भीतर ही एक गहमा-गहमी, एक रचनात्मक संशय और बीच-बीच में प्रश्न प्रति-प्रश्न, उत्तर का घमासान वह सब कवि से मिलने के बाद अचानक शान्त हो गया, स्खलित। अनौपचारिक बातचीत की योजना लिखित साक्षात्कार की सीमा में सिमट कर रह गयी। इसके प्रमुख कारण थे समय की बाध्यता और अपनी बीमारी के कारण देखने, लिखने की परेशानी। इसलिए अनौपचारिक बातचीत के बदले अरुण कमल द्वारा दिया गया यह साक्षात्कार ही सम्भव हो सका। फिर भी कवि अरुण कमल के व्यक्तित्व और कृतित्व को समग्रता में जानने के लिए यह साक्षात्कार सोता की तरह रचनाकार और सहृदय पाठक को जोड़ सकेगा, ऐसा विश्वास है। कवि के शब्दों को ही उधार लूँ तो कह सकूँगा–“बोमा मारने पर जैसे बन्द बोरे से चावल के दाने बाहर आ जाते हैं वैसे ही आदेश पड़ने पर कुछ अक्षर।” (‘कविता और समय’, पृ. 7) एक ओर ऊपर लिखित पंक्ति इस साक्षात्कार की सीमा हो सकती है तो दूसरी ओर इसका मजबूत पक्ष यह है कि किसी अनाज की ‘क्वालिटी’ जानने के लिए बोरा खोलने की नहीं, भरे हुए बोरे के किसी कोने में धीरे से एक बोमा मारने की ज़रूरत होती है।

वीरेश : एक रचनाकार के रूप में आप अपनी भावनात्मक यात्रा का अनुभव बताइए।

अरुण कमल : लेखक के लिए उसकी रचनाएँ ही उसकी भावनात्मक यात्रा हैं। उसका अनुभव, भाव-विचार एवं जीवन हमारे लिए अलग से कोई विशेष अर्थ नहीं रखता। जो रचना में आया वही प्रासंगिक है, बाकी चाहे जितना भी विकट या लोमहर्षक हो हमारे लिए यानी पाठक के लिए बस वैसे ही है जैसे किसी भी मनुष्य

का जीवन। रचना ही रचनाकार की वास्तविक आत्मकथा है।

वीरेश : अरुण कमल जी, याद कीजिए। 'लौ' शीर्षक कविता तुरत-तुरत खराद से उतरी थी। मेरे निवेदन पर आपने वह कविता, साथ में कुछ और कविताएँ सुनायीं। उन कविताओं को जितना मैं समझ सका, प्रतिक्रिया व्यक्त कर दी। प्रतिक्रिया सकारात्मक थी। ख़ासतौर से 'लौ' शीर्षक कविता के सन्दर्भ में। उस टिप्पणी को सुन आप गम्भीर हो गये और कहा—'वीरेश जी, प्रश्न यह है कि कवि के जीवन के पचीस साल बाद भी यह कविता इसी तरह महत्त्व पा सकेगी ?' आज उसी प्रश्न को आगे बढ़ाते हुए आपसे जानना चाहूँगा कि क्या यह आपके भीतर का रचनात्मक संशय है या सृजन का आभ्यंतरिक द्वन्द्व अथवा अपने 'मैं' की स्थापना की लालसा ?

अरुण कमल : नहीं, यह तो मेरा निजी संशय है। मुझे हमेशा लगता है कि हम सब क्षणभंगुर तो नहीं हैं, ये रचनाएँ कल कौन याद रखेगा। इसमें कोई विनम्रता नहीं है। यह दिल की बात है। इलियट जैसे महान् कवि को ऐसा लगता था। जिस तरह आज के सर्वाधिक बलशाली राजनेता कल कूड़ेदान में पाये जाते हैं क्या वैसी ही गति हमारी भी नहीं होगी। मुझे सचमुच ऐसा लगता है।

वीरेश : कविता में विभ्रम और यथार्थ का योग और अनुपात ?

अरुण कमल : यथार्थ का कोई स्थानापन्न नहीं है। लेकिन कोई भी कला यथार्थ का कभी भी समतुल्य हो ही नहीं सकती। फ़ोटोग्राफी भी नहीं, क्योंकि जो वास्तव में है वह किसी भी कला से ज़्यादा जटिल और समृद्ध है। कला इसी समृद्धि को फिर से हासिल करती है। यथार्थ का जितना अंश वह छोड़ती है उतना ही अथवा उससे अधिक वह अन्य तरीकों से हासिल करती है। एक तो वह है जो है; एक वह है जो हो। है और हो के बीच ही कला डोलती है, कभी इस छोर पर कभी उस छोर पर। सारे कला-आन्दोलन अन्ततः इन्हीं दो छोरों के बीच हुआ करते हैं। लेकिन एक कला माध्यम है स्थापत्य या आर्किटेक्चर जो किसी भी प्रदत्त यथार्थ की अनुकृति नहीं है, वरन् स्वायत्त सृष्टि है। सर्वोत्तम रचना वो है जो यथार्थ पर आश्रित हो कर भी यथार्थ के समानान्तर एक सृष्टि हो एक विकल्प। सम्भवतः यथार्थ और विभ्रम का यही सम्बन्ध है। कला में स्थापत्य का गुण इसीलिए महत्त्वपूर्ण है।

वीरेश : कविता के इतिहास को ध्यान में रखा जाय तो मुझे लगता है कि आरम्भ से आज तक की कविता में एक तारतम्य है। इस तरह

कविता का अपना एक अनुशासित परिवार है। एक प्यारा-सा घर जिसमें दादा-परदादा से ले कर अभी-अभी आये नवजात की अपनी एक जगह है, अपनी प्रासंगिकता और अर्थवत्ता। फिर 'वाद' पर इतना विवाद क्यों ?

अरुण कमल : 'वाद' पर कोई विवाद नहीं है। विवाद होता है जीवन-दृष्टि पर, नैतिक मूल्यों पर, जीवन की समझ पर! तब दर्शन का भी महत्त्व होता है। फ्रांसीसी लेखक स्तेन्दल ने कहा है कि 'एक चित्र वास्तव में नैतिक मूल्यों की संहति है'। यह बात कविता-कथा-संगीत सब पर लागू है। यदि यह बात ठीक है तब तो हर रचना पर कम-से-कम दो परस्पर विरोधी रुख होंगे। मैं नहीं मानता कि इनका भी कहना ठीक है, उनका भी कहना ठीक है। ऐसा कैसे होगा ? कोई एक पक्ष ज़्यादा ठीक होगा। इसलिए महान रचनाओं पर भी विवाद होते हैं और ये रचनाएँ जीवन-मूल्यों अथवा दार्शनिक पक्षों पर बात करने के लिए हमें विवश करती हैं।

वीरेश : आपके नवीनतम कविता संग्रह ('नये इलाके में') में एक कविता है—'एक रात जब मैं सफर में था'। इस कविता को पहली बार यूँ ही पढ़ गया। कविता का अर्थ जानने की कोशिश नहीं की। फिर भी न जाने क्यों मेरा मन बहुत भारी हो गया। लगा जैसे भीतर अचानक एक अजीब खालीपन व्याप्त हो गया है। संग्रह का पुनः पुनः पाठ के क्रम में इस कविता का भी पुनर्पाठ स्वाभाविक था। मगर उपयुक्त अर्थ की अन्तःव्याप्ति के बावजूद शब्द में इसका अर्थ देने में मैं बार-बार चूक गया। आप बतावें कि कुछ कविताओं को पढ़ते हुए ऐसी स्थिति क्यों आती है ?

अरुण कमल : कविता में एक ऐसा तत्त्व होता है जिसे हम ठीक-ठीक पकड़ नहीं सकते। या कहें कविता घेरा बनाते हुए, खाली जगहें छोड़ते हुए चलती है। इन जगहों को भरना पड़ता है। कई बार हम उसे ठीक-ठीक बता नहीं सकते। जैसे दिनकर जी की इन पंक्तियों को लीजिए—

गंडकी सुप्त थी रेतों में
पंछी चुप नीड़ निकेतों में
था रोर शोर अग में जग में
चाँदनी सजग थी जग भर में

इसमें कुछ ऐसा है जो शब्द से अधिक है। इसे केवल महसूस किया जा सकता

है। इसीलिए कविता का 'भावार्थ' नहीं हो सकता। कविता में शब्द पीतल की उस थाली की तरह होते हैं जिसका उपयोग खाने के साथ-साथ बजाने के लिए भी होता है।

वीरेश : मुक्तिबोध प्रायः हर लिखने वालों से पूछा करते थे— 'पार्टनर, तुम्हारी पॉलिटिक्स क्या है ?' पहले तो मैं आपसे यह जानकारी चाहूँगा कि इस प्रश्न की अर्थवत्ता अभिधात्मक है या व्यंजनामूलक ?

अरुण कमल : पॉलिटिक्स का सीध अर्थ है राजनीतिक पक्ष। शोषक की तरफ हो या शोषित की तरफ ? कोई नहीं कहता कि वह शोषक की तरफ है, ऐसा निर्लज्ज आज तक कोई नहीं हुआ इसलिए इसे छिपाने के लिए तरह-तरह के मुहावरे इस्तेमाल किये जाते हैं। दुनिया में अस्सी प्रतिशत विचार-सामग्री केवल इस बात को छिपाने के लिए तैयार की जाती है।

वीरेश : 'केवल शब्दों का फाहा लिये/जाना चाहता हूँ उसकी तरफ से/जो सबसे कमजोर है' तो मैं कवि अरुण कमल की क्रियात्मक वैचारिक प्रतिबद्धता और अभिलंबित प्रतिबद्धता का खुलासा चाहूँगा।

अरुण कमल : मेरी सीमा या शक्ति यह है कि मैं लेखक हूँ। मैं जो भी करूँगा वह लिख कर ही। इसीलिए मैंने 'शब्दों का फाहा' कहा। ऐसे भी लेखक हैं और हुए हैं जिन्होंने बाजाप्ता रोज-ब-रोज के राजनैतिक संघर्षों में, यहाँ तक कि सशस्त्र संघर्षों में भी हिस्सा लिया है। उन्होंने ख़तरे उठाये हैं। जान भी दी है। लेकिन हत्या तो लोर्का की भी हुई जिन्होंने प्रत्यक्षतः इन संघर्षों में भाग नहीं लिया या कम लिया। क्योंकि सबसे ज़्यादा ख़तरा तो विचारों से है। आप जब भी अन्याय का विरोध करेंगे, निर्बलों का पक्ष लेंगे, ख़तरे में पड़ेंगे।

वीरेश : व्यापार विनिमय, बाज़ार की उठा-पटक, वर्चस्व की लड़ाई, मानवीय मूल्यों का ह्रास, मानसिक प्रदूषण और राजनीतिक उथल-पुथल और पर्यावरण और कुछ और कारणों से क्या अभी का समय वैचारिक शून्यता का समय नहीं है ? यदि 'हाँ' तो इसे संक्रमण काल कह सकते हैं क्या ?

अरुण कमल : यह वैचारिक शून्यता का नहीं, वैचारिक भीड़ का समय है। इतनी गहमागहमी और मारामारी मेरे होश में कभी रही ही नहीं। शासक वर्ग की सबसे बड़ी सफलता यही है कि हम इसे वैचारिक शून्य मान रहे हैं। इतनी तेज़ी से इतने बड़े पैमाने पर हम कंगाली की तरफ ढकेले जा रहे हैं और हम वैचारिक तौर पर हतप्रभ हैं। पूँजीवाद को ऐसी अप्रत्याशित सफलता लम्बे समय के बाद मिली है। अफसोस है कि

इसका विरोध करने वाली शक्तियाँ छिन्न-भिन्न अथवा गाफिल हैं।

वीरेश : साहित्य सृजन एक सांस्कृतिक-कर्म है, तो आप इस कर्म में किस तरह शामिल हैं ?

अरुण कमल : साहित्य सृजन सांस्कृतिक कर्म है, लेकिन सांस्कृतिक कर्म राजनीतिक कर्म भी है। मेरा मानना है कि पूरी दुनिया में राजनीतिक रूप से लगातार दो वर्गों के बीच घमासान संघर्ष चल रहा है। आपका हर कर्म प्रत्यक्ष या परोक्ष रूप से किसी-न-किसी के पक्ष में है। इसीलिए साहित्य में भी इतना संघर्ष देखने में आता है। सौन्दर्य पक्ष के साथ-साथ नैतिक आग्रह भी साहित्य में प्रबल होता है जिसकी अनदेखी सम्भव नहीं।

वीरेश : पहल-57 में आपकी टिप्पणी। मैं इसे आपका आत्म-वक्तव्य मानता हूँ। इन्हीं टिप्पणियों में एक जगह आपने छन्द के बारे में बहुत गहरे डूब कर लिखा है। उस टिप्पणी को ध्यान में रखते हुए मैं आपसे छन्द के निर्माण के बारे में जानना चाहूँगा। काव्य-अन्तर्वस्तु के उस रूप के सन्दर्भ में जो छन्द में आकार पाता है।

अरुण कमल : वे टिप्पणियाँ 'स्वगत' की तरह हैं। ख़ुद मेरे सोचने-विचारने के लिए। छन्द तो कोई भी बना सकता है, लेकिन कठिन जीवन-तत्त्व को छन्द में पकड़ना मुश्किल है, इस तरह से कि कहीं कोई क्षति न हो। मुझे इसका कोई अभ्यास नहीं है। इच्छा ज़रूर है।

वीरेश : 'पूर्वग्रह' के 75वें अंक में शमशेर जी के साथ नामवर जी और अशोक वाजपेयी की बड़ी आत्मीय बातचीत है। नामवर जी पूछते हैं—"शमशेर भाई, आप 'घनीभूत पीड़ा' की बात कर रहे थे। वह कौन-सा शेर था जो आपके जहन में था ?" उत्तर में शमशेर जी अपनी उस कविता विशेष में डूबते हुए उसकी शिल्पकारी का रेशा-रेशा रहस्य खोलने लग जाते हैं—"हाँ, वह पहले शेर बना...और कुछ नहीं तो शेर ही आ गया। अक्सर ऐसा ही होता है, कोई चीज़ जब बहुत तकलीफ देती है तो पता नहीं क्यों छन्दबद्ध होके और दोनों तुकों के साथ इस रूप में आ जाती है।"—मेरी समझ में यह मात्र छन्द में कविता के ढलने की बात नहीं है। बल्कि, उस देह-दशा और मन-हृदय की बात है जो बच्चे को कोख में धारण करने, जन्म देने और पालने वाली माँ की सहज, स्वाभाविक पीड़ा का समतुल्य है। आपकी राय ?

अरुण कमल : इसको बताना थोड़ा मुश्किल है मेरे लिए क्योंकि शमशेर जी

बहुत बड़े कवि हैं, अनेक रूपों-शिल्पों-छंदों के मास्टर। यदि आपकी ही, उपमा बढ़ाऊँ तो कहूँगा कि जैसी कोख होगी वैसी रचना होगी। बड़े कवि वैसे ही अनुभव करते हैं, वैसे ही अनुभव उनके भीतर रूप ग्रहण करता है। जो हमारे लिए सायास है वह उनके लिए सहज अवस्था है।

वीरेश : अरुण कमल जी, आज की कुछ अच्छी कविताओं में छन्द है, तुक है, लय भी है और कभी-कभी एक रिद्म भी अन्तर्निहित होता है। इस सबके बावजूद संगीतमयता समाप्त होती जा रही है। एजरापाउण्ड के जिस 'मुखर संगीत' की प्रासंगिकता को आपने रेखांकित किया है, वह आज की कविता में नहीं है। या बहुत कम है—इसका कारण ?

अरुण कमल : हमने पिंगल से तो मुक्ति पा ली, लेकिन इसने कविता करना बहुत आसान ही बना दिया। अच्छे कवि जानते हैं कि यह आसानी चिकनी सतह की आसानी है, जहाँ चलना सबसे कठिन है, जोखिम भरा। कविता ने संगीत तो ज़रूर गँवाया, लेकिन बदले में बोलने की नाटकीयता हासिल की। मीर की तरह स्वर का नाटक और संगीत दोनों एक साथ कम ही कवि हासिल कर पाते हैं। निराला और शमशेर ने जैसे किया।

वीरेश : कविता के सम्प्रेषण में ध्वनि बिम्ब का क्या योग है ?

अरुण कमल : ध्वनि बिम्ब या श्रवण बिम्ब स्वयं कविता का एक तत्त्व है, सम्प्रेषण में सहायक उपकरण मात्र नहीं। जब इसे सम्प्रेषण में सहायक का दर्जा कवि देता है तो कविता निम्न कोटि की हो जाती है। इसीलिए प्रायः छन्द में लिखने से कोई कवि नहीं बन जाता।

वीरेश : प्रत्येक युग या देशकाल राजनीति से अनुकूलित होता है और कोई भी कवि अपनी कविता में अपने समय का चित्र ही उकेरता है। फिर, राजनीतिक कविता का क्या मतलब ?

अरुण कमल : एक अर्थ में प्रत्येक कविता राजनीतिक है। लेकिन विशेष अर्थ में राजनीतिक कविता सीधे-सीधे राजनीतिक विषय-वस्तु की कविता है। कालिदास के 'रघुवंशम्' में भी राजनीति है, लेकिन 'मुद्राराक्षस' प्रत्यक्षतः राजनीतिक रचना है।

वीरेश : बन्धुवर, क्या एक बेहतर आलोचना समानान्तर रचना, पुनः रचना नहीं है ? फिर कोई आलोचक-समीक्षक यह क्यों सोचता है कि मैंने फलाँ पर कृपा की है या अमुक को उसकी औकात बता दिया है।

अरुण कमल : जो आलोचक ऐसा सोचते हैं वे वास्तव में साहित्यकार नहीं

होते। कविता या कवि किसी की कृपा या श्राप पर निर्भर नहीं होते।

वीरेश : शब्द का सतर्क व्यवहार, भाषा का तन्मय आचार आपकी कविता या गद्य का खासा आकर्षण है। 'कभी-कभी पूरा निबन्ध लिख जाने के बाद लगता है कि यह बात तो एक वाक्य में भी कही जा सकती थी।' 'वाद–विवाद संवाद' के 'अनभै साँचा' शीर्षक में नामवर जी की यह पंक्ति आपके रचना-कर्म की सहज वृत्ति है। उदाहरण के तौर पर—'अँधेरी रात में टॉर्च की मंलकती रौशनी; दूध भरे गाय के थन की तरह भारी और गर्म, ढहा आ रहा अकास'—शब्द और भाषा के इस पैनेपन के पीछे अंग्रेज़ी साहित्य के अध्यापक और हिन्दी के इस कवि के भीतर कहीं गहरे भोजपुर जनपद का गँवई मनुख ज़्यादा क्रियाशील नहीं है ?

अरुण कमल : कवि की खेती तो भाषा ही है। यही उसकी साँस है, यही मूल है। जो हमारा आस–पास का जीवन है भाषा भी वहीं से आती है। इसके अलावा हमारे संस्कार श्रेष्ठ कविता को पढ़–गुन कर भी बनते हैं। हर बड़ा कवि आपको यही बताता है कि भाषा का उद्गम और भाषा की शक्ति सामान्य जन ही है।

वीरेश : आपके घर में जब भी प्रवेश करता हूँ तो पता नहीं क्यों मुझे लगता है भोजपुर के गाँव के चौपाल में बैठा हूँ। लगता है भोजपुर का एक गाँव अपने मूल में यहाँ विराजमान है।

अरुण कमल : ऐसा लगता है तो अच्छा है। लेकिन ऐसा शायद सम्भव नहीं है। क्योंकि हम सब लगातार बदल रहे होते हैं, कुछ घटता है, कुछ जुड़ता है। फिर भी यदि कुछ बचा रहे तो हमारा सौभाग्य है।

वीरेश : मैं अपने निजी अनुभव के आधार पर यह बता सकता हूँ कि आम आदमी के भीतर, उसके अवचेतन में एक कवि विद्यमान है; तो एक आम आदमी और एक कवि में कितनी समानता और भिन्नता है ?

अरुण कमल : आम आदमी और कवि में मूलतः दो अन्तर है। पहला तो यह कि आम आदमी के लिए उसका जटिल से जटिल अनुभव भी 'गूँगे के गुड़' की तरह है। कवि के लिए हर अनुभव सजग–सचेत है। दूसरा यह कि कवि के पास भाषा का औजार है, भाषा का एक विशिष्ट व्यवहार या बरताव। दोनों में समानता यह है कि दोनों मनुष्य हैं, एक जैसे सुख–दुख के भागी।

वीरेश : अरुण कमल जी, आठवें दशक से पहले के कवियों तक ने

अपनी अग्रज पीढ़ी के साथ-साथ अपने समकालीनों पर भी सिलसिलेवार ढंग से लिखा है और आने वाली पीढ़ी को भी प्रोत्साहन दिया है, सतर्क किया है। लेकिन, आपकी पीढ़ी इस दृष्टि से इतना कृपण क्यों है ? क्या आपकी पीढ़ी आत्ममुग्धता का शिकार हो गयी है या ईमान की बात कहने से डरती है ?

अरुण कमल : यह सही है कि हमारे साथ के कवियों ने आलोचना कम लिखी। लेकिन ऐसा भी नहीं है कि बिलकुल ही नहीं लिखी। राजेश जोशी, उदय प्रकाश, विजय कुमार, विष्णु नागर, असद जैदी, मंगलेश डबराल इन सबने कम से कम एक किताब भर आलोचना लिखी है, अग्रजों पर भी और कुछ-कुछ समकालीनों पर भी। यहाँ तक कि हमारे पहले नागार्जुन-त्रिलोचन-केदार पर भी बहुत कम लिखा गया था। निराला पर भी इधर फिर से लिखा गया है। फिर भी यह कम है। आत्म-मुग्धता या ईमान से अधिक एक तरह की शिथिलता, वैचारिक भी, इसके लिए जिम्मेदार हैं।

वीरेश : आपके प्रिय कवि और क्यों ?

अरुण कमल : मेरे प्रिय कवि, तुलसीदास, शेक्सपियर, निराला और मीर हैं। यानी ये कवि ऐसे हैं जिनके पास मैं बार-बार जाता हूँ। इनमें शेक्सपियर ऐसे कवि हैं जो किसी भी चीज़ को कविता में बदल देते हैं। इतनी सर्वग्रासी, सर्वभक्षी, सर्वव्यापी प्रतिभा (छोटा शब्द है यह) शायद दूसरी नहीं।

वीरेश : आपको कई पुरस्कार मिले हैं। इन पुरस्कारों का आपके जीवन, निजी सम्बन्ध या रचना-कर्म पर कैसा प्रभाव रहा ?

अरुण कमल : मैं इतना बड़ा भी नहीं कि समझूँ कि पुरस्कार मेरे लिए कुछ नहीं है, और इतना छोटा भी नहीं कि कहूँ कि पुरस्कार ही सब कुछ है। पुरस्कार-सम्मान आदि कवि के जीवन में सुपरस्ट्रक्चर की चीज़ें हैं। जाहिर है इनका कोई गहरा असर मेरे निजी जीवन पर कभी नहीं पड़ा न पड़ेगा। कभी-कभी दूसरों के साथ सम्बन्धों पर ज़रूर पड़ता होगा, वो भी मेरी ओर से नहीं। कोई भी वास्तविक लेखक पुरस्कार के लिए नहीं लिखता।

वीरेश : 'ओफ्फो, मैं भूल गया था/मुझे एक छट्ठी में जाना है/और एक श्राद्ध में'—समाजवादी-यथार्थवादी दृष्टि सम्पन्न रचनाकार कहीं अध्यात्म की ओर तो नहीं मुड़ चला है ?

अरुण कमल : आप इसे रहस्यवाद या अध्यात्म कह सकते हैं। कुछ लोग इसे सामन्तवाद तथा हिन्दूवाद भी कहते हैं। लेकिन यही तो जीवन का द्वन्द्व है—जन्म

और मृत्यु, दोनों एक साथ। यही तो द्वन्द्वात्मकता है जीवन की। इसी तरह तो जीवन चलता है। यही तो जीवन है और एक कवि इस सम्पूर्ण जीवन का साक्षी है—जन्म से मृत्यु तक, फिर जन्म तक।

वीरेश : कोई भी रचनाकार कहीं-न-कहीं से 'कॉम्मिटेड' होता ही है तो वह वास्तविक कैसे हो सकता है। प्रसंगवश निराला की उस पंक्ति को याद करें—'हो इसी कर्म पर वज्रपात...।' एक आस्था का खण्डन और दूसरी ओर प्रेम की अखण्ड, अनन्त प्रतिमा के पावन दर्शन!

अरुण कमल : आस्तिक-नास्तिक का सम्बन्ध ईश्वर की सत्ता को मानने या न मानने से है। प्रतिबद्धता का अर्थ बिलकुल भिन्न है। तुलसीदास आस्तिक थे और घोर 'प्रतिबद्ध' भी—

'तजिये ताहि कोटि बैरी सम...'

अगली सदी में कविता मनुष्य का अन्तिम अभयारण्य होगी!

(अरुण कमल से वाल्मीकि विमल की बातचीत)

समकालीन हिन्दी कविता आम पाठक या श्रोता से सीधा संवाद नहीं कर पाती, ऐसा क्यों ?

मुझे ऐसा नहीं लगता कि कविता और पाठक के बीच कोई संवाद नहीं है। जो लोग कविता ध्यान से पढ़ते हैं, वे निश्चित रूप से समझते भी हैं। कविता शब्दों से बनती है। इसलिए यदि हम शब्दों को जानते हैं तो कविता का भी कोई-न-कोई अर्थ निकल ही आयेगा। कई बार ऐसा हो सकता है कि कविता पूरी-पूरी समझ में न आये, फिर भी उसका एक स्तर ऐसा ज़रूर होता है, जो हम तक पहुँचता है।

क्या आप मानते हैं कि कविता की पाठकीयता में घोर कमी आयी है? कविता मंचों की नहीं, किताबों में सिमट कर अलमारियों की शोभा बन कर रह गयी है, क्या आप इससे सहमत हैं ?

मुझे तो लगता है कि कविता के पाठक आज पहले की तुलना में ज़्यादा ही हैं। ज़्यादा पत्रिकाएँ बिकती हैं और किताबें भी। लेकिन जिस देश की आधी आबादी निरक्षर हो, वहाँ तो स्वभावतः पढ़ने वाले कम होंगे। पहले कवि सम्मेलन बड़े पैमाने पर होते थे, जिनके जरिये हिन्दी के बड़े और गम्भीर कवि लोगों तक पहुँचते थे। अब दुर्भाग्य से वैसा नहीं है। लेकिन इसमें कवियों का क्या कसूर! लोगों की रुचियों को बिगाड़ा गया और मंच फूहड़ बन गया।

संत तुलसीदास ने 'स्वान्तः सुखाय रघुनाथ गाथा' की बात की और उनकी कृति जन-जन का कण्ठहार बन गयी। समकालीन कवि जन की बात करते हैं और उनके लिए लिखते भी हैं, फिर भी उनकी कविता जन-जन तक नहीं पहुँच पाती और न बदलाव का हथियार

बन पाती है। ऐसा क्यों ?

लोगों तक पहुँचने के जो भी साधन हैं, उनके जरिये श्रेष्ठ साहित्य या कला अथवा विचार लोगों तक नहीं पहुँचाए जाते। क्रिकेट मैच अगर टेलीविज़न पर नहीं दिखाया जाए तो कोई क्रिकेट खिलाड़ियों का नाम भी नहीं जानेगा। कोई भी अख़बार फ़िल्मी गप्पों पर जितने काग़ज़ बर्बाद करता है उसका दसवाँ हिस्सा भी साहित्य को नहीं देता और छुटभैये राजनेताओं पर जितना काग़ज़ बर्बाद होता है, उसका लाखवाँ हिस्सा भी साहित्य को नहीं मिलता। तो फिर साहित्यकार क्या कर लेंगे। महाभारतकार ने कहा था––'मैं दोनों हाथ उठा कर कहता हूँ पर मेरी बात कोई नहीं सुनता।' तो आज के कवियों की क्या बिसात!

महाप्राण निराला जैसे क्रान्तिकारी कवि ने कविता की उन्नति के लिए बड़े उत्साह से उसे छन्दमुक्त किया। अगर आज वह होते तो समकालीन कविता बाँचते हुए क्या उन्हें अपने निर्णय पर पछतावा नहीं होता ? मेरे इस सवाल का तात्पर्य कविता से लय के ग़ायब हो जाने से है।

हिन्दी कविता ने कभी छन्द को नहीं छोड़ा। लय अथवा संगीत के बिना कविता सम्भव नहीं। श्रेष्ठ कवियों ने हमेशा इस बात को याद रखा। रघुवीर सहाय, केदारनाथ सिंह से ले कर राजेश जोशी और स्वप्निल श्रीवास्तव तक। निराला ने भी छन्द को छोड़ा तो नहीं था।

क्या आप कविता और पाठक के बीच आलोचक को 'मूसरचन्द' मानते हैं ?

नहीं, मैं ऐसा नहीं मानता। कई बार जिन्हें हम आलोचक कहते हैं वे हमारे लिए कविता की उचित व्याख्या करते हैं। मैंने आलोचना पढ़ कर अपने प्रिय कवियों को बेहतर समझा। वैसे एक आलोचक का काम केवल रचना की व्याख्या नहीं, बल्कि मुक्तिबोध के शब्दों में–'सभ्यता की समीक्षा है।'

प्राय: देखा जाता है कि समकालीन काव्य पुस्तकों की चर्चा तब होती है, जब किसी बड़े आलोचक की कलम उन पर चल गयी होती है। क्या आप ऐसा मानते हैं कि कविता की पहचान के लिए आज आलोचक की मुहर ज़रूरी है ?

नहीं। मेरा तो मानना है और मैं अपने अनुभव से जानता हूँ कि एक विशाल पाठक वर्ग है पूरे हिन्दी क्षेत्र में फैला हुआ, जो चुपचाप रचनाओं को चुनता है और देर-सबेर अपना निर्णय भी देता है। आलोचक से गलती होती है, पाठक से नहीं। अन्ततः ये साधारण पाठक ही एक कवि की नियति तय करते हैं।

हिन्दी कविता में आप कब आये ?

मेरी पहली कविता 1970 में रामकृष्ण पाण्डेय ने एक साइक्लोस्टाइल पत्रिका 'प्रक्रिया' में प्रकाशित की, जो बिल्कुल नये रचनाकारों की पत्रिका थी। उसी साल रामवचन राय ने दूसरी कविता अपने 'प्रस्थान' में छापी और फिर दस कविताएँ शिवचन्द्र शर्मा जी ने 'स्थापना' में।

आपके प्रेरणा स्त्रोत कौन हैं और आपकी पहली कविता कौन-सी है ?

ठीक-ठीक कहना तो मुश्किल है। शुरू में भी बहुत-से कवि अच्छे लगते थे। आज भी बहुत-से अच्छे लगते हैं। प्रेरणा कब और कहाँ से मिली, बताना मुश्किल है।

साहित्य अकादेमी सम्मान की घोषणा होने पर आपको कैसा लगा ? क्या आप मानते हैं कि आपकी रचनाओं का सही मूल्यांकन सही समय पर हुआ ?

मुझको बहुत अच्छा लगा और बहुत ख़ुशी हुई। लगा, कुछ लोग मेरे काम को ध्यान से देख रहे हैं। यह भी लगा कि मुझे भी कुछ और ध्यान देना चाहिए अपने काम पर। जहाँ तक मूल्यांकन का सवाल है वह तो हमेशा पाठक ही करते हैं। कल कोई याद रखेगा या नहीं, यह तो कहना मुश्किल है।

आपकी गद्य-रचनाओं की कोई पुस्तक आयी है ? क्या आप कविता के क्षेत्र में ही रहना चाहते हैं या अब गद्य की ओर मुखातिब होना चाहते हैं ?

पिछले सत्रह-अठारह वर्षों में लिखे आलोचनात्मक निबन्धों की एक किताब 'कविता और समय' नाम से अभी-अभी आयी है। मुख्य काम तो कविता का है, आलोचना आनुषंगिक।

इधर लोग कहने लगे हैं कि कविता हाशिए पर चली गयी है और केन्द्र में उपन्यास या आख्यान आ गया है। पिछले वर्ष कविता की बहुत कम पुस्तकें भी प्रकाशित हुईं। इस सन्दर्भ में आप कुछ कहना चाहेंगे ?

कभी कुछ भी न तो हाशिए पर जाता है न बाहर। कविता मनुष्य के आदिम काल से ले कर आज तक जीवित और सक्रिय रही है। इसी रूप में वह आज भी मानव समाज में जीवित है—यानी मनुष्य की मातृभाषा के रूप में। वैसे कविता, उपन्यास में कोई वैरभाव नहीं।

समकालीन कविता के विकास में कौन से अवरोध हैं ?

कोई अवरोध नहीं। कविता लिखी ही जाती है अवरोधों को पार करके।

आज के कवियों पर व्यक्तित्व के अभाव और कविताओं पर स्मृतिवंचना

का आरोप लगाया जाता है। इस सम्बन्ध में आपकी टिप्पणी ?

मैं तो यह जानना चाहता हूँ कि हममें से कितने लोगों ने तुलसीदास या कबीर को पढ़ा है। कितने लोगों को निराला की कविताएँ याद हैं! कितने पढ़े-लिखे लोग हैं, जो एक साल में एक किताब भी ख़रीदते हों।

अपने तीनों कविता संग्रहों के आरम्भ में आपने तुलसीदास की विनय पत्रिका का स्मरण किया है। तुलसीदास का यह स्मरण क्यों ? क्या त्रिलोचन की तरह ही कि—तुलसी बाबा भाषा मैंने तुमसे सीखी।

ये पंक्तियाँ मेरे लिए रक्षा-कवच की तरह हैं। तुलसीदास हमारे गुरु तो हैं ही। मैं चाहता हूँ कि किसी के कहने पर हम अपनी राय न बनाएँ। ख़ुद पढ़ कर देखें और तय करें। दुख की बात है कि अधिकांश लोग कविता पढ़ना नहीं चाहते। कविता से प्रेम बहुत कम मिलता है।

आपके पूर्व की पीढ़ियों के किन-किन कवियों ने आपको प्रभावित किया ?

निराला, मुक्तिबोध, शमशेर और नागार्जुन ने। त्रिलोचन और केदारनाथ अग्रवाल भी मेरे प्रिय हैं और शिवमंगल सिंह सुमन भी।

खड़ी बोली हिन्दी कविता के कई दशक बीत गये। पिछले दिनों सुधीश पचौरी ने 'कविता का अन्त' नाम से एक पुस्तक लिखी है, क्या आप भी मानते हैं कि कविता का अन्त हो गया ?

सवाल ही पैदा नहीं होता। लेकिन हर काल में कविता के मूल्य और मापदण्ड बदलते हैं और कविता का चरित्र तथा स्वभाव भी। इस लिहाज से कह सकते हैं कि एक कविता का अन्त होता है और दूसरी का आरम्भ। लेकिन कौन-सी कविता फिर से महत्त्वपूर्ण हो जायेगी, कहना मुश्किल है।

प्रायः उत्तर-आधुनिकता की चर्चा होती रहती है। इस पूरे परिदृश्य में नयी प्रौद्योगिकी का आतंक भी है। कृपया बताएँगे कि अगली सदी में कविता का भविष्य क्या होगा ?

कविता मनुष्य के सबसे भीतरी कोने-संधियों का संधान करती है। तमाम प्रौद्योगिकी और मशीनीकरण के बावजूद इस जीवन में, जो जैविक तत्त्व हैं, वही कविता की भूमि है। इसलिए जब तक मनुष्य में यह जैविक तत्त्व शेष है—मनुष्य का होना, हँसना-रोना, दुःख-संताप तब तक कविता भी रहेगी। कविता मनुष्य का अन्तिम अभयारण्य होगी।

आपकी कविताओं में भोजपुरी के शब्द ख़ूब आये हैं। कुछ लोगों का मानना है कि इन आंचलिक शब्दों के प्रयोग से खड़ी बोली हिन्दी की गरिमा पर आँच आती है। क्या आप ऐसा मानते हैं ?

खड़ी बोली चारों तरफ से उधार ले कर काम चलाती हुई अभी भी बनती हुई भाषा है। निराला ने ऐसे ही एक प्रसंग में कहा था कि यदि सब कुछ भगवान का बनाया हुआ है तो क्या पवित्र, क्या अपवित्र!

आपकी प्रिय कविता कौन-सी है ?

कोई भी नहीं। जो प्रिय होगी, उसे अभी लिखना है।

अभी आप क्या लिख रहे हैं ? आगे की कोई योजना।

इस साल के अन्त या अगले साल में कविता की एक किताब आयेगी। कुछ अनुवाद भी करता हूँ। बच्चों के लिए किपलिंग की किताब 'जंगल बुक' का अनुवाद जल्दी ही आयेगा।

युवा कवियों के लिए कोई सन्देश देना चाहेंगे ?

यही कि एक कवि को कहीं से कोई सन्देश नहीं मिलता।

साहित्य प्रायः उनका पक्ष लेता है जो हारे हुए हैं

(अरुण कमल से प्रमोद रंजन की बातचीत)

प्रमोद रंजन : आपको 20वीं सदी के एक महत्त्वपूर्ण कवि के रूप में रेखांकित किया गया और 21वीं सदी में भी आपकी रचना सक्रियता बनी हुई है। इस दौरान विश्व पटल पर कई महत्त्वपूर्ण घटनाएँ हुईं। हिन्दी की मुख्यधारा की रचनाशीलता को दिशा देने वाला समाजवाद हाशिए पर चला गया है। अब भूमण्डलीकरण को निर्मित करने वाली आर्थिक शक्तियाँ एक भिन्न किस्म का समाजशास्त्र भी गढ़ रही हैं। आप इन परिवर्तनों को कैसे देखते हैं ?

अरुण कमल : किसी भी साधारण आदमी के जीवन में अचानक न तो एक सदी ख़त्म होती है, न दूसरी शुरू। सब कुछ एक साथ लगातार चलता रहता है। दुनिया का बदलना और आपका लिखना–पढ़ना भी। सोवियत संघ और पूर्वी यूरोप की समाजवादी सरकारें आज नहीं हैं। लेकिन यह भी सच है कि क्यूबा, चीन और वियतनाम हैं। और दक्षिणी अमेरिका में नये वामपंथी रुझान हैं। नेपाल में बदलाव है। भारत में भी वामपंथियों को आज संसद में पहले के मुकाबले ज़्यादा जगहें हैं। पूरी दुनिया में पूँजीवाद त्रस्त है। और सबसे बड़ी बात यह कि हार जाने से न तो आदर्श समाप्त होते हैं न स्वप्न। साहित्य किसी बाह्य राजनीतिक सत्ता से नहीं, इन्हीं आदर्शों और स्वप्नों से प्रेरित होता है। अँधेरे में ही सबसे उज्ज्वल, सुगन्ध भरे फूल फूटते हैं। साहित्य प्रायः उनका पक्ष लेता है जो हारे हुए हैं, जो अपना सब कुछ खो चुके हैं। 'हो न सके जो पूर्ण काम उनको प्रणाम।'

प्रमोद रंजन : मौजूदा स्थिति में क्या भूमण्डलीकरण का कोई व्यावहारिक विकल्प हो सकता है? इसे एकमात्र विकल्प मानने वाले भी इसमें निहित साम्राज्यवाद के ख़तरे को चिह्नित करते हैं। ऐसे में भारतीय जनता का स्टैण्ड क्या होना चाहिए? इस सन्दर्भ में सत्तागत नीतियाँ

क्या होनी चाहिए ?

अरुण कमल : आरम्भ से ही समूची दुनिया को एक में जोड़ने-बाँधने का सिलसिला चल रहा है। पूँजीवाद ने यह काम सबसे ज़्यादा और सबसे तेज़ी से किया जो मानव इतिहास में अभूतपूर्व है। इसके अनेक फायदे हैं, यह ज़रूरी भी है। तकनीकी क्रान्ति ने इसमें बहुत हाथ बँटाया है। आज पूँजी और श्रम-शक्ति दोनों अबाध गति से पूरे भूमण्डल में संचरण कर रहे हैं। इसका अर्थ यह भी है कि पूँजीवाद के विरोध की शक्तियाँ भी एक साथ पूरे भूमण्डल में फैल सकती हैं। हम पीछे नहीं लौट सकते। हम वापस स्वयंसम्पूर्ण ग्राम-व्यवस्था में नहीं जा सकते। ज़रूरत इस बात की है कि जो लोग नया संसार-समानता-स्वतन्त्रता के मूल्यों पर आधारित शोषणमुक्त संसार बनाना चाहते हैं वे भी एकजुट हों। ऐसी कोशिशें चल रही हैं।

प्रमोद रंजन : सूचनाओं के महाविस्फोट ने मध्यवर्ग को एक तरह के वर्चुअल (आभासी) संसार का निवासी बना दिया है। कहा जा रहा है कि जल्दी ही प्रतिरोध की बची-खुची कवायदें भी समाचार माध्यमों के दृश्य पटल का हिस्सा भर रह जाएँगी। क्या यह श्रेयस्कर होगा कि इस आभासी संसार का आनन्द 'सभी' को उपलब्ध हो पायें ? ऐसा होना किस तरह मनुष्यता के ख़िलाफ़ जाएगा ? रियल से वर्चुअल की यह यात्रा कितनी प्रायोजित है ?

अरुण कमल : एक तरफ टेलीविज़न, विज्ञापन आदि का 'आभासी' संसार है तो दूसरी तरफ स्वयं कठोर भौतिक जीवन का 'वास्तविक' संसार भी है। स्वयं अमेरिका और यूरोप का मध्यवर्ग इन दो संसारों के द्वन्द्व को महसूस करता है जिसका एक प्रमाण इन समृद्ध देशों का अवसाद भरा, कुटुम्बहीन अकेलापन है। मध्यवर्ग को वास्तविक जीवन का पूरा अन्दाज है—नौकरी में असुरक्षा, काम के बढ़ते घण्टे, अवकाश का अभाव, प्रेम की कमी, जीवन में जोखिम जिसे टी.एस.इलियट ने बहुत पहले भाँपा था—'ह्वेयर इज द लाइफ वी हैव लॉस्ट इन लिविंग?', कहाँ है वो जीवन जो हमने जीने में खो दिया? इसलिए पूँजीवाद का विरोध अन्ततः वे लोग भी करेंगे जो आज इसके आश्रय हैं। क्योंकि नये समाज के निर्माण का अर्थ सुखभरे समाज का निर्माण है जहाँ आप चार घण्टे काम करेंगे और बाक़ी समय पढ़ेंगे-लिखेंगे, संगीत सुनेंगे, घूमेंगे, मछली मारेंगे, बागवानी करेंगे और आज़ाद रहेंगे। मनुष्य को आभासी नहीं, वास्तविक सुख चाहिए। एक को नहीं। सबको।

प्रमोद रंजन : ऐसा लगता है जैसे वर्चस्व की साम्प्रदायिक प्रवृत्ति ने 'सभ्यताओं के संघर्ष' का वैचारिक चोगा पहन लिया है। अमेरिका

द्वारा इराक के जबरन अपदस्थ किये गये राष्ट्रपति सद्दाम हुसेन और भारतीय संसद पर हमला करने के आरोपी अफ़जल में क्या आप भी कोई समानता देखते हैं? एक समानता तो यह है कि दोनों विश्व के महान लोकतान्त्रिक देशों (अमेरिका समर्थित देश द्वारा सद्दाम व भारत द्वारा अफ़जल) की न्याय व्यवस्थाओं द्वारा घोषित जघन्य अपराधी हैं और मृत्यु-दण्ड की प्रतीक्षा कर रहे हैं।

इसके अलावा एक इतर प्रश्न यह भी पूछना चाहूँगा कि भगत सिंह और अफ़जल में क्या असमानताएँ हैं ?

अरुण कमल : नहीं। सद्दाम हुसेन को पहले तो अमेरिका ने ही खड़ा किया था जैसे लादेन को, जैसे तमाम जनतन्त्र और जन-विरोधियों को। फिर सद्दाम हुसेन को इराक की सम्प्रभुतासम्पन्न सरकार ने नहीं, वरन् अमेरिकी कठपुतली सरकार ने सजा दी है, उसकी पोषित न्यायपालिका ने। इसलिए यह ग़लत है। जबकि जिस हत्यारे का आप नाम ले रहे हैं उसे एक सम्प्रभुतासम्पन्न संसद पर हमले के लिए सजा दी जा रही है, जिसके लिए उसके मुँह में कभी खेद का एक शब्द भी नहीं है। दोनों की तुलना ग़लत है।

मैं किसी भी प्रकार की हत्या या अत्याचार का विरोधी हूँ। चाहे वह हत्या एक व्यक्ति करे या कोई समूह या सरकार।

आपके प्रश्न के अन्तिम खण्ड के बारे में मेरा कहना है कि जिस पंक्ति में महान शहीद भगत सिंह का नाम लिखा जाए उसमें किसी और का नाम न लिखें। स्वर्णाक्षर केवल शहीदों के लिए है, क्रान्तिकारियों के लिए। पेशेवर हत्यारों के लिए नहीं।

प्रमोद रंजन : एक मार्क्सवादी होने के नाते इन दिनों सशक्त रूप से अभिव्यक्ति पा रहे सामाजिक समूहों की अस्मिताओं के संघर्ष को आप किस रूप में देखते हैं ? क्या आपका कवि इनमें किसी मानवीय दृष्टिकोण की तलाश कर पा रहा है ? मार्क्सवादी दलों ने इधर अपने एजेण्डे में वर्ग के साथ-साथ वर्ण को भी प्रमुखता से शामिल करना आरम्भ किया है। जाति हिन्दू समाज की मूल सच्चाई रही है। भारतीय मार्क्सवादियों को इसे समझने में इतनी देर क्यों लगी ? राजनीति ही नहीं, बौद्धिक हलकों में भी समाज का इतना सूक्ष्म विश्लेषण करने वाले मार्क्सवादी इतिहासकार, साहित्यिक व अन्य समाज-संस्कृतिकर्मी इसे प्रमुखता देने से क्यों बचते रहे ? इतने लम्बे समय तक इस यथार्थ की उपेक्षा को क्या आयातित

विचारों का खुमार भर माना जाए, या षड्यन्त्र भी ?

अरुण कमल : वंचित सामाजिक समूहों का उभार पिछले कुछ दशकों की एक महत्त्वपूर्ण घटना है। और यह बहुत ख़ुशी की बात है। जब तक हाशिया केन्द्र नहीं बनेगा और फिर एक ऐसा समाज न होगा जहाँ न तो केन्द्र होगा न हाशिया, तब तक यह उभार चलता रहेगा। लेकिन हमें केन्द्र-हाशिया नहीं, समतल एकरस भूमि चाहिए।

जहाँ तक वर्ग और वर्ण तथा मार्क्सवादी इतिहासकारों की भूमिका की बात है तो मैं विनम्रतापूर्वक कहूँगा कि मेरा ज्ञान इस विषय में बहुत कम है। आप किसी इतिहासकार से इस पर बात करें तो मेरा भी फायदा होगा। फिर भी मुझे लगता है, हालाँकि मैं ग़लत हो सकता हूँ, कि आज भारतीय जीवन को चलाने वाली व्यवस्था न तो सामन्ती है न जाति-आधारित। जैसा कि आपके पूर्व प्रश्न भी बताते हैं आज यहाँ पूँजीवाद ही मुख्य चालक-शक्ति है। आज शोषण का मुख्य कारण पूँजी है। हालाँकि अन्तर्विरोध अनेक हैं जैसे जाति, धर्म, योनि, क्षेत्र, भाषा आदि पर आधारित। एक ही साथ अनेक प्रकार के विभेद और शोषण मौजूद हैं। सबका ख़ात्मा ज़रूरी है। आप कहते हैं कि जाति हिन्दू धर्म की मूल सच्चाई है। हो सकता है। लेकिन क्या धर्म बदलने से यह ख़त्म हो जाता है। अगर ऐसा होता तो फिर दूसरे धर्मों के लोग जाति-आधारित फायदे क्यों चाह रहे हैं ? मेरा अनुभव है कि पाकिस्तान में भी, जो शुद्ध मुस्लिम देश है, जात-पाँत है, कबीले हैं, यहाँ तक कि गोत्र हैं और पन्थ विभाजन जैसे शिया-सुन्नी-अहमदिया आदि तो हैं ही। और म्यांमार में भी जो शुद्ध बुद्ध-राष्ट्र है, जात-पाँत तथा सामाजिक विभेद है। जबकि 'हिन्दू' नेपाल में अपेक्षाकृत कम। स्वयं भारत में भी सभी धर्मों में जाति-भेद आज भी लगभग एक जैसा है। मैं नहीं जानता क्यों। लेकिन इतना लगता है कि वर्ण तथा जाति की व्यवस्था का सम्बन्ध केवल धर्म से नहीं है। कोई और कारण भी है। मार्क्सवादी इतिहास का इतिहास ज़्यादा लम्बा नहीं है। फिर भी मार्क्सवादी इतिहासकारों ने इस बारे में सोचा है। इरफान हबीब का एक लेख जाति-व्यवस्था पर बहुत महत्त्वपूर्ण है जिसमें वह पूछते हैं कि ऐसा क्यों है कि बुद्ध से ले कर अब तक जितने भी शासक आये—देशी या विदेशी-सबने जाति-व्यवस्था को लगातार मजबूत ही किया और आज भी कर रहे हैं। डॉ. रामशरण शर्मा ने भी विचार किया है। और भारत को समझने के लिए सर्वोपरि डी.डी. कोसाम्बी को पढ़ना ज़रूरी है। मैं यह भी सोचता हूँ कि ऐसा क्यों है कि कोई ऐसी जाति नहीं जिसमें अमीर-ग़रीब दो वर्ग न हों ? जहाँ मलाई और मट्ठा दोनों न हों ? आज शोषण का मुख्य कारण पूँजीवाद है, जाति या धर्म नहीं। बेरोजगार हर जाति-धर्म में हैं। दरिद्रता हर जगह हर जाति में है, जैसे सम्पन्नता कहीं कम कहीं ज़्यादा। फिर भी जाति की भावना है और शायद रहेगी। क्योंकि यह एक मानसिक

अवस्था भी है; अपने को ऊँचा या नीचा समझना। चेखव ने लिखा है कि वह एक मोची के बेटे थे। उन्हें यही बात सालती थी। एक सुबह उन्होंने तै किया कि मैं इसे भूल रहा हूँ और वह नये आदमी बन गये। ऐसा ही गोर्की ने भी किया। ऐसा ही राहुल जी ने भी किया। लेकिन यह रास्ता कठिन है। अपनी सारी पूर्वप्रदत्त पहचानों को छोड़ना सबसे कठिन है, पूर्वाग्रहों को तोड़ पाना उससे भी कठिन। जैसा कि आइन्सटाइन ने कहा है, 'एक परमाणु के विखण्डन से कहीं अधिक कठिन है पूर्वाग्रहों का खण्डन।' फिर भी हम सब उस जातिविहीन, वर्गविहीन और धर्मविहीन समाज की इच्छा करते हैं। चाहे जैसे हो, यह हो। इसके लिए ज़रूरी है कि पूरे सामाजिक जीवन को उन्नत, आधुनिक और तकनीक सम्पन्न बनाया जाय ताकि प्रत्येक व्यक्ति अपनी इच्छा के अनुसार काम पा सके, ताकि उसे पुश्तैनी काम करने पर मजबूर न होना पड़े। हमारे समाज के सबसे दलित भंगी-मेहतर और उनकी स्त्रियाँ पहले माथे पर मैला ढोती थीं। नये आधुनिक शौचालयों ने उनको इस अमानवीयता से मुक्त किया। इसी तरह पूरा जीवन बदल सकता है। न तो मेहतर का बच्चा पाखाना धोने वाला मेहतर बनना चाहता है न ब्राह्मण का बेटा आरती घुमाने वाला भिखमंगा ब्राह्मण। बिना जाति-मुक्ति के देश का कल्याण नहीं हो सकता।

प्रमोद रंजन : भारतीय लेखन का विश्व बाज़ार निर्मित हुआ है। सलमान रश्दी, विक्रम सेठ आदि से ले कर अरुंधति राय तक की किताबें भारत में भी ख़ूब बिक रही हैं। हिन्दी में भी कभी लेखकों को पर्याप्त सम्मान मिला करता था। आज वह स्थिति नहीं है। अपने समकालीन दिग्गज लेखकों को हिन्दी समाज जानता तक नहीं। इस परिदृश्य के पीछे आप क्या कारण देखते हैं ? क्या कोई सामाजिक कारण भी है—मसलन, गाँवों में जागरण का समाप्त होना, एक किस्म के आभिजात्य पाठक का आगमन...

अरुण कमल : जिसे आप भारतीय लेखन कह रहे हैं वह वास्तव में अंग्रेज़ी लेखन है। जो भारत के मध्यवर्ग की भाषा है। दूसरे देशों का मध्यवर्ग आज भी अपनी भाषा को प्रेम करता है। पर भारत का नहीं। हिन्दी समाज स्वयं अपनी भाषा और साहित्य से प्रेम नहीं करता। दुनिया के किसी देश में कवियों का मज़ाक उड़ाने वाले चुटकुले, धारावाहिक और हास्यास्पद चौकड़े नहीं होते। भारत को छोड़ कर। हमारे गाँव पहले से भी ज़्यादा जहालत और बर्बादी में हैं। लेकिन इन सबके पीछे एक कारण यह भी है कि भारतीय भाषाओं का लेखन, हिन्दी का लेखन, आपको चेतना के स्तर पर उकसाता है, वह व्यवस्था-विरोधी है जबकि भारतीय-अंग्रेज़ी लेखन मुख्यतः

उपभोगवादी है। वहाँ न तो हेराल्ड पिंटर सम्भव हैं न हेराल्ड ब्लूम न मुक्तिबोध। यह सत्ता के लिए सुविधाजनक है।

प्रमोद रंजन : रूस के दिग्गज आलोचक मिखाइल बाख़्तिन कहते हैं कि ''कविता एक विशेषाधिकार प्राप्त, बुनियादी रूप से सौन्दर्यवादी विधा है। यह एकालापी (ऑटोटेलिक) है तथा सिर्फ 'कहने की भाषा' में सम्भव हो पाती है। यह संवादपरक नहीं है जबकि उपन्यास रैटारिक तत्त्व से चालित विधा है।'' एक ऐसे समय में जब समस्याएँ जटिलतम होकर अधिकाधिक संवाद की माँग करने लगीं, कविता हाशिए पर चली गयी। क्या ऐसा नहीं लगता कि बाख़्तिन का आकलन सही है ? आप आधुनिक चुनौतियों के समक्ष कविता को कितना सक्षम पाते हैं ?

अरुण कमल : बाख़्तिन को रूपवादी आलोचक माना जाता है जिन्होंने मार्क्सवादी धारणाओं का भी व्यवहार किया। उनका सबसे महत्त्वपूर्ण काम दॉस्तॉवस्की के उपन्यासों पर है। उन्होंने कहा कि दॉस्तॉवस्की के उपन्यास तॉलस्तॉय की तुलना में कहीं अधिक 'बहुस्तरीय', 'बहुस्वरीय' तथा लेखक के अधिनायकत्व से मुक्त अनेक चरित्र स्वरों का स्वतन्त्र संपुंजन हैं। इससे आप सहमत-असहमत हो सकते हैं, परन्तु इतना तै है कि बाख़्तिन ने खुले, समावेशी, बहुस्तरीय-बहुस्वरीय रचना की वकालत की। अगर हम इसे आधार मानें तो यह स्थिति सबसे ज़्यादा शेक्सपियर की कविता में घटित होती है। जहाँ कोई एक अन्तिम स्वर नहीं है। कविता भाषा की अनन्त सम्भावनाओं का भी उपयोग करती है। प्रश्न कविता बनाम उपन्यास का नहीं है। ऐसा करना वाजिब नहीं। बाख़्तिन ने तो एक उपन्यासकार बनाम दूसरे की बात की। फिर भी साहित्य में कोई भी निर्णय अन्तिम नहीं होता। बहुत से लोग तॉलस्तॉय को ज़्यादा महत्त्व देते हैं और बहुत से लोग सर्वेन्तीज को। कविता एक अलग काम है। आधुनिक चुनौतियों ने ही आधुनिक कविता को जन्म दिया। फिर भी कविता बहुत कम लोग पढ़ते हैं। कविता हाशिए पर है या केन्द्र में यह सवाल नहीं है। हम जिसे प्रेम करते हैं वह अगर धूल में भी हो, कूड़े में भी हो, अंत्यज और क्षुद्र हो तब भी उसे ही प्रेम करते हैं। यही उसकी महानता है। कविता बहुमुखी संवाद है—दूसरे से भी और ख़ुद से भी। 'सुनो भाई साधो' इसकी टेक है।

प्रमोद रंजन : मन्त्रों से ले कर आधुनिक कविता तक को 'स्वतः स्थापित सत्य' की तरह कोट किया जाता है। जबकि वास्तव में वह एक व्यक्ति (कवि) का 'सत्य'—उसके द्वारा विश्लेषित धारणा होती है। वह कौन से तत्त्व हैं जो काव्य को ऐसी विश्वसनीयता प्रदान करते हैं ? और यह कितनी जेनुइन होती है ?

अरुण कमल : हर रचना व्यक्ति ही करता है। यह व्यक्ति समाज का सर्वाधिक उर्वर तन्तु होता है। फिर भी न तो कोई अन्तिम सत्य है न अन्तिम विश्वसनीयता। 'स्वतः स्थापित सत्य' तो होता ही नहीं। जब कोई कविता अधिक-से-अधिक लोगों को अधिक-से-अधिक कालों तक प्रभावित करती जाती है तो वह ऐसी विश्वसनीयता हासिल कर लेती है। जब कभी कोई पंक्ति आपको अचानक कभी याद आ जाए तो समझिए वह सच्ची है।

प्रमोद रंजन : आपके नये कविता संग्रह 'पुतली में संसार' में एक कविता है 'पक्ष का कारण'। 'पूरी बहस में मैं जूता उतारने के ख़िलाफ़ था/मेरा कहना था कि/जूता उतार कर अन्दर आने को कहना/न सिर्फ असभ्यता की निशानी है बल्कि सामन्ती मनोवृत्ति का अवशेष भी...।' इस कविता के अन्त में आप कहते हैं कि 'सच बात तो यह थी कि मैं जूता उतारने के/इसलिए ख़िलाफ़ था कि मेरा पैताबा/तार-तार था।' यह कविता प्रकारान्तर से मोहभंग का संकेत करती लगती है।

अरुण कमल : मैं ख़ुद नहीं कह सकता कि यह कविता 'मोहभंग का संकेत' करती है या नहीं। शायद आशय यह हो कि आपकी आर्थिक स्थिति जैसी होगी प्रायः आपका पक्ष भी वैसा ही होगा। आर्थिक स्थिति बदलते ही आपकी चाल-ढाल, बात-व्यवहार, चरित्र तथा रूप-रंग भी बदल जाते हैं। फ्रांसीसी उपन्यासकार फ्लॉबेय की एक पंक्ति है 'मादाम बुवारी' में : 'हिज कम्पलेक्शन वाज द कम्पलेक्शन ऑफ़ वेल्थ'। उसका रंग उसके धन का रंग था।

प्रमोद रंजन : हिन्दी में इन दिनों हो रहे विपुल लेखन के पीछे कौन से कारक काम कर रहे हैं ? आपका आलोचनात्मक विवेक इसे कितना प्रासंगिक पाता है ? हिन्दी पाठक कैसे अपने लिए किताबों, पाठ्य सामग्री का चुनाव करे; आप कुछ सुझाव देंगे ?

अरुण कमल : हिन्दी में इन दिनों हो रहे विपुल लेखन का अर्थ है कि पहले की तुलना में अधिक लोग लिख-पढ़ रहे हैं। जो वंचित समूह हैं उनसे भी लेखक आ रहे हैं। यह शुभ है। वैसे आलोचक वाल्टर बेंजामिन कहते थे कि रद्दी किताबें छापने वाले प्रकाशन को दण्ड मिलना चाहिए। मैं समझता हूँ कि प्रत्येक सजग पाठक अपना चुनाव ख़ुद कर लेता है। हर पुस्तक का अपना नियत पाठक, अपना गन्तव्य, अपना भाग्य होता है। जिसको जो मन सो पढ़े। मैं पढ़ने में समाज में और जीवन में पूर्ण जनतन्त्र चाहता हूँ। मैथिली में एक कहावत है—बाजते रहलौं त हारलौं कि ? बोलता ही रहा तो हारा कैसे ?

कविता, भाषा और दर्शन के सवाल पर

(अरुण कमल से सुधीर रंजन की बातचीत)

सुधीर रंजन : पिछली बार हम लोगों की एक ज़रूरी बातचीत हुई थी। कविता पर बातें खूब हो रही हैं आजकल। पंकज सिंह से मेरी बात हो रही थी। मैंने कहा था बिम्ब रचना कठिन काम नहीं है, कठिन है वाक्य।

अरुण कमल : बिना वाक्य के कोई कविता सम्भव है क्या ?

सुधीर रंजन : हाँ, वाक्य बड़ी चीज़ है। इस पर बात होनी चाहिए।

अरुण कमल : आप कोई उदाहरण दें ?

सुधीर रंजन : उदाहरण देने की बात नहीं है। वाक्य जब हम कहते हैं तो उसका अर्थ है भाषा की संरचना इस रूप में उभर कर आये कि वहाँ पर बाकी सारी चीज़ों के साथ बोलने की भाषा की भी अपनी एक विशिष्टता सामने आय—भाषा बोले मैं भी हूँ, आगे खड़े हो कर भाषा बोले।

अरुण कमल : मतलब ?

सुधीर रंजन : फ़िराक़ साहब मानते थे कि उर्दू में वाक्य का सौन्दर्य हिन्दी के शब्दों से पैदा हुआ है, लेकिन ख़ुद हिन्दी की कविता में वाक्य वैसा सुन्दर नहीं बन पाता। सवाल है छन्द कैसे तैयार करें। कहा उन्होंने कि गद्य और पद्य में और जो भी अन्तर हो, लेकिन दोनों की रचना वाक्य से ही होती है। इसलिए दोनों की ख़ूबसूरती वाक्य गढ़ने अथवा जुमलों पर निर्भर है। उनकी सबसे बड़ी शिकायत थी, जो मुझे कुछ हद तक जायज लगती है कि हिन्दी कविता में क्रियाएँ ठीक ढंग से नहीं आतीं। 'है', 'था' के खराब ढंग से प्रयोग हुए हैं। वर्स (verse)

में क्रियाएँ सबसे अधिक रोल प्ले करती हैं। उन्होंने उर्दू की कई पंक्तियाँ गिनाईं; जैसे—'जब याद तेरी आती आती ही चली जाती'। या फिर—नुक्ताचीं है ग़मे दिल उसको सुनाए न बने'। यह वजनदार वाक्य की बात है।

हिन्दी में भी ऐसा रहा है। वाक्य से कविता की पहचान बनती है। फ़िराक़ साहब को वे कविताएँ दिखाई नहीं पड़ीं, यह और बात है।

पिछले कुछ दिनों पहले—पाँच-सात दिन पहले—राजेश जोशी से चर्चा हो रही थी, तो कह रहे थे कि पिछले कवियों को और उनकी कविता को पंक्ति से ही यूँ पकड़ लेते हैं हम। फिर 'कामायनी' की एक पंक्ति आयी तो बहुत कुछ पीछे-पीछे 'कामायनी' से जुड़ी स्मृतियाँ सामने आती गयीं। तो ये भाषा का बड़ा पक्ष है, और यह हमारी समझ से कविता के लिए कोई ख़ास बात होगी।

चलिए हम यहाँ इसी बहाने दूसरी बात करें। हमारा कहना यह है कि हमारी हिन्दी कविता की क्या समस्या है? दुनिया भर की कविता की अपनी-अपनी समस्या रही होगी, उसे ज़्यादा जेनरलाइज़ नहीं किया जाना चाहिए। हिन्दी कविता की पहली बड़ी समस्या तो कभी सबसे पहले यही थी कि खड़ी बोली या ब्रज भाषा ? जब खड़ी बोली में कविता आ गयी तब भी ये समस्या बनी रही कि ये इतिवृत्तात्मक है—इसमें ये है, अहो है, अहा है। जैसा कि फ़िराक़ साहब कहते थे। जब छायावाद आया तो भाषा के लिहाज़ से वह भी बड़ी समस्या बन कर आया था। बहुत नाराज़ रहते थे रामचन्द्र शुक्ल इस बात को ले कर। तो हर समय की कविता अपने साथ समस्या ले कर उपस्थित हुई। अच्छा! आज सामने जो परिदृश्य है, उसे ले कर आपको क्या लगता है--आज की कविता की समस्या क्या है ?

अरुण कमल : देखिये, जो आपने शुरू में कहा, बिम्ब-रचना कठिन नहीं है जितना वाक्य लिखना। और शुरू में तो बिलकुल ब्रज बोली में कविता लिखने का काम शुरू हुआ। जैसे शुरू में निराला की जितनी भी कविताएँ हैं पहले की, ब्रज बोली में हैं। पन्त की भी पहली कविता ब्रज बोली में है।

सुधीर रंजन : श्रीधर पाठक की भी। वो पहले कवि माने जाते हैं आधुनिक कविता के।

अरुण कमल : उनकी तो रही ही होगी। लेकिन ये बाद के जितने भी कवि हैं,

उनकी भी पहली कविता ब्रज बोली में है। भारतेन्दु तो उसी में कविता लिखते रहे मूलतः। तो खड़ी बोली जिसको कहते हैं–जिसमें 'था', 'है'— ये महत्त्वपूर्ण हो जाती है। और कई बार लगता है कि ये जो लालित्य है पद्य का, इसको यह तोड़ता है, इसको भंग करता है। उस समय यह काम बहुत ज़रूरी था कि खड़ी बोली में ऐसी लोच पैदा की जाये कि वह ब्रज भाषा के ही समानान्तर भावों का भार वहन कर सके। इसलिए वाक्य का बनना, पूरे-पूरे वाक्य का बनना बहुत ज़रूरी था।

आप मैथिलीशरण गुप्त को देखें, श्रीधर पाठक को देखें। यहाँ तक कि अयोध्या प्रसाद हरिऔध को देखें। सब लोग एक साथ हैं। विपिन कुमार अग्रवाल ने एक बहुत ही सुन्दर लेख लिखा है मैथिलीशरण गुप्त पर, जिसमें उन्होंने दिखलाया है कि कैसे 'है' क्रिया पर पूरा-का-पूरा उनका काव्य आश्रित होता है। बिलकुल वह थूथन की तरह होता है, जिस पर पूरा छप्पर खड़ा होता है। यह उन्होंने दिखलाया है उसमें। यह बहुत कठिन काम था। बाद में छायावाद के दौर में फिर हुआ।

सुधीर रंजन : वहाँ भी है। वहाँ आप देखिये कि कविता खड़ी होती है 'है', 'था' पर। उनके सामने भी दिक्कत है सहायक क्रियाओं की।

अरुण कमल : लेकिन फिर भी, मतलब यह कि आगे वो दिक्कत नहीं है। अब एक दूसरा काम जो पन्त की कविता ने करने का प्रयत्न किया वह था, जो ध्वनियाँ हैं, उनके संवेग को पहचानना। जहाँ वो कहते हैं 'मरुदाकाश' और एक 'मरुताकाश'। तो 'त' से ज़्यादा उनका 'द' कहने में ध्यान लगता है। जो आकाश कहना चाहते हैं, वो ज़्यादा दयनीय होता है। तो यह काम भी एक ज़रूरी काम है, जो कवियों को करना पड़ता है। आज उनका काम पुराना लगता है या लगता है कि इसकी क्या उपयोगिता रही होगी। लेकिन जब आप भाषा के साथ अपने सम्बन्ध को देखते हैं, भाषा के साथ अपनी अन्तरंगता स्थापित करना चाहते हैं तो बहुत तरह के काम आपको करने पड़ते हैं। निराला अकेले ऐसे कवि हैं, जिन्होंने सारे काम एक साथ किये हैं। इतना ही नहीं, उन्होंने जो ये 'था', 'है' ये सब तो किया ही, फिर उन्होंने पूरे-पूरे वाक्य, लम्बे-लम्बे वाक्य रचे। आप 'राम की शक्तिपूजा' का पहला ही पन्ना देखिये (सु.रं : हाँ, लम्बा है 'है अमानिशा' से मानें तो)। जो अब तक का सबसे लम्बा वाक्य है। आप कह सकते हैं। लेकिन उन्होंने ख़ुद उसको तोड़ा भी है। 'अणिमा' की बहुत-सी कविताएँ आप देखिये, बहुत छोटे-छोटे बिम्बों में वाक्य लिखे हैं और कई बार 'है', 'था' भी छोड़ दिया। वैसे वहाँ 'है', 'था' की ज़रूरत थी नहीं, क्योंकि वो उसको जहाँ ले जा रहे हैं, वह घटना न केवल अतीत, बल्कि वर्तमान और भविष्य की है, बल्कि जैसे कि वो एक सार्वकालिक घटना है। वहाँ पर 'है', 'था', 'होगी' इस पर

ज़ोर नहीं था। तो निराला ने बहुत काम एक साथ किये।

उसके बाद आप देखिये। प्रगतिवाद ने जो काम किया, उसने कविता को लोक से ज़्यादा जोड़ा—कविता की भाषा को। यह छायावादियों में कम मिलता है। यह प्रयत्न थोड़ा-थोड़ा मुकुटधर पाण्डेय में मिलता है। लेकिन यह काम जो सबसे ज़्यादा किया, वह प्रगतिवादियों ने किया—अपने त्रिलोचन (सु.रं : इन लोगों ने भी लोक से कुछ) नहीं, भई। मुकुटधर पाण्डेय ने जो कुछ किया, छत्तीसगढ़ी का उसमें कुछ मिलता है, उसकी छौंक है वहाँ। लेकिन प्रगतिवादियों ने सचेत तत्त्वों को, जो इन्होंने जीवन से लिया, बहुत सजग हो कर के सामान्य जीवन को लिया, लोक का जीवन लिया। यह काम फिर प्रगतिवादियों की भाषा ने किया। फिर आप अज्ञेय के पास आ जायें। अब कविता की भाषा में—जिसको हम कहते हैं नागरीकरण—एक सम्भ्रान्त आभिजात्य—वो उन्होंने उत्पन्न करने का प्रयत्न किया। 'अरी, ओ' ऐसे बहुत से शब्द उनके यहाँ मिलते हैं—'हे', 'हो', 'अरे' वगैरह।

सुधीर रंजन : नहीं, यहाँ एक और बात की भूमिका मुझे लगती है। एक बात और मुझे कर लेने दीजिए। 'ऐ', 'ओ', 'अरे', 'हा, हा' की जो परम्परा है, उससे अलग हट कर सोचें। मैथिलीशरण गुप्त की जब हम बात करते हैं और जब यहाँ भाषा की बात आयी तो मुझे बार-बार लगता है कि 'भारत-भारती' हिन्दी कविता का एक बड़ा पक्ष था, क्योंकि 'भारत-भारती' के कारण पहली बार खड़ी बोली में कविता चली। लोगों ने देखा या खड़ी बोली कविता को इसी से हिन्दी में लोकप्रियता मिली। इसको पहली बार मिलती है। और तमाम कवि-गुरुओं के बावजूद मैथिलीशरण गुप्त की परम्परा आगे तक बढ़ती रही; और जिसे आभिजात्य कविता—अज्ञेय के सन्दर्भ में आप कह रहे हैं—उसमें भी वो चीज़ दिखाई पड़ती है। यह आकस्मिक नहीं है कि मैथिलीशरण गुप्त अज्ञेय के पीछे खड़े हैं।

अरुण कमल : बहुत हैं। उनके सबसे प्रिय कवि सियारामशरण गुप्त हैं और घोषित तौर पर।

सुधीर रंजन : हाँ, सियारामशरण गुप्त हैं। अब ये हिन्दी कविता में इधर फिर से चर्चा में एक बात आयी है। पटना के कवि हैं महेश नारायण, तो उनकी कविता के बारे में कहा जा रहा है।

अरुण कमल : पहले भी बहुत से लेख उन पर छप चुके हैं। कुछ लोगों ने पहली बार पढ़ा होगा, इसलिए उनको यह चमत्कार लग रहा है।

सुधीर रंजन : महेश नारायण जैसे कवियों को पीछे छोड़ने में हमें दिखाई पड़ता है। वो लेख पं. चन्द्रधर धर्मा गुलेरी का अयोध्या प्रसाद खत्री की स्मृति में। वो नहीं चाहते हैं कि कविता में जो बिहार के लोग हैं, साफ-साफ गुलेरी जी कहते थे कि चलने वाली कविता नहीं है, मर चुकी है। मैथिलीशरण गुप्त का आगे आना, उसके बाद कविता का अपना जो एक वातावरण तैयार किया गया था, उसमें जो पहले से एक समय था उन्नीसवीं शताब्दी का, उसे झुठला देना। तो ऐसा तो होता है कि किसी समय की ख़ास कविता पर उसी समय के लोग ध्यान नहीं देते, उस परम्परा को छोड़ देते हैं और बाद में हमें फिर से पीछे भागना पड़ता है। इस तरह का इस दौर में काम किया जा रहा है, जिसमें महेश नारायण जैसे कवि दिखाई पड़ रहे हैं। यह तो होना ही चाहिए कि बार-बार जो इनवेन्ट करने का काम है, अगर ये छोड़ें तो धीरे-धीरे बहुत सारे।

अरुण कमल : नहीं-नहीं, वो सब करिये। देखिये, दो तरह का काम होता है—एक तो, जिसको हम अकादमिक कहते हैं। जो हमारे बीच विश्वविद्यालय हैं, जो संस्थान हैं, उनका एक काम तो यह है। लेकिन दूसरा, जिसको आप कहते हैं पुनरान्वेषण का काम, जो कवि करता है। वो दूसरे कारणों से यह काम करता है। ये काम तो एक कवि ही कर सकता है। जिसको हम कहते हैं सक्रिय कवि, वह अपनी ज़रूरतों के हिसाब से करता है। वो एक अलग मामला है।

सुधीर रंजन : वह अपनी परम्परा की तलाश करता है।

अरुण कमल : हाँ, अपनी ज़रूरतों से, जो उसकी अपनी ज़रूरतें हैं।

सुधीर रंजन : नहीं, हमारा सवाल यह था, जो बात हम शुरू कर रहे थे—आज की कविता की समस्या क्या है ?

अरुण कमल : देखिये, ऐसी कोई समस्या, जैसे कि हम कहते हैं ये भारत की समस्या है, कविता में नहीं होती।

सुधीर रंजन : नहीं। जैसे कहते हैं कि जो हमारे इतिहास की समस्या है, क्या वही कविता की समस्या है या जैसे छायावाद के जमाने में राजनैतिक आन्दोलन है, पूरा जो समय था, राजनीति का था, स्वाधीनता की जो समस्या थी—वो सब क्या छायावाद की समस्या नज़र नहीं आती ?

अरुण कमल : अब दिक्कत यह है कविता के साथ, कविता भाषा में होती

है, और ये भाषा है, वो सब लोग बोलते हैं। चाहे वो सामान्य लोग हों, राजनैतिक कार्यकर्त्ता हों, इतिहासकार हों, भूगोलवेत्ता हों, वैज्ञानिक हों—सबकी भाषा वह होगी। इसलिए कवि को भी वही भाषा बोलनी पड़ती है। मतलब, जिसमें उसको काम करना है, यह वो भाषा है जो सबकी है। इसलिए किसी-न-किसी रूप में सबके अधिकार, सबकी अपेक्षा और सबके अतिक्रमण भी कवि के कार्यक्षेत्र में होते रहते हैं। इसलिए इन सबकी समस्याएँ भी कवि की समस्याएँ हो जाती हैं। लेकिन एक दूसरी समस्या कवि की अपनी समस्या होती है। कविता की समस्या इसे कभी नहीं कहूँगा—ये कवि की समस्या होगी। वह कवि की समस्या बिलकुल अपने निजी एकान्त में, बिलकुल ही अँधेरे तक में जो होगी, वह बिलकुल सबसे अलग होगी कि उन सबको वो कैसे व्यक्त करे। कैसे अव्यक्त को, व्यक्त करे। हर काल में ये तो कवि की अपनी निजी समस्या है।

सुधीर रंजन : आपने सही कहा। सबको ले कर चलना होता है—भाषा, अपनी समस्या, मनुष्य इत्यादि। लेकिन इन सबको लेकर चलने में मुझे हिन्दी के साथ एक कठिनाई देखने को मिलती है। हिन्दी समाज अपेक्षाकृत कम काव्यात्मक है। हाँ, बावजूद इसके हमारे यहाँ कवि आगे आ जाता है।

अरुण कमल : कम काव्यात्मक होना किसी समाज का अच्छी बात है। क्योंकि जिस समाज में निरन्तर उत्सव होता रहे और निरन्तर लोग बोलें ऐसा जो काव्यात्मक लगे, उस समाज में कविता कम सम्भव है। क्योंकि समाज को ऐसा ही होना चाहिए जैसा कि प्राकृतिक रूप से वो है और सबसे उज्ज्वल फूल तो सबसे ज़्यादा अँधेरे में खिलते हैं। हम ऐसा ही समाज चाहते हैं। समाज को कविता हम देंगे। समाज से जो हम लेंगे, वह समाज का गद्य है, जिसको मैं बड़ी चीज़ मानता हूँ। मैं गद्य को कविता से कम नहीं मान रहा हूँ। मैं ऊँचा मान रहा हूँ। मतलब जो गद्य हम लेते हैं समाज से, जो बोली लेते हैं और फिर हम उसको वो करते हैं, जो समाज हमसे चाहता है और जो मैं चाहता हूँ, जो हमारे सारे पूर्वज हमसे चाहते हैं, क्योंकि अन्ततः उनके सारे ऋणों से मुक्त होना है।

कवि के ऊपर कई ऋण हैं। पितृऋण तो है ही, पूर्वज ऋण भी है। जैसे त्रिलोचन का है, उससे ज़्यादा निराला का है और उससे ज़्यादा तुलसीदास और कबीर का है। तीसरा ऋण समाज का है और चौथा एक और ऋण है जिसका सूद समय तय करेगा। कवि इस बात को जानता है। उसको अनेक ऋण चुकाने पड़ते हैं और वो इतना ज़्यादा—मतलब एक कवि बेचारा जो है—उसको ये सारे ऋण चुकाने की

सुविधा किश्तों में प्राप्त नहीं है। उसको एक ही कविता में ये सारे ऋण चुकाने पड़ते हैं और बार-बार चुकाने पड़ते हैं, और यह ऋण ऐसा है जो बढ़ता जाता है। तो ये एक कवि के साथ दिक्कत है। इसलिए जो कवि और जो हमारा समाज है, उसमें कविता की समस्या की बात नहीं है, कवि की समस्याएँ हैं और वो समस्याएँ बढ़ती जाती हैं।

सुधीर रंजन : यह तो ठीक है। अपनी बात को इस रूप में अगर पूछें तो क्या निष्कर्ष निकालेंगे कि एक कवि के सामने इतने सारे ऋण हैं और कवि के सामने समस्याओं का–मैं समझता हूँ कि तीन हैं—मोमेण्ट (क्षण), और दूसरा पूरा जीवन, तीसरा इतिहास। यह जिसके भीतर सब कुछ चलता है। अब इस दृष्टि से अगर आँकें तो जैसे अज्ञेय थे, क्षण उनके यहाँ ख़ूब है, और दूसरी तरफ निराला, जहाँ जीवन (अरुण कमल : ये अज्ञेय के यहाँ क्षण ही नहीं था) हाँ, लेकिन क्षण का दर्शन उनके यहाँ था। भले ही केवल क्षण न हो लेकिन क्षण का इम्पॉर्टन्स—मतलब बिलकुल।

अरुण कमल : देखिये, भाषा के साथ एक दिक्कत यह है कि भाषा पहले भी थी। यही भाषा थी। नदी का जन्म, जिसके बारे में कहा जाता है कि आप दूसरी बार (सु.रं. : हाँ, वो तो इतिहास और नदी वाली बात, जब उसमें प्रवेश करते हैं तो, वो दूसरा पानी होता है।) इसमें दो बातें हैं—वो पानी भी दूसरा होता है और आप भी दूसरे होते हैं। इस बात को भी कहना ज़रूरी है कि न सिर्फ़ पानी बदलता है, आप हर बार एक दूसरी नदी में प्रवेश करते हैं और हर बार एक दूसरा आदमी उस दूसरी नदी में प्रवेश करता है। उसी तरह भाषा जो होती है, उसको आप चाहे लाख कहें कि यह अभी की भाषा है। लेकिन नहीं, यही पहले भी थी और आगे भी यही भाषा रहेगी। इसलिए एक कवि के यहाँ क्षणवाद का दर्शन तो हो सकता है, लेकिन कविता का क्षणवाद सम्भव नहीं है।

सुधीर रंजन : यह बात तो मैं कह सकता हूँ कि अज्ञेय के यहाँ गहरा इतिहासबोध है, जीवनबोध है। लेकिन अगर सोचा जाये तो यह प्रश्न तो उठेगा ही कि एक लेखक जब रचता होता है—चाहे अवचेतन में भी—सबसे ज़्यादा वह क्षण महत्त्वपूर्ण होता होगा, कि पूरा जीवन होता होगा, कि कोई इतिहास होता होगा ?

अरुण कमल : अब देखिये, मैं बहुतों के बारे में तो नहीं बता सकता (सु.रं. : हमने कहाँ कहा ?) कि वो क्या करते होंगे। लेकिन सबसे अच्छा उदाहरण तो निराला का ही होगा। जैसे मान लीजिए कि वे कहते हैं—'लू के झोंकों झुलसे हुए

थे जो/भरा दौंगरा उन्हीं पर गिरा'। अब देखिये, ये पंक्ति। ये घटना तो घटित हो गयी, लेकिन ये पंक्ति पीछे भी जाती है 'लू के झोंकों झुलसे हुए' और इसके बाद कविता में आगे जो होने वाला है, उसका भी संकेत है। तो चाहे-अनचाहे ये कवि की जो पूरी बुनावट है, उसका जो मानस है, उसकी जो आत्मा है, वो सब मिल कर के यह तय करते हैं कि कोई एक पंक्ति भी, या एक बिम्ब भी—उसका कहाँ तक प्रक्षेपण होगा।

सुधीर रंजन : 'बाँधो न नाव इस ठाँव बंधु! पूछेगा सारा गाँव, बंधु।' को देखें।

अरुण कमल : हाँ। आप देखिये, यह एक छोटी-सी आठ-दस पंक्तियों की कविता है। आप देखिये, मारक्वेज कहते हैं हेमिंग्वे के बारे में कि उनकी कहानियाँ आइसबर्ग के नोक या टिप की तरह हैं, जिसका अधिकांश हिस्सा जल में डूबा होता है। तो वैसे ही श्रेष्ठ कविताएँ होती हैं। आप तो बस इतना ही देख रहे हैं, लेकिन उसका बाकी जो है—जैसे अभी आपने निराला का उल्लेख किया 'बाँधो न नाव इस ठाँव बंधु' तो इसमें भी वो ही बात है—एक पूरा आख्यान।

सुधीर रंजन : ये तो एक आईडेण्टिटी थिंकिंग-थॉट भी है कि हमारा जो अवचेतन काव्य की सृष्टि करता है, वह ख़ुद दो तिहाई छुपा हुआ होता है और एक हिस्सा हमारे प्रत्यक्ष अनुभव का है। (अ.क. : कविता में तो अवचेतन का महत्त्व है।) हाँ, कविता में अवचेतन का महत्त्व है और जो कविता में दिखाई पड़ रहा है, उससे दो तिहाई अधिक छुपा हुआ है। तो जो हमारी मानसिक संरचना है, कविता की संरचना भी वैसी ही होती है। दोनों में एक तरह की बात होती है।

अरुण कमल : उसमें स्वप्न भी होता है। जैसे स्वप्न होता है, आप उसकी व्याख्या नहीं कर सकते; कैसे घटित हुआ, तत्काल उसकी व्याख्या सम्भव नहीं है और अनेक प्रकार के संयोग बनते-बिगड़े रहते हैं, यह भी होता है। तो कविता में जो तत्काल है, जिसे आप क्षण कह रहे हैं, वो तो होता ही है, लेकिन वो काल के जो तीन आयाम हैं, सब वहाँ मौजूद होते हैं।

सुधीर रंजन : लेकिन इसके साथ एक और बात होती है—ये जो कलात्मक अनुभव हैं और वैचारिक अनुभव हैं। वैचारिक अनुभव और कलात्मक अनुभव में जो द्वैत है, उसे ठीक-ठीक देख पाना यह भी एक बात है। निराला का उदाहरण लें तो उनके यहाँ सारे उदाहरण मिल सकते हैं। जब आज की कविता को देखते हैं तो वैचारिक अनुभव तो आ जाता है, रख दिया जाता है, कलात्मक अनुभव को थोड़ा पीछे

छोड़ा जाता है—ये अन्तर क्यों आया है ?

अरुण कमल : इस पर हम थोड़ा-सा असहमत हैं। वास्तव में वैचारिक अनुभव और कलात्मक अनुभव शायद नहीं कहना चाहिए। कलात्मक अनुभव जो होगा, वो तो संश्लिष्ट होगा। उसमें विचार भी शामिल हैं, उसमें भाव भी शामिल हैं, उसमें भाषा की भंगिमाएँ भी शामिल हैं। उसमें जो आपका श्रम है कविता लिखते हुए, जो कारीगरी है, जो काँट-छाँट है—ये सब भी शामिल हैं। तो ये सारी बातें मिलकर के तब एक संश्लिष्ट अनुभव बनता है।

सुधीर रंजन : कलात्मक अनुभव के अन्तर्गत आप सभी को संश्लिष्ट करके चलते हैं, यह बात हो तब फिर कोई समस्या नहीं है। लेकिन व्यवहार में जब हम देखते हैं।

अरुण कमल : इसका मतलब सुधीर जी! वो कमतर रहेगी। देखिये, जब हम बात करते हैं तो हमेशा जो श्रेष्ठ है, उसी को सामने रख कर करते हैं। दुनिया में तो साधारण कवि ही ज़्यादा होते हैं। लेकिन जब बात होगी तो हमेशा जो श्रेष्ठतम है, उसी को ध्यान में रख कर होगी।

सुधीर रंजन : मुझे तो लगता है कि कविता को अमूर्त विचारों में देखने की ज़रूरत है। और पॉल वेलरी इस रूप में देखते थे कि कविता को हम अमूर्त विचारों में देखें और दूसरी चीज़ों को उससे ढूँढ़ें ?

अरुण कमल : ये तो हुआ। ये तो किया उस समय के कवियों ने 19वीं शताब्दी के अन्त और 20वीं के प्रारम्भ में। उस समय के जो श्रेष्ठ कवि थे उन्होंने और उनके ठीक पहले सिम्बोलिस्ट कवियों ने भी किया है।

सुधीर रंजन : पॉल वेलरी तो अच्छे पोइट हैं। उन्नीसवीं शताब्दी के अच्छे कवि हैं।

अरुण कमल : रैम्बो या मलार्मे ने तो कहा ही है कि हमारे लिए जो शब्द हैं, ये भी रंगों की तरह हैं, वो उन्हीं की तरह आते हैं। लेकिन आप चाहे जो भी कह लें उन्हें, वो होते हैं संश्लिष्ट अनुभव। मैं फिर इस पर ज़ोर दूँगा कि जो हम भाषा की रचना करते हैं, वो आप बहुत प्रयत्न करके ही, शब्दों का जो पूर्व-अर्थ है, जो हर बात को पहले से ही अपने भीतर लिये हुए आये हैं आप तक, आप चाह कर भी सारे अर्थ उन शब्दों से छीन कर, खोज कर बाहर नहीं कर सकते। इसीलिए कुछ-न-कुछ वहाँ टिका रहता है। इसीलिए आप चाह कर भी शब्दों को उस तरह अमूर्त नहीं कर सकते, जैसे कि एक चित्रकार रंगों के साथ कर सकता है, या जैसे एक संगीतकार ध्वनियों के साथ कर सकता है। कविता में ऐसी कोई ध्वनि नहीं है, जो बिलकुल ही निःअर्थ हो।

कह रहा हूँ 'निःअर्थ'।

सुधीर रंजन : नॉन-मीनिंग। हाँ, तो ये तो ठीक है। लेकिन रंगों में भी कई अर्थ होते हैं।

अरुण कमल : रंगों में ऐसे, जैसे कि लाल रंग। रंगों से हमारे कुछ एसोशिएशन्स, स्मृति-संबंध हैं। लाल रंग याद करते ही हमे कुछ चीज़ें याद आती हैं। लेकिन एक पेंटर के लिए लाल रंग अलग-अलग वस्तुओं में बनता है। इसीलिए वो प्रयत्न करके, उसके जो पुराने एसोशिएशन्स हैं, जो सम्बन्ध हमारे बन गये हैं, उनको बदल सकता है और इस तरह का एक नया गुण और संयोग पैदा कर सकता है।

सुधीर रंजन : उसके अर्थ को तोड़ा जाता है ?

अरुण कमल : भाषा के साथ भी है। उसके अर्थ को तोड़ा जाता है। नहीं तोड़ा जायेगा तो कविता बनेगी कैसे ? आप तोड़ेंगे। लेकिन मैं कह रहा हूँ कि आप तोड़ कर उससे इसको खोखला नहीं कर सकते। ऊपर से उसके कुछ लाभ हैं— इसलिए अब तक वह टिका रहेगा।

सुधीर रंजन : चित्रकला और इसमें, दोनों में पूर्णता जैसी कोई चीज़ नहीं है। हमारी समझ से जो बात बन रही है। एक ख़ास बात ज़रूरी है कि जो शब्द हमारा माध्यम है, एक ऐसा माध्यम है कि अर्थ उसमें है भी और नहीं भी। जबकि रंग में दृश्य है। रंग रंग भी है। शब्द के साथ मुश्किल है कि उसमें अर्थ है भी और नहीं भी। ये मुश्किल जो उसकी है, वो कविता की ताक़त के ख़िलाफ़ है ?

अरुण कमल : सबकी ताकत अलग-अलग है। मैं कविता की सीमाओं की, शक्ति की बात कर रहा हूँ, कि जहाँ जा कर के एक कवि चाह कर भी अपनी कविता को उस तरह से निःअर्थ नहीं कर सकता, जैसे कि एक संगीतकार कर देता है।

सुधीर रंजन : तो इसलिए जब अलग से बोलने की ज़रूरत पड़ी कि हम अमूर्त विचारों में चीज़ों को ले कर देखें। अमूर्त विचारों की बात कोई बड़ी बात नहीं है। हाइडेगर कविता को दर्शन की जननी कहता है, माता कहता है। अब कविता दर्शन तो हो नहीं सकती। लेकिन कविता में दर्शन कहीं छुपा दिया जाता है, और वह है। किसी दार्शनिक के लिए बहुत ही महत्त्वपूर्ण भूमिका है उसकी, जिसका वह बहुत बड़ा भाष्य भी कर सकता है। इसकी बहुत बड़ी गुंजाइश है।

अमूर्त विचारों की बात से मैं इस बात को जोड़ कर इस प्रकार देखता हूँ कि वह अमूर्त विचार कहाँ झलक जाये कि उससे दार्शनिक भी

आलोड़ित हो जाये, उद्वेलित हो जाये, और वह उसकी दार्शनिक व्याख्या को आधार प्रदान करने लगे। कविता में ये बात होती है।

अरुण कमल : यह एक बहुत दिलचस्प बात है। इसमें दो-तीन बातें हैं। हाइडेगर के बारे में तो फिलहाल हम अभी थोड़ा-सा रुकते हैं। मलार्मे का बहुत ही प्रसिद्ध वाक्य है, जो उन्होंने अपने एक पेंटर मित्र को कहा था कि 'पोइट्री इज़ रिटन विथ वर्ड्स नॉट विथ आइडियाज़'। तो पहली बात तो यह है कि दर्शन तो होगा—ऐसा कोई कवि नहीं हुआ आज तक जिसमें दर्शन न हो। दर्शन का अर्थ क्या है ? जीवन को देखने की एक विधि और जीवन की व्याख्या। ये तो कविता करती ही है और कविता ये आरम्भ से ही करती है। अगर आप भारत में देखें और आप उन दार्शनिकों का नाम बतायें, जिन्होंने अपने दर्शन की व्याख्या के लिए कविता चुनी ?

सुधीर रंजन : देखिये, हम लोग बुद्ध से ही शुरू करें। हालाँकि मैं ग़लत चुनाव कर रहा हूँ।

अरुण कमल : बुद्ध में कवियों का उल्लेख मिलता है ? मार्क्स में तो मिलता है। मार्क्स का जो कॅपिटल है, उसमें कविताओं, कथाओं, उपन्यासों का सन्दर्भ मिलता है। बुद्ध तो दार्शनिक थे। बुद्ध का प्रभाव भी परवर्ती साहित्य पर पड़ा, कवि पर पड़ा। लेकिन ये बतायें कि स्वयं बुद्ध ने—जो भी उनके वचन मिलते हैं—उनमें क्या कभी उन्होंने किसी कवि को उद्धरित किया है ?

सुधीर रंजन : इस पर सोचा जाना चाहिए।

अरुण कमल : लेकिन आपका सवाल इतना दिलचस्प है कि यह बहुत सारी सरणियों में हम लोगों को ले आया है। लेकिन इससे ज़्यादा हम और आगे बढ़ें–सांख्य दर्शन। लोग बताते हैं कि 'महाभारत' पर सांख्य दर्शन का प्रभाव है। सांख्य दार्शनिक ने अथवा उसके दार्शनिकों ने क्या कविताओं को उद्धरित किया ? लोकायत दार्शनिक, क्या उन्होंने किया ? आप इस तरह से चलते चले आयें और भारत में दर्शन की जो परम्परा रही है–फिर आप शंकराचार्य तक आ जायें। वो स्वयं भी एक कवि थे। लेकिन उनमें देखना यह है कि उन्होंने किसी कवि को उद्धरित किया है कि नहीं ? शुद्ध कवि।

सुधीर रंजन : तो फिर समस्या आ गयी, फिर से शुद्ध कविता की बात। अब जैसे 'ऋग्वेद', जिसमें कविता है, दर्शन भी है, इतिहास भी है। एक दूसरी परम्परा का उल्लेख आप कर रहे हैं, जिसमें बौद्ध दर्शन की परम्परा या लोकायतों की परम्परा है, जहाँ पर कविता का उल्लेख नहीं है। लेकिन उल्लेख नहीं है तो निषेध भी नहीं है।

अरुण कमल : हम लोग इस पर आ रहे हैं कि एक दार्शनिक को कविता से क्या मिलता है। जैसे मार्क्स को मिला और बहुत मिला। अरस्तू ने गहराई से विचार किया। कविता के सवालों पर प्लेटो ने विचार किया।

सुधीर रंजन : प्लेटो ने विरोध किया कवियों का।

अरुण कमल : हाँ, विरोध भी किया। लेकिन प्लेटो होमर से बहुत प्रभावित थे। प्लेटो के दर्शन में उनका सम्मान भी मिलता है। उनका विरोध दूसरे कारणों से था। उसके कारण दूसरे थे। तो विरोध ही नहीं है। दार्शनिकों ने कवियों के साथ एक सम्बन्ध बनाये रखा हमेशा।

सुधीर रंजन : लेकिन बौद्ध दर्शन के साथ क्या हुआ फिर ? इस बात पर प्रकाश तो डालना चाहिए।

अरुण कमल : नहीं। जैसे अश्वघोष। अश्वघोष दार्शनिक भी थे और एक कवि भी थे। फिर 'थेरी गाथाएँ'। ये तो बौद्ध भिक्षुओं की ही गाथाएँ थीं। लेकिन दूसरा सवाल यह है कि ऐसा कोई भी दर्शन, जो आपको समाज से वीतराग करता है, जो जीवन मात्र से लालसा उत्पन्न करने का भाव उत्पन्न करता है।

सुधीर रंजन : वो काव्य-विरोधी होता है ?

अरुण कमल : मैं यह तो नहीं कहूँगा। लेकिन इतना जरूर कहूँगा कि काव्य अपने स्वभाव से जीवन के प्रति लालसा उत्पन्न करता है। जीवन के प्रति मोह उत्पन्न करता है।

सुधीर रंजन : मैं आपकी बात से बिलकुल सहमत हूँ । लेकिन जीवन में जो वैराग्य है। वैराग्य में सबसे बड़ी समस्या यह है कि दूसरे छोर से जीवन के प्रति उसमें घोर आसक्ति का मामला है ?

अरुण कमल : हाँ, वो है न! भर्तृहरि को देख लीजिए। 'थेरि गाथाओं' को जिन पर महादेवी वर्मा का बहुत सुन्दर निबन्ध है। ये जो बौद्ध लोग हैं, इन्होंने जीवन के प्रति इतनी लालसा भरी कविताएँ कैसे लिखीं ? जबकि इनका दर्शन इनको वीतराग होना सिखलाता है! बहुत ही महत्त्वपूर्ण निबन्ध है और उसमें वे इस पर विचार करती हैं। तो वो एक अलग पक्ष है कविताओं का और दर्शन का। लेकिन मुझे यह लगता है कि कविता आरम्भ से ही, जो भौतिकवादी दर्शन है, जो पदार्थ का दर्शन है, जो इहलौकिक दर्शन है, उसमें ज्यादा दोस्ती, अन्तरंगता अनुभव करती है, और उस दर्शन ने कविता को सहयोग दिया। कविता अपने बनने में, अपने होने में इस दर्शन से ज्यादा जुड़ी है। दूसरी बात, पता ये भी लगाया जाना चाहिए, और मैं इस बात के लिए सक्षम नहीं हूँ, सम्पूर्ण भारतीय दर्शन में और पाश्चात्य दर्शन में किन दार्शनिकों ने कवियों को

सबसे ज्यादा प्रभावित किया। जैसे मान लीजिए, अंग्रेज़ी में शेक्सपियर हैं। मुझे तो नहीं लगता कि वह किसी आइडियलिस्ट फ़िलॉसफ़र से प्रभावित हो सकते हैं। क्योंकि तब वो आदमी फिर वैसी कविता लिख ही नहीं सकता। जो मैटेरियलिस्ट फ़िलॉसफ़ी है, वो आपको बिलकुल जीवन में घुसा दे।

सुधीर रंजन : लेकिन ये तो कोई जरूरी नहीं है कि मैटफिजिकल फ़िलॉसफ़ी जीवन से अलग कर दे। अपनी वास्तविक चेतना में आवश्यक नहीं है कि वह जगत् से दूर हो।

अरुण कमल : हम यह भी मान लेते हैं। आप कबीर को लीजिए। और माना जाये तो, जिसको हम मोटा-मोटी कहते हैं आइडियलिस्ट फ़िलॉसफ़र वो हैं। लेकिन कविता के साथ दिक़्कत यह है कि उसको बार-बार जीवन में ही लौटना होता है। इसलिए कि भाषा, जीवन के अनुभव से उद्भूत है और इसलिए जब कबीर भी बिम्ब लेते हैं (सु.रं. : ऐन्द्रिक है।) जटिलतम हैं और ऐसे अनुभवों से लिये गये हैं—जिनको शब्दों में नहीं रखा जा सकता—जैसे कि ये आत्मा-परमात्मा के साथ मिलन का जो सम्बन्ध था। इसके लिए जो बिम्ब चुनते हैं, वो हमेशा शयनकक्ष के होते हैं, संभोग के होते हैं।

तो खैर! बात हम लोगों ने वहाँ से शुरू की थी कि दर्शन में जो वैचारिक अनुभव होते हैं चाहे वो—हृदय का अनुभव हो, यथार्थ का अनुभव हो, एक श्रेष्ठ कवि का एक अनुभव होता है। वास्तव में जो मनुष्य है, उस पर जो बीत रही है, कविता उसी को लेती है। जैसे लाख विचार महान हों, लेकिन उससे हमें क्या करना। हमारे जीवन पर उस विचार का जो प्रभाव पड़ रहा है, हमारे होने पर, वह महत्त्वपूर्ण है। जैसे मान लीजिए आपने हाइडेगर का नाम लिया। हाइडेगर के विचारों ने जिस राजनीति को समर्थन दिया। हिटलर का देखिये उन्होंने समर्थन दिया था। (सु.रं. : वह तो घोषित रूप से दिया था।) हाँ, घोषित रूप से। तो उस दर्शन ने, उस विचार ने क्या किया ? उस विचार ने जीवन को नष्ट किया, कविता तो उसका पक्ष नहीं ले सकती। कभी नहीं ले सकती।

सुधीर रंजन : हाइडेगर के ही समकालीन आपके अंग्रेज़ी कवि हैं—एज़रा पाउण्ड। उन्होंने फ़ासिज़्म को समर्थन दिया है।

अरुण कमल : एज़रा पाउण्ड का तो मामला दूसरा है। एज़रा पाउण्ड को तो असायलम में रखा गया, पागल घोषित किया गया। अमेरिकी सरकार ने जो उन पर अत्याचार किये, उसको भी तो देखना जरूरी है।

सुधीर रंजन : हाइडेगर का भी अपना व्यक्तिगत स्वार्थ था। विश्वविद्यालय की नौकरी में बड़े ओहदे का—व्यक्तिगत स्वार्थ था। आपकी

बात से तो मैं सहमत हूँ, लेकिन जो काम फ़ासिज़्म करता रहा है, कोई आवश्यक नहीं है कि वह काम वामपंथी लोग न करें ?

अरुण कमल : देखिये, सवाल वामपंथी और दक्षिणपंथी का नहीं है। न ही हम लोग उस सवाल पर लौटें। जो आपकी बात है, वह यही कि एक वैचारिक अनुभव कैसे कवि को प्रभावित करता है। कविता का वैचारिक अनुभव, हम लोग इस पर लौटें। मान लीजिए कि मार्क्सवाद के नाम पर हत्याएँ हुई (सु.रं. : मार्क्सवाद नहीं, साम्यवाद के नाम पर।) मार्क्सवाद के नाम पर नहीं हुईं, यह ठीक है। (सु.रं. : इसलिए दोनों को पृथक् करके...)। यह बात तो कहना ज़रूरी है कि जो मार्क्सवादी दर्शन है, जो भौतिकवादी दर्शन है—चाहे वो जिसका भी दर्शन हो, चाहे वो लोकायत का दर्शन हो, चाहे सांख्य दर्शन हो—वो उस दिशा में नहीं ले जाता। वह हमेशा मार-काट, हत्या की तरफ नहीं ले जाता। यह देखने की बात है। ये अधिकांश वो दर्शन ले जाते हैं, जो तथाकथित आध्यात्मिक दर्शन होते हैं और वो कविता के लिए ठीक नहीं होते।

ख़ुशी की बात यह है कि बहुत लम्बे समय के बाद कविता और दर्शन के सवाल पर हम बात कर रहे हैं, जो पिछले तीस-चालीस वर्षों से नहीं होती रही है। क्योंकि 'पार्टनर तुम्हारी पॉलिटिक्स क्या है?' इससे भी ज़्यादा ज़रूरी सवाल है 'पार्टनर तुम्हारी फ़िलासफ़ी क्या है, तुम्हारा दर्शन क्या है ?' वो दर्शन उसकी कविता में।

सुधीर रंजन : तुम्हारी फ़िलॉसफ़ी क्या है, तुम्हारा दर्शन क्या है; पर बात करते हुए बहुत ही कांक्रीट शेप में हम लौट आते हैं कि तुम्हारी विचारधारा क्या है ? पॉलिटिक्स के अर्थ में हम इसे रिड्यूस भी कर दें।

अरुण कमल : पॉलिटिक्स तो फिर भी एक बड़ी चीज़ है। (सु.रं. : हाँ, बड़ी चीज़ है।) पॉलिटिक्स एक बड़ी चीज़ है। जाहिर है कि वह सवाल है और वो सबसे ज़्यादा गहराई से नहीं–अभी-अभी के समय में, 2008 में—वो सवाल ग़ैरहाजिर नहीं होता। लेकिन कविता, जाहिर है कि हम लोगों ने शुरू किया कि वो तीन कालों में भ्रमण करती है। उसके लिए भाषा है। वह भी अभी-अभी की चीज़ नहीं है। उसका भी एक पुरातन और भावी रूप होगा, और ये सब हम लोगों ने बात की। ऐसे में अगर जब हम सिर्फ 'विचारधारा' कह दें तो छोटा पड़ेगा। (सु.रं. : हाँ, बहुत छोटा पड़ेगा)। और मैं बार-बार कहता रहा हूँ कि कविता के लिए महत्त्वपूर्ण दर्शन है, और उससे भी ज़्यादा महत्त्वपूर्ण है दृष्टि, जिसे हम विज़न कहते हैं। दर्शन आपका हो सकता है, लेकिन कवि एक दृष्टि के साथ चलता है।

सुधीर रंजन : दर्शन में दृष्टि। दर्शन के भीतर कवि की इण्डिविजुअलिटी

है इस अर्थ में।

अरुण कमल : बिल्कुल-बिल्कुल और दर्शन से बहुत कुछ छूट भी जाता है। देखिये, दर्शन के साथ एक दिक्कत है। वो देखने के बाद सब कुछ को एक पद्धति में बदलता है; बिना पद्धति बनाये वो दर्शन हो ही नहीं सकता। अगर ये केवल देखने की बात होती—चाहे तो सामान्य दृष्टि से अथवा ज्ञानचक्षु से–तब वो दर्शन नहीं हुआ, लेकिन कवि उसको पद्धति में नहीं बदलता। (सु.रं. : हम छन्द में रूपायित करते हैं)। फिर भी उसकी पद्धति नहीं होती। जैसे शेक्सपियर अभी देखते हैं और फिर वो दो मिनट के बाद देखते हैं, वो अलग हो सकता है। (सु.रं. : यह छन्द की भी एक पद्धति है)। यह छन्द एक पद्धति है, लेकिन वो दार्शनिक पद्धति नहीं है। वह ध्वनि की पद्धति है।

सुधीर रंजन : दर्शन में ये जो आपकी पद्धति है, तो कविता उसके समानान्तर ही...।

अरुण कमल : कविता पद्धति का निर्माण उस तरह नहीं करती। मतलब कल्पना नहीं कर सकते शेक्सपियर के बारे में कि उसका यही जीवन दर्शन है। इतना हम कह सकते हैं कि एक दृष्टि यह है।

सुधीर रंजन : हाँ, ठीक कह रहे हैं। अब तो कविता का दर्शन से इतना सम्बन्ध हमने जोड़ लिया है। लोग सौन्दर्यशास्त्र से सम्बन्ध साधते हैं। ख़ासतौर पर सौन्दर्यशास्त्र का मतलब यह होता है कि जब कविता पर दृष्टिपात हो।

अरुण कमल : नहीं। थोड़ा-सा फ़र्क है। ख़ैर। आगे चलिये।

सुधीर रंजन : थोड़ा-सा फ़र्क है। लेकिन कविता का जो आलोचनाशास्त्र है। कविता कैसे आलोचना पर निर्भर करती है ? कविता जो है–यानी कविता के बारे में हम अभी सोचें, जैसे हमारे आलोचक सोचते हैं, तो एक काव्यबोध के विकास की दृष्टि से क्या सामने आता है ? फिर काव्यात्मकता का जो कॉन्सेप्ट है या मतलब, इस दृष्टि से जो टेस्ट है। बहुत सारे स्वाद हम उसमें लेते हैं। साहित्य का जो टेस्ट है, उसके विकास में कवि बहुत काम करता है, अपनी कविता का कैसे प्ले करता है। यह बहुत ही ज़रूरी–खाने–पीने की चीज़ों से बढ़ कर ज़्यादा ज़रूरी है जीवन का स्वाद। बहुत सारे स्वादों से कमतर नहीं है। लेकिन जब आलोचक एक लिटरेरी पुलिस का काम करने लगता है, और स्वाद को बिगाड़ने लगता है,

उस लिटरेरी पुलिस के बारे में आपका क्या कहना है ?

अरुण कमल : नहीं। हम ऐसा नहीं सोचते हैं कि आलोचक लिटरेरी पुलिस का काम करने लगता है। एक तो यह काम वह नहीं करता है और यदि वह यह काम करना भी चाहता है तो उससे यह काम हो नहीं पाता, क्योंकि कविता का मामला कानून और व्यवस्था का मामला नहीं है। इसलिए यहाँ पर किसी सिपाही की ज़रूरत नहीं है। कविता का मामला मूल्य निर्धारण का मामला तो होता है। मूल्य निर्धारण में एक आलोचक को अधिकार है कि किसे मूल्यवान माने, किसे न माने और हमें भी अधिकार है कि हम उसकी बातें मानें या नहीं मानें। आचार्य रामचन्द्र शुक्ल ने तुलसीदास के बारे में जो कहा, वो तो लोगों ने मान लिया, लेकिन जो कबीर के बारे में कहा, उसे नहीं माना।

सुधीर रंजन : आलोचक के लिए जजमेंट तक को हम कन्सीडर कर सकते हैं। देखिये, ऐसा नहीं है, लिटरेरी पुलिस का काम तो बड़े आलोचकों ने किया है। यहाँ तक कि रामचन्द्र शुक्ल और रामविलास शर्मा ने किया है।

अरुण कमल : आप देखिये, भाई! आप जिसको लिटरेरी पुलिस कह रहे हैं—भाई! जो चोर, पॉकिटमार हो, उनको भले ही उससे डर लगे, लेकिन कवियों को क्यों डर लगेगा ? कभी किसी को डर नहीं लगता। मैंने देखा है। मैंने स्वयं देखा है कि मंच पर रामविलास जी बोल रहे हैं और उन्होंने जिन कवियों का नाम लिया, त्रिलोचन बैठे हैं, और त्रिलोचन का नाम नहीं लिया। कुछ नहीं हुआ।

सुधीर रंजन : ये केदारनाथ अग्रवाल वाले कार्यक्रम में ?

अरुण कमल : हाँ। तो क्या हुआ ? नागार्जुन पर बहुत सारे आक्रमण हुए। तो क्या हुआ ? यहाँ कोई सिपाही-पुलिस नहीं होता। कोई कानून और व्यवस्था यहाँ नहीं होती। यहाँ कोई न्यायाधीश नहीं होता।

सुधीर रंजन : नहीं, हम तो कवि होने की हैसियत से कह रहे हैं। हम आलोचक को न्यायाधीश का भी दर्जा नहीं देना चाहते हैं।

अरुण कमल : नहीं। दर्जा देने का सवाल नहीं है। कई बार सम्भव है कि उसके निर्णय ऐसे हों कि आप सहमत न हों। बहुत मशहूर है टी.एस.इलियट का डॉ. जॉनसन के बारे में 'इट इज डेन्ज़रस टु डिस्एग्री विथ हिम' (उनसे असहमत होना ख़तरनाक है)। तो ऐसा भी हो सकता है कि कोई आलोचक ऐसा हो, जिससे आप सहमत नहीं हों।

सुधीर रंजन : जैसा आपने कहा कि उससे असहमत होना कठिन काम है।

अरुण कमल : इट इज डेन्जरस टु डिसएग्री विथ, तो ऐसा भी आलोचक हो सकता है कि कई बार आप मुश्किल में पड़ जायें। क्यों, हमको क्या दिक्कत है ? कोई ऐसा आदमी हो जो सही निर्णय दे रहा है या जो सही समझ रहा है, जो नैतिक समझ रहा है, जो कवि को अथवा कवियों को सही-सही समझ रहा है तो हमें क्या दिक्कत है ? रामविलास शर्मा ने निराला को जैसा समझा तो उससे क्या दिक्कत है ? लेकिन हम उनसे लड़ेंगे, मतभेद तो रखेंगे ही। कोई भी हो, उससे मतभेद तो रहेगा ही।

सुधीर रंजन : बहुत सारी बातें हैं। मुझे लगता है कि हर समय की कविता का अपना विषय होता है। जैसे आप ही के समय की कविता का विषय 'पेड़' है, 'कारीगर' है, स्त्री पात्र हैं। जैसा कि आज की कविता में है। राजेश जोशी का जैसे 'आठवाँ दशक' है और उसमें जो है। ये सारी चीज़ें हैं। आज की कविता का विषय किसी रूप में आपको दिखाई पड़ रहा है ?

अरुण कमल : देखिये, सुधीर जी! इसमें दो-तीन बातें हैं। पहले भी मैं कई बार लिख चुका हूँ कि जो श्रेष्ठ कवि होते हैं, वो विषयों पर कविता नहीं लिखते, वो कविता लिखते हैं।

सुधीर रंजन : लेकिन एक समय का विषय तो आ जाता है ?

अरुण कमल : बहुत-सी बातें होती हैं। जाहिर है कि उनका जो समय है, उस समय में जो मनुष्य है और मनुष्य पर जो गुज़र रही है, वही तो वो लिखेगा, उसी के बारे में तो लिखेगा। उसके लिए वो जो बिम्ब चुनते हैं, जो प्रतीक वो बनाते हैं, जो लय वो बनाते हैं, जिस छन्द को वो चुनते हैं—उसको देख कर ऐसा लग सकता है कि ये उस काल के बिम्ब, छन्द अथवा लय हैं; और इस तरह से आपको लग सकता है कि यह विषय भी है। लेकिन वास्तव में जो श्रेष्ठ कवि हैं, उनके साथ ऐसा होता नहीं है। जैसे छायावाद के कुछ कवि हैं, उनके कुछ बिम्ब आपको मिल जायेंगे। कुछ ऐसे ही आपको नयी कविता के समय के बिम्ब मिल जायेंगे या शब्द भी मिल जायेंगे। ऐसे ही आठवें-नवें दशक में भी मिल जायेंगे। लेकिन हर बार नये तरीके से एक श्रेष्ठ कवि को अपने समय को समझना होता है, और उस समय मनुष्य पर जो बीत रहा है, उसको समझना पड़ता है, और यह बहुत कुछ उसके इनटयूशन पर, उसकी जो अपनी वृत्ति है न, उस पर निर्भर है कि वो कैसे उसको पकड़ेगा। और यह काम न केवल विचार से होगा, न केवल दर्शन से होगा और न ज्ञान से ही होगा। यह बहुत कुछ

उसके अपने अनुभव से होगा, जिन लोगों से वह मिलता है, जो जीवन वह देख रहा है और जो उसकी अपनी इनटयूशन-अन्तःप्रेरणा है, इससे बहुत कुछ होता है। (सु.रं. : उसमें भी कुछ तो विषय होगा ?) मैं समझता हूँ कि ऐसे नहीं होगा। विषय की बात नहीं है। बात यह है कि अभी जो मनुष्य है, आप उसके दुःख को समझें। वो क्या कर रहा है। जैसे आज का औसत मनुष्य—तो सवाल यह है कि आज औसत मनुष्य तो कोई है नहीं। एक गाँव का जो मजदूर है या किसान है, वो अलग है; एक सॉफ़्टवेयर इंजीनियर अलग है; एक कॉरपोरेट सेक्टर में काम करने वाली लड़की अलग है। तो इतने तरह के जीवन हैं।

सुधीर रंजन : और सिर्फ मनुष्य ही क्यों ?

महेन्द्र प्रसाद सिन्हा (जो पूरी बातचीत में उपस्थित रहे) : इसमें मैं राजेश जोशी की बात से, जिसमें वो चर्चा करते हैं। जैसे वे कह रहे हैं कि नक्सलवाड़ी (या नक्सलवादी) आन्दोलन ने कैसे प्रभावित किया। अपने साक्षात्कार में वो कहते हैं कि अरुण कमल जी जब अपनी कविताओं को ले कर आते हैं तो पूरी एक कथा में वह आती है। (अ.क. : अब राजेश जोशी कह रहे हैं। हमारे मित्र हैं।) कहने का मतलब यह है कि विषय इतने पावरफुल हैं कि वो आ ही जाते हैं, जाने-अनजाने आ ही जाते हैं, जैसे 'ख़बर' कविता आपकी।

सुधीर रंजन : अपने समय के अनुसार आ ही जाते हैं।

अरुण कमल : आप ये देखिये। ये विषय नहीं है। ये जो कह रहे हैं, वो ग़लत समझ रहे हैं। वास्तव में उस कविता का विषय यह है, जिसे हम 'फ्रीडम ऑफ़ दि प्रेस' कहते हैं, वो कितना झूठा है। उसमें सब मामूली ख़बरें हैं। कुतिया के बच्चों का पैदा होना, विश्व सुन्दरी का वज़न। लेकिन एक जो सबसे महत्त्वपूर्ण ख़बर है दो विद्रोहियों को फाँसी की सजा देना, यह उसमें नहीं है। यह विषय एक अलग है। लेकिन अगर हम बिलकुल जैसे कि एक क्लास में बैठे हुए हों और शिक्षक जैसे बात करते हैं, वैसे बात करें तो कहेंगे कि यह विषय नहीं है।

महेन्द्र प्रसाद सिन्हा : मैं समझता हूँ कि वह ख़बर नहीं, एक दृष्टि है। सवाल उठते हैं। जैसे कि अख़बार उठाते हैं। अलग-अलग देखते हैं आप। विश्व सुन्दरी चुने जाने की बड़ी ख़बर हो सकती है। लेकिन वहाँ जो आपकी दृष्टि है, वह जाती है।

अरुण कमल : हाँ। बिलकुल सही कह रहे हैं आप, उस तरफ जाती है। अब आप यह सवाल करेंगे कि वहीं पर ही क्यों गयी ? तो भाई! नक्सलवाड़ी आन्दोलन दुनिया में ऊपर का अनुभव थोड़े है कि भगवान ने ऊपर से गिरा दिया। यह तो

मार्क्सवाद से प्रेरित और मार्क्सवाद से पहले जो विचार थे, समाज में बराबरी के विचार, उससे है। यह तो प्राचीन काल से चला आ रहा है। अगर भारत से आप लें तो 'मृच्छकटिकम्' में जो विद्रोह होता है, वह सब क्या है ? वे सब लोग इकट्ठे होते हैं और सत्ता के ख़िलाफ़ विद्रोह करते हैं। तो ये जो विद्रोह की महान परम्पराएँ हैं, उसमें नक्सलवाद भी एक कड़ी है। इससे पहले तेलंगाना हुआ और कम्युनिस्ट पार्टी भूमिगत रही। तो क्या यह सब खारिज़ हो गया ? माने कि यहाँ से नया हुआ—जैसे कि ईसा मसीह से अन्य कैलेण्डर शुरू हुआ, वैसा माना जायेगा या हिजरी सन् माना जाये, या विक्रम संवत् या शक संवत्—ऐसी बात नहीं है। ये तो उसी कड़ी की एक घटना है। जाहिर है कि उसको असफल होना था, असफल हुआ। लेकिन असफल होते हुए भी उसने एक सफलता यह पाई कि लोगों की चेतना को झकझोरा, और तब जो हमारा समाज है, वैसा ही नहीं रह जाता जैसा उससे पहले। लेकिन यह काम वो सारी शक्तियाँ पहले भी कर रही थीं और अभी भी कर रही हैं।

सुधीर रंजन : देखिये, मैं अरुण कमल से बिलकुल सहमत हूँ। असफलता के भीतर दूसरी सफलताएँ होती हैं। 1857 असफल हो गया था। 1857 के बाद भारतीय समाज में बहुत सारे परिवर्तन हुए। मेरा विषय अभी दूसरा है। 1857 के बहुत से मूल्यांकन आये, अभी आ रहे हैं। यह काम कविता के ज़रिये भी हुआ। इधर एक अजीबोगरीब कविता देखने को मिली असद जैदी की लिखी हुई। 1857 के बहाने हिन्दी की परम्परा की आलोचना हुई है। आलोचना क्या, विरोध का ही स्वर है।

अरुण कमल : देखिये, 1857 से पहले भी बहुत सारे आन्दोलन हुए हैं, जिसमें आदिवासियों का विद्रोह भी शामिल था। हमारे यहाँ स्वतन्त्रता का आन्दोलन, बंगाल का विद्रोह हुआ, संथालों का विद्रोह हुआ। हम लोग लगातार लड़ते रहे थे अंग्रेज़ों से। 1857 के स्वाधीनता संग्राम के बाद भी हम अंग्रेज़ों को नहीं हटा पाये, इसीलिए तो हम विफल कहलाते हैं। मगर विफल ऐसे नहीं हुए। उसने जो जागृति पैदा की—अगर वो नहीं होता तो महात्मा गाँधी नहीं होते, तिलक और गोखले नहीं होते, भगतसिंह नहीं होते—कोई नहीं होते। वो जो विरासत है—ग़दर पार्टी भी नहीं होती, गदर पार्टी नहीं होती तो भगतसिंह भी नहीं होते। इसलिए ये शृंखला हुई।

अब जहाँ तक हिन्दी कविता का सवाल है तो हिन्दी कविता की शृंखला यही तो है। हम इससे बाहर नहीं हैं। और ये हमारे सारे आन्दोलन हुए, उनमें जाति-धर्म का सवाल नहीं है। हम तो यही समझते हैं। अभी भी जो हम लोग कर रहे हैं, भारत में डेढ़ सौ साल के बाद भी, यह उसी की तो कड़ी है। स्वाधीनता आन्दोलन की बात है

तो देश तो आज़ाद हो गया 1947 में, तो कायदे से सारे आन्दोलन समाप्त हो जाने चाहिए थे। अगर 1857 का यही अर्थ होता तो, लेकिन ऐसा नहीं है।

सुधीर रंजन : नहीं। 1857 की बात मैं नहीं कर रहा। 1857 के बहाने जिस कविता की मैं बात कर रहा था, असद ज़ैदी की कविता की, कि कैसे हिन्दी कविता की परम्परा का, हिन्दी के साहित्य का तिरस्कार है—ये ऐसी बात क्यों कर रहे हैं, यह मैं कह रहा था।

अरुण कमल : देखिये, वो कविता मेरे दिमाग़ में नहीं है। हम लोग उस पर अलग से बात करेंगे। एक बार हमको और अवसर दीजिए—सिर्फ़ एक दिन का समय कि हम उसको फिर से पढ़ लें, तब हम बात करेंगे। मैं सचमुच में कह रहा हूँ। मैंने इस तरह से उसको देखा नहीं। मुझे वह कविता अच्छी नहीं लगी। इसलिए मैंने उसके बारे में सोचा नहीं। देखिये, बहुत सीधी-सी बात है, जो कविता मुझको अच्छी नहीं लगेगी, उसका अर्थ है—हम नहीं सोचेंगे। जब कविता बहुत अच्छी लगेगी, तब हम उसमें सोचेंगे कि उसमें क्या बात है।

सुधीर रंजन : यही बेहतर है।

जातीय परम्परा लेखक का डी.एन.ए कोड होता है

(अरुण कमल से कला राय की बातचीत)

आपकी रचना 'नये इलाके में' के लिए आपको साहित्य अकादेमी पुरस्कार मिला था। एक लेखक के रूप में आप इसकी सफलता को किस रूप में लेते हैं?

एक लेखक की कोई बाहरी सफलता नहीं होती, जैसे पुरस्कार, सम्मान या प्रचार-प्रसार। वास्तविक लेखक हमेशा अनिश्चय में रहता है, पता नहीं कल क्या हो, हमेशा शंकित और इसलिए लगातार काम में लगा हुआ। कथित ख्याति रास्ते की फिसलन को बढ़ा देती है।

आपके लेखन का केन्द्र क्या रहा है ?

मेरे लेखन का कोई केन्द्र है भी, मुझे नहीं मालूम। मेरी कोशिश केन्द्र और परिधि के अन्तर को समाप्त करने की रही है।

जातीय परम्परा से आपका सघन सरोकार दिखता है, इसके क्या कारण हैं, इसे क्यों महत्त्वपूर्ण मानते हैं ?

जातीय परम्परा को अलग से महत्त्वूपर्ण मानने का सवाल नहीं है। वह तो हमारे रक्त, हमारी मज्जा में है। हर भाषा का लेखक अपनी भाषा की पूरी परम्परा को आत्मसात् करके क्रियाशील होता है। हर बार अपनी ही पैतृक सम्पत्ति को फिर से ढूँढ़ना-पाना-खोना पड़ता है। हमारी भाषा की परम्परा-उसका स्वभाव, उसके रचनाकार, उसे बोलने वालों का जीवन ही हमें एक खास तरह का चरित्र देती है, इसी कारण एक हिन्दी लेखक अपने ही देश के एक बांग्ला लेखक से भिन्न होता है। जातीय परम्परा हमारा डी.एन.ए कोड है।

साहित्य में आधुनिकता और कलावाद का एक प्रमुख स्वर है। आपकी कविताओं में इसको ले कर एक निषेध का रुख है, आप इसे ले कर क्या सोचते हैं ?

आधुनिक और आधुनिकतावाद में अन्तर है। फिर भी मेरा मानना है कि आधुनिकतावाद ने दुनिया की हर भाषा के प्रायः हर महत्त्वपूर्ण लेखक को किसी-न-किसी रूप में प्रभावित किया है। पुनर्जागरण काल और रोमांटिक आन्दोलन के बाद आधुनिकतावाद ही पिछली शताब्दियों का सर्वाधिक प्रभावशाली एवं प्रसारित आन्दोलन रहा है और आज भी उसकी सम्भावनाएँ एकदम समाप्त नहीं हो गयी हैं। जहाँ तक कलावाद की बात है, कला जी, तो कलावाद ने यानी जीवन-मूल्य-विहीनता ने, अब तक कोई अच्छा लेखन प्रस्तुत नहीं किया है। हिन्दी में शुद्ध कलावाद है भी नहीं।

आप मूलतः वामपंथी विचारधारा के कवि हैं। क्या कोई कवि किसी पंथ से ही जुड़ कर बड़ा हो सकता है ?

राजनीतिक मामलों में आप या व्यवस्था विरोधी होते हैं या व्यवस्था के पक्षधर। व्यवस्था विरोधी—यानी मनुष्य द्वारा मनुष्य के शोषण पर आधारित व्यवस्था के जो विरोधी हैं, वे वामपंथी कहे जाते हैं। लेकिन व्यवस्था विरोधी तो करोड़ों लोग हैं। एक लेखक के लिए अधिक महत्त्वपूर्ण है जीवन-दृष्टि, जो उसे लम्बे संघर्ष के बाद अर्जित करनी पड़ती है और जो केवल उसी की होती है, जिसे दूसरे भी बाद में स्वीकार करते हैं। टी.एस.इलियट अनुदारवादी यानी दक्षिणपंथी थे, जबकि ब्रेख्त और नेरूदा वामपंथी। लेकिन दोनों ही बड़े कवि हैं, आप उनके राजनीतिक पक्ष से सहमत हों या न हों। हर लेखक का एक राजनीतिक पक्ष होता ही है, चाहे दाँते हों या कबीर या तुलसीदास या ग़ालिब।

नये और युवा रचनाकारों में, गद्य-पद्य दोनों में, कौन-कौन से रचनाकार आपकी नज़र में महत्त्वपूर्ण स्थान रखते हैं ?

नयी रचनाशीलता में कई लेखक महत्त्वपूर्ण हैं। कहानी मैं कम पढ़ता हूँ। कविता में तो एक पूरी नयी पीढ़ी सामने है, जिसने नये मुहावरे भी रचे हैं। आशुतोष दुबे, अनिमेष, संजय, सुन्दरचन्द ठाकुर, अनिल कुमार सिंह, निर्मला गर्ग, सविता सिंह, पवन करण आदि अनेक कवि हैं।

साहित्येतर अनुशासन का लगभग सारा-का-सारा चिन्तन हिन्दी में उपलब्ध नहीं है। हिन्दी साहित्य विश्वस्तरीय होने का दावा कर सकता है, परन्तु समग्र रूप से हिन्दी समाज आज भी पिछड़ा है। ऐसी स्थिति क्यों हो गयी है ?

अंग्रेज़ी भी पहले केवल रचना की भाषा थी। सत्रहवीं-अठारहवीं शताब्दी से उसमें चिन्तन शुरू हुआ। यह बात हर भाषा के लिए कमोबेश सच है। हिन्दी भी अब चिन्तन की भाषा बन रही है। हिन्दी भाषी समाज और सरकार की भूमिका यहाँ

महत्त्वपूर्ण होगी। बिना इनकी इच्छा और संकल्प के यह सम्भव नहीं।

भारत में हिन्दी और हिन्दी साहित्य की स्थिति इतना महत्त्वपूर्ण होते हुए लोगों को यहाँ अपनी आजीविका चलाने के लिए नौकरी इस बात पर मिलती है कि उसे कितनी अंग्रेज़ी आती है ? यह विडम्बना क्यों ?

जो स्थिति हिन्दी की है, वही हिन्दी साहित्य की। आज अंग्रेज़ी में लिखने वालों का ज़्यादा ज़ोर है। विडम्बना यह है कि अगर अफ्रीकी देशों में अंग्रेज़ी रचना की भाषा है तो बात समझ में आती है क्योंकि वहाँ देशी भाषाओं का विकास न के बराबर हुआ था। वैसे वहाँ भी अब चेतना बढ़ रही है और 'ङ्गुगी' जैसे विख्यात लेखक अंग्रेज़ी छोड़ कर अपनी भाषा किकियू में लिखने लगे हैं। लेकिन अपने भारत में तो सभी भाषाएं, संस्कृत साहित्य की महान परम्पराएँ हैं और यहाँ का भारतीय लेखन अत्यन्त उच्च कोटि का है; फिर भी अंग्रेज़ी के प्रति मोह और उसका सुनियोजित प्रचार-प्रसार हमारी व्यवस्था और उच्च वर्ग की हीनताग्रन्थि को प्रकट करता है। जब तक रोजगार के लिए अंग्रेज़ी ज़रूरी है तब तक केवल हल्ला करने से कुछ नहीं होगा।

हिन्दी पत्रकारिता में काफी बदलाव आ रहा है, इण्टरनेट पर पत्रकारिता धीरे-धीरे बढ़ रही है। इस बदलाव के परिप्रेक्ष्य में हिन्दी पत्रकारिता का भविष्य क्या होगा ?

इण्टरनेट अभी मुट्ठी भर लोगों को भी सुलभ नहीं है। जैसे-जैसे इसका प्रसार होगा, साहित्य को ज़्यादा जगह मिलेगी। लिटरेट वर्ल्ड और वेब दुनिया शुभ-आरम्भ है। ज़रूरत है इन्हें अधिक रचना उन्मुख, गम्भीर और हस्तक्षेप करने योग्य बनाने की, तब हिन्दी को एक विश्वव्यापी आयाम भी मिलेगा।

साहित्य के पोषण एवं संवर्द्धन में विश्वविद्यालय की भूमिका को ले कर पाठक और लेखक सन्देह व्यक्त करते हैं। प्राध्यापकीय आलोचना को ले कर असहमतियाँ हैं। इस पर आपकी क्या प्रतिक्रिया है ?

साहित्य के पोषण एवं संवर्द्धन में विश्वविद्यालय की अत्यन्त ज़रूरी एवं महत्त्वपूर्ण भूमिका है। समकालीनता से आक्रान्त साहित्य-संसार को निरन्तर उसकी परम्परा का अभिज्ञान कराते रहने एवं गत युगों के श्रेष्ठ साहित्य के संरक्षण में तथा नयी पीढ़ी की पुरातन मानों, मूल्यों, परिपाटियों से अन्तरंगता कायम करने में विश्वविद्यालय की भूमिका अपरिहार्य है। अगर हिन्दी विभाग न हों तो घनानन्द और मलूकदास की कौन कहे, स्वयं तुलसी-मीरा-जायसी भी वार्तालाप से बाहर हो जाएँ। जहाँ तक प्राध्यापकीय आलोचना का प्रश्न है तो उसका सम्बन्ध आलोचना की रीति-प्रकृति से है, प्राध्यापक पद से नहीं। हिन्दी के सभी बड़े आलोचक रामचन्द्र शुक्ल, रामविलास

शर्मा, हजारी प्रसाद द्विवेदी, नन्द दुलारे वाजपेयी, नामवर सिंह, यहाँ तक कि मुक्तिबोध भी प्राध्यापक थे जबकि अनेक प्राध्यापकीय यानी 'उठो-बैठो' वाली आलोचना के कर्ता विश्वविद्यालय से बाहर हैं।

आपकी कविताओं में घरेलू औरतें ही हैं और बाहर की औरतों के इक्का-दुक्का जिक्र के तौर पर 'दरजिन' जैसी एकाध कविताएँ हैं। लेकिन औरतों का वह सघन–सजीव रूप नहीं, पर इस सदी तक आकर भी शोषित या कहें प्रताड़ित है। फिर मार्क्सवादी तो इसकी हिमायत करते हैं।

यदि मेरी कविता में औरतों का सघन–सजीव चित्रण नहीं है तो यह मेरी कमी है। जो नहीं है वह मेरी कमी और कमजोरी है।

सदी की दिशा-प्रवर्तक रचनाएँ आपकी दृष्टि में कौन-सी हैं, कथा-कविता में ?

सदी की दिशा–प्रवर्तक रचनाएँ गिनाने में बहुत सोचना और लिखना पड़ेगा। फिर भी कविता में निराला, प्रसाद, मुक्तिबोध, नागार्जुन, त्रिलोचन, शमशेर, अज्ञेय सर्वाधिक महत्त्वपूर्ण हैं। कथा साहित्य में निश्चय ही प्रेमचन्द, जैनेन्द्र, यशपाल, अमृतलाल नागर, रेणु, भीष्म साहनी, निर्मल वर्मा, हरिशंकर परसाई और श्रीलाल शुक्ल।

कविता के अलावे आपने कविता की समीक्षा, अनुवाद और टिप्पणि लिखी हैं। आगे आपकी क्या योजनाएँ हैं ?

आगे की कोई योजना नहीं है। यहाँ कोई बना–बनाया रास्ता नहीं होता। चलते रहने से ही रास्ता बनता है। जब प्यास लगी तो कुआँ खोद लिया।

बिहार के नवोदित लेखकों-रचनाकारों के बारे में क्या कहना चाहेंगे ?

बिहार के नये लेखक बहुत सम्भावनाशील हैं। यदि जात–पाँत से ऊपर उठाकर अपने को विचार–सम्पन्न कर सकें, तो आगे जायेंगे। साथ ही लक्ष्य का ऊँचा होना भी ज़रूरी है।

आप अपने पुरस्कार-सम्मान से सन्तुष्ट हैं ?

मुझे ज़रूरत से ज़्यादा मिला। मुक्तिबोध के शब्दों में 'दिया बहुत कम लिया बहुत ज़्यादा।' वैसे मुझे सन्तोष है कि अब तक मुझे न तो कोई सरकारी पुरस्कार मिला, न अपने प्रान्त का। चाहता हूँ मेरी यह योग्यता अथवा अयोग्यता बनी रहे। आमीन!

विवेकवान जानता है ख़ज़ाना कहाँ है

(अरुण कमल से राजेन्द्र शर्मा की बातचीत)

उर्दू से आपका परिचय ?

मैंने उर्दू साहित्य थोड़ा-बहुत पढ़ा है। ग़ालिब मेरे बहुत प्रिय कवि हैं। और बहुत छोटी उमर से मैंने ग़ालिब पढ़ना शुरू किया। ग़ालिब का दीवान, ग़ालिब के ख़तूत, दस्तंबू जो किताब उनकी 1857 के दिनों की जो डायरी है एक तरीके की...दस्तंबू मैंने अब्दुल बिस्मिल्लाह से मँगवाया है। हमको मालूम हुआ कि यह किताब निकली है और अब्दुल बिस्मिल्लाह ने उस पर भूमिका लिखी है। असल में जो मेरी पढ़ाई हुई, मैंने पढ़ना शुरू किया तो सबसे पहले मैं एक मक़तब में बिठाया गया। उस्ताद पढ़ाते थे। उसके बाद शेरघाटी गया तो वहाँ उस्तानी थीं, उनके यहाँ मैं अक्सर जाया करता था। इस तरह से जो उर्दू-तहज़ीब है उससे मेरा थोड़ा वास्ता हुआ। और बाबूजी को भी शेर-शायरी का शौक था। और जो उनके दोस्त थे कई, इदरीस साहब थे। वाजिद अली साहब जो उर्दू के मशहूर शायर थे वह भी उनके करीबी लोगों में थे। उनका आना-जाना होता था घर में। तो एक जो माहौल था हमारे यहाँ उसमें उर्दू शामिल थी। एक हिसाब से। फिर जब मैंने होश सँभाले, जब पढ़ना शुरू किया तो मुझको कृश्नचन्दर, राजेन्द्र सिंह बेदी ये लोग बहुत अच्छे लगते थे। उसी जमाने में नज़ीर अकबराबादी को मैंने पढ़ा। और पढ़ा क्या, यह पता भी नहीं था कि नज़ीर अकबराबादी उर्दू के कवि हैं। और मैं जो बाकी पढ़ रहा हूँ वह हिन्दी की कविताएँ हैं। ऐसा कोई भेद पता नहीं चलता था। "हमने भी गुड़ मँगा के बँधवाए तिल के लड्डू" यह मैं ख़ूब ऐसे ही बस गाता था। या 'रीछ का बच्चा' जो कविता है और इसकी अलग-अलग ढंग से मैंने अपनी धुनें भी तैयार कर लीं। लेकिन असर जो मुझ पर अक्सर शुरू हुआ और उर्दू शायरी की ताकत का जो पहला अनुभव हुआ वह ग़ालिब को पढ़ के हुआ। ग़ालिब के दीवान का एक छोटा-सा हिस्सा उसका एक सलेक्शन जो अर्श मलसियानी ने किया है वह मैंने पहली बार पढ़ा और मेरे सामने

बिलकुल एक दूसरी दुनिया आयी। मुझे अभी भी लगता है कि ग़ालिब जैसा शायर शायद पूरी दुनिया में नहीं है। क्योंकि जो आवेग है, इण्टेलेक्ट है, बुद्धि है, अपने पर हँस सकने की ताकत है और बहुत गहराई तक उतरने का जो जोखिम है, ...जो ग़ालिब की शायरी...और ऐसा लगता है ग़ालिब ज़िन्दगी के हर एहसास को हर मौके को अपनी शायरी में अमर बनाते हैं। इसलिए ग़ालिब के एहसासात अक्सर याद आते हैं। फिर मीर की तरफ मैं मुड़ा और मीर की सादगी में जो खम है उसको मैंने पहचाना। ज़िक्रे मीर मेरी प्रिय किताबों में शामिल है वो भी किताब मैंने पढ़ी फिर जब मैं बी.ए. का स्टूडेण्ट था तो उस समय फ़िराक़ साहब को ज्ञानपीठ एवार्ड मिला और गुले नग़मा किताब आयी 'हम जहाँ भी बैठे आग लगा के उठे, गर्मियाँ बाकी हैं अब भी सोख़ता सामानों में।' ये सब हम लोग गुनगुनाया करते थे। फिर उसी ज़माने में फ़ैज़ से हमारा वास्ता हुआ। फ़ैज़ पर तो हमने लिखा भी है और फ़ैज़ से जो हमारा वास्ता हुआ वह 'शीशों का मसीहा' किताब से। फिर तो मैं उनका दीवाना हो गया। और जो उनकी आख़िरी किताब उनकी ज़िन्दगी में निकली 'मेरे दिल मेरे मुसाफिर' उसकी हिन्दी में पहली समीक्षा मैंने लिखी। तो फ़ैज़ मेरे बहुत प्रिय कवि रहे, अभी भी हैं। और इसके अलावा पटना, जहाँ मैं पढ़ने आया कॉलेज में, वहाँ हर साल बहुत बड़ा मुशायरा हुआ करता था। अभी भी पटना, अजीमाबाद जिसको कहते हैं, वह उर्दू की एक ख़ास जगह है। और ग़ालिब जिनको अपना उस्ताद मानते थे, बेदिल, वे भी अजीमाबाद के थे। जो फारसी के उस्ताद थे। उनसे मैंने बेदिल को पढ़ा थोड़ा-बहुत। मतलब सुना उनके बारे में। तो इस तरह पुरानी रिवायत की तरफ जो अजीमाबाद की तहज़ीब में शामिल थी उस समय वास्ता हुआ। और उर्दू के जो लेखक थे, अदीब थे, शायर थे तो पी.डब्ल्यू.ए. में होने की वजह से उनसे हमेशा मुलाकात होती थी। एक सुहैल अजीमाबादी थे। तो ये उर्दू तहरीक और हिन्दी तहरीक में मुझको कभी कोई हाइफन जैसा फ़र्क़ नहीं लगा। कभी हाइफन जोड़ने की ज़रूरत महसूस नहीं की। और शाम को जब हमारे अड्डे हुआ करते थे रहमानियाँ में जहाँ उर्दू-हिन्दी के अदीब...और एक कब्रिस्तान था उसको हम लोगों ने आबाद कर रखा था। वह कब्रिस्तान ईसाइयों का था। और वहीं हमारा शाम का अड्डा होता था और चाय पीते थे। तो ये शामिल था तहरीक में।

अभी आपने उर्दू तहज़ीब और रिवायत से आपकी बावस्तगी के बारे में बताया। असल में मैं यह जानना चाहता हूँ कि वे बावस्तगी समकालीन उर्दू लेखन तक भी आती है क्या ? और अगर आती है तो समकालीन उर्दू लेखन में जो शायर हैं, अफसानानिगार हैं, शायरी और नज़्म दोनों पर समकालीन...

...ऐसा है कि अफ़साने तो मैंने कुछ पढ़े हैं उर्दू के। जैसे इंतिज़ार हुसैन जो पाकिस्तान के हैं वो मेरे बहुत प्रिय लेखक हैं नस्र में लेकिन वैसे अभी की जो उर्दू शायरी है, उसमें मेरा कोई गहरा वास्ता नहीं है। अब निदा फाज़ली साहब हैं, शहरयार हैं, इन लोगों को पढ़ा है थोड़ा। लेकिन बिल्कुल जो इधर के शायर हैं उनके बारे में मैं नहीं जानता हूँ ज़्यादा। क्योंकि उनकी चीज़ें हिन्दी में खोजो तो तुरन्त नहीं मिलती हैं। अब दोस्त जो कुछ सुनाते हैं तो उससे कुछ पता नहीं चलता है। जिसे मुकम्मल पढ़ाई कहते हैं, मैं अभी के जो शायर हैं उसके बारे में ज़्यादा नहीं जानता।

...अच्छा यह बताएँ आप कि जैसा आपने कहा अभी कि आपको उर्दू की शायरी और हिन्दी की कविता में कोई फ़र्क़ नहीं लगता लेकिन क्या कभी कोई ऐसा वक्त आया जिसमें इन दोनों में आपने फ़र्क़ करना शुरू किया हो ?

...नहीं फ़र्क़ करना मैंने शुरू किया वह तो मैं नहीं कहूँगा लेकिन मुझको यह ज़रूर लगता है कि दोनों के मिज़ाज में थोड़ा फ़र्क़ है। और मिज़ाज में जो फ़र्क़ है वह सिर्फ़ कहने की शैली का फ़र्क़ नहीं है। वह एक फ़र्क़ है जैसे कि उर्दू शायरी और हिन्दी शायरी मतलब अगर इसको लें, हिन्दी कविता, तो जो उर्दू खड़ी बोली है उसका अपनी लोकभाषाओं सें वैसा सीधा रिश्ता नहीं है जो हिन्दी का अपनी लोकभाषाओं से है। तो अपनी लोकभाषाओं से सीधा रिश्ता होने के चलते, हिन्दी का जो कैचमेण्ट एरिया है जो जलग्रहण क्षेत्र है वह काफ़ी बड़ा है, और हिन्दी का मिज़ाज इससे प्रभावित होता है। दूसरी बात कि हिन्दी का संस्कृत से सम्बन्ध जुड़ता है, एक बहुत बड़ी परम्परा उसकी संस्कृत से मिलती है, प्राकृत से मिलती है। मेरी समझ से उर्दू जो हिन्दुस्तान की ज़बान है इसको भी उस तहरीक़ से अपने को किसी-न-किसी तरह से जोड़ना चाहिए था। अब उर्दू के जो बहुत सारे मिथ आते हैं फ़िराक़ साहब की जो किताब है 'उर्दू भाषा और साहित्य' है उसमें, आखिर में उन नामों और उन शब्दों की पूरी सूची है, विवरण है जो उर्दू शायरी में अक्सरहा आते हैं, और ये सब अरब या फारस से आए हुए हैं। तो इससे थोड़ा-सा मिज़ाज में तो फ़र्क़ पड़ता है। इसका यह मतलब नहीं कि यह बिलकुल अलहदा जुबान है। क्योंकि क्रियाएँ सबकी एक हैं। खड़ी बोली है दोनों की। और खड़ी बोली के दो विभाग हुए, अलग-अलग मिज़ाज हुए। लेकिन अब देखिए 'राम की शक्तिपूजा।' राम की शक्तिपूजा जिस तरीके से प्रभावित करती है वह बात दूसरी है। और यह साफ है कि उस तरीके से जो इक़बाल की कविताएँ हैं जिसमें फारसी के, अरबी के कठिन शब्दों का इस्तेमाल हुआ है वह मुझको मुतास्सिर नहीं करती हैं।

...अभी आपने जो ज़िक्र किया है हिन्दी के कैचमेण्ट एरिया का, और आपने यह भी कहा, हालाँकि मेरे शब्द नहीं थे कि उर्दू का कैचमेण्ट एरिया हिन्दी के कैचमेण्ट एरिया से भिन्न है। है न ? और लगभग वह अगर हमारे दूसरे शब्दों में कहें तो विदेशी है।

...नहीं। यह मैं नहीं कह रहा हूँ। मेरे कहने का मतलब...बल्कि जब मैं ऐसा कहूँगा तो इससे कुछ दूसरे मतलब निकलेंगे। इसलिए मैं यह नहीं कह रहा हूँ। मैं इसको ऐसे भी कह सकता हूँ कि उर्दू के कैचमेण्ट एरिया में वो भी शामिल है। इसलिए इसको ऐसे कहना बेहतर होगा।

...क्या ये जो उर्दू का कैचमेण्ट एरिया है, जलग्रहण क्षेत्र, उसके जो मिथक हैं उसके जो फार्म ऑफ़ एक्सप्रेशंस हैं, जो कि हिन्दी क्षेत्र, हिन्दी बोलियों के क्षेत्र से थोड़ा भिन्न हैं तो शायरी में या नस्र में उर्दू भाषा के रूप में हिन्दुस्तानी असरात को बयान करने में फिर कैसे काबिल हो जाती है, कैसे सक्षम हो जाती है ?

...देखिए किसी भी लेखक का या किसी भी भाषा के साहित्य का कैचमेण्ट एरिया बहुत बड़ा हो सकता है लेकिन चूँकि वह वहाँ के बोलने वालों की जुबान है और उसको वह पकड़ती है, उनके महसूस करने के तरीके को, सोचने के तरीके को, रहन-सहन को और उसके इमेजेज वहाँ से आते हैं इसलिए वह करती है। अब जैसे देखिए मीर के दीवान का यह आखिरी शेर : "घर में जी लगता नहीं उस बिन तो हम होकर उदास/दूर जाते हैं निकल, हिज्रां से घबराए हुए" अब ये पूरा एक वाक्य और इतना बड़ा वाक्य आपको हिन्दी में मुश्किल से मिलेगा। इतनी लम्बी साँस और एक पूरा खम आपको उर्दू शायरी में मिलती है। और वह अपनी ज़िन्दगी के जो तजुर्बात हैं अब ग़ालिब की ही शायरी में जो सफरिंग है, पीड़ा है वह सिर्फ उर्दू बोलने वालों की नहीं है, वह पूरे हिन्दुस्तान की पीड़ा है। पूरे हिन्दुस्तान की सफरिंग है और उन्नीसवीं शताब्दी के हमारे सबसे बड़े पोएट्स यही हैं, हमारे मीर और ग़ालिब। और उसके पहले नजीर अकबराबादी। रीतिकाल और फिर आधुनिक काल के बीच में बीच का जो हिस्सा है वह ये उर्दू शायरी का है।

...भारतीय साहित्य में अगर ऐसा हम कहेंगे, हिन्दी क्षेत्र के...

...हाँ क्योंकि हमारे सबसे बड़े कवि वही हैं, और वही हैं इसलिए उनको मैं अपने में शुमार करता हूँ उसके बिना वह तस्वीर पूरी नहीं होगी।

...रीतिकाल की भाषा को जैसा कि जानते हैं अधिकतर वह ब्रजभाषा है, आधुनिक काल की अगर हम हिन्दी कविता के सम्बन्ध में बात करें

तो आधुनिक काल की भाषा जो है वह उर्दू से भिन्न है। इस आधुनिक हिन्दी कविता पर उर्दू के डिक्शन का, जो कि बीच का गेप आपने कहा, रीतिकाल और आधुनिक काल के बीच में जो हमारी सबसे बड़ी कविता है हमारे समय की...

...बल्कि मैं एकमात्र कविता कहना चाहूँगा...

...एकमात्र कविता है, कविता का काम ही वहाँ उर्दू से हो रहा है, लेकिन जैसे ही हम आधुनिक काल में आते हैं तो उस उर्दू के डिक्शन ने हमारी आधुनिक काल की कविता को कितना प्रभावित किया और कैसे ? मतलब उसके बारे में आप...

...यह बहुत दिलचस्प है। अब देखिए। मुकुटधर पाण्डेय की किताब है 'विश्वबोध' यह बहुत दिलचस्प है कि जिन्होंने 'छायावाद' नाम दिया या 'स्वच्छंदतावाद' नाम दिया। विश्वबोध की कविताओं का जो डिक्शन है वह नजीर के बहुत करीब है। अब 'खोमचेवाला' उनकी एक कविता है। 'मेला' उनकी कविता है। इस तरीके की कविताएँ उन्होंने लिखीं जो इसके पहले सिर्फ़ नज़ीर में मिलती हैं। या जैसे श्रीधर पाठक की वह मशहूर पंक्ति जिसमें 'जगत है सच्चा तनिक न कच्चा, समझो बच्चा इसका भेद' इस तरीके के जो वाक्य हैं यहाँ तक कि मैथिलीशरण गुप्त के जो वाक्य हैं और जो खड़ी बोली...जो लम्बे वाक्य हैं, आप पाएँगे कि वो उर्दू से प्रभावित हैं। उर्दू से प्रभावित मैं नहीं कहूँगा वह खड़ी बोली है। और फिर आप देखिए निराला को तो उनमें भी मिलता है। नये पत्ते तक आते-जाते वह किस तरीके से एक बहुत बड़ा बदलाव लाते हैं जो बिना उर्दू शायरी को पढ़े हुए सम्भव नहीं था। यह सम्भव ही नहीं था और मेरा अभी भी मानना है कि जिसने उर्दू गद्य नहीं पढ़ा वह हिन्दी का अच्छा गद्यकार हो ही नहीं सकता। हिन्दी के लेखक को अगर अच्छा लेखक बनना है तो उसको पहले उर्दू और संस्कृत, इन दोनों का मास्टर होना पड़ेगा। और उसके बाद फिर अंग्रेज़ी का। और अपनी ज़बान तो है ही। इतनी मशक्कत करने के बाद ही आप हिन्दी में दाखिला के लायक होंगे। तो मैं तो यह समझ रहा हूँ और दाखिले की कोशिश में लगा हुआ हूँ। क्योंकि अभी तक मेरे वो काम पूरे नहीं हुए। खैर तो हम लोग उर्दू के बारे में बात कर रहे थे। तो फिर नयी कविता आयी। और जाहिर है प्रगतिशील आन्दोलन में हिन्दी और उर्दू के कवियों के बीच जो दोस्ती थी उसने फिर एक बहुत बड़ा काम किया। शमशेर...वह तो अपने को दोआब का ही कवि...अच्छा त्रिलोचन, उन्होंने भी... ग़ज़लों का पूरा संग्रह है। जो वाक्य त्रिलोचन के हैं, त्रिलोचन वाक्यों के कवि हैं, विश्वनाथ त्रिपाठी जी ने यह बात पहली बार कही थी। तो मुझको समझ में

उस समय नहीं आयी थी, बाद में मैंने समझा। तो आप देखिए कि वाक्यों के कवि का अर्थ यह है कि वे ग़ालिब की तरह, मीर की तरह वाक्यों के कवि हैं और लम्बे-लम्बे वाक्यों के कवि हैं। ये फिर पहली बार त्रिलोचन में मिलता है। क्योंकि तरक्की-पसन्द तहरीक़ ने इन दोनों जुबानों को काफी करीब ला दिया। लेकिन जब वह तहरीक़ कमजोर हुई तो आप पाते हैं कि फिर एक भिन्न दौर शुरू होता है। हालाँकि नयी कविता के कवियों में जैसे कि रघुवीर सहाय, केदारनाथ सिंह, खुद साही...इन सब लोगों में मिलता है वह सब। लखनऊ के थे रघुवीर सहाय। और जाहिर है कि उर्दू वालों के साथ उनका भी उठना-बैठना था। और तरक्की पसन्द तहरीक ख़त्म होते-होते भी अभी उसका असर बचा हुआ था और उर्दू वालों से अच्छा रिश्ता था। केदारनाथ सिंह को ग़ालिब कण्ठस्थ हैं। फिर वापस जब आठवाँ दशक शुरू होता है तो आप पाते हैं कि इन कवियों ने एक बार फिर वापस अपनी जड़ों की ओर जाना शुरू किया और ये जड़ें जिधर गयी थीं वो गये खोजते हुए। और हमारी एक जड़ उर्दू है।

...लेकिन अभी जो हिन्दी कविता में काफी बड़े हिस्से में तत्सम का जो घटाटोप दिखाई देता है वह...।

...नहीं, नहीं। मैं इससे सहमत नहीं हूँ। तत्सम का कोई घटाटोप नहीं। देखिए एक कवि जो होगा वह भाषा की जो पूरी सम्पदा है उसका इस्तेमाल करेगा। उसमें उर्दू भी है, मैं तो कहूँगा, अरबी-फारसी भी है और उसमें संस्कृत भी है, प्राकृत भी है, लोकभाषाएँ भी हैं। इन सबका इस्तेमाल करेगा। तो अच्छा कवि इन सबका इस्तेमाल करता है, जैसे ख़ुद ग़ालिब ने किया। ख़ुद मीर ने किया। अब 'ने' शब्द जो मिलता है इन लोगों में, ये लोकभाषाओं में बोलचाल में सुना है। मगही में 'ने' का इस्तेमाल होता है-'कहा ने' ऐसे।

...नहीं। पर कुछ कवि हमारे हैं जैसे अशोक वाजपेयी हैं, ज्ञानेन्द्रपति का नया संग्रह है...

ज्ञानेन्द्रपति का नया संग्रह 'गंगा तट'। उन्होंने ऐसा किया है क्योंकि गंगा तट के बारे में लिख रहे हैं। उस नगरी के बारे में और अगर ऐसा करता है कोई कवि तो या तो उसका डिक्शन कमजोर है, या वह सब कुछ को सँभाल नहीं सकता है। उसके पास भाषा की वह सम्पदा नहीं है तो इसमें तो...तत्सम...मेरी वह कविता है जिसमें एक तान्त्रिक बोल रहा है तो वह तो पूरा तत्सम है। क्योंकि वह जगह की ज़रूरत है। और दूसरी तरफ एक 'दर्जिन' भी मेरी कविता है जो बिलकुल वह...। जब अभी उर्दू के लोग उसका तर्जुमा कर रहे थे तो उनको कुछ नहीं करना पड़ा। तो मेरा तो यह मानना है कि हिन्दी के कवि को यह बहुत बड़ी सहूलियत हासिल है और उसका

एक्सप्रेक्शन इतना बड़ा हो सकता है कि आलोचक को बड़ी मुश्किल होगी। मतलब वोल्टैज स्टेब्लाइजर जो होता है, या आमीटर जो होता है, कभी-कभी उस बेचारे को मैं बहुत दया से देखता हूँ। वह जीरो से लेकर एकदम आखिरी पाइंट तक घूमता है। लेकिन हिन्दी के जो कवि हैं उनका वोल्टा मीटर बहुत बड़ा है, बहुत बड़ा है उसका रेंज। उसको घूमते रहना है यहाँ से वहाँ। तो जब तक वह ऐसा नहीं करेंगे वह हिन्दी का कवि हो ही नहीं सकता है अच्छा। जो ऐसा नहीं है, भाई मुझको तो उस पर तरस आता है बस। और मैं क्या कहूँ ?

...नहीं, मैं यह पूछ रहा था आपसे कि अभी आपने जिसका ज़िक्र किया...इस दौरान दोनों भाषाओं के लेखकों के आपसी रिश्ते, उनका एक साथ उठना-बैठना, लगभग एक साथ सोचना, आपको नहीं लगता है कि आज हमारे समय में इन दोनों भाषाओं के रचनाकारों में, और एक हद तक दोनों भाषाओं के पाठकों में भी शायद वह बात है नहीं वह एहसास, क्या आप सोचते हैं कि वह गर्माहट...

...हाँ, अभी तो नहीं है। यह सही है।

...इसको दोबारा रीस्टोर करने के लिए क्या किया जा सकता है...

...देखिए बाकी वजहें तो सियासत जाने हमारा तो काम है 'मोहब्बत का पैगाम' तो वो तो हम ले कर चलें। थोड़ी-सी कोशिश दोनों तरफ से होनी चाहिए। और ये कोशिश बिलकुल पर्सनल लेवल से शुरू होनी चाहिए। जैसे शानी ने एक बार कहा था न कि आपके कितने मुसलमान दोस्त हैं जिनके घरों में आप आते-जाते हैं। मैं बहुत ख़ुशकिस्मत हूँ मेरे सारे दोस्त जिनको मैं सचमुच दोस्त समझता हूँ, जो पटने में हैं, वे सब के सब मुसलमान हैं और मेरे बेटे का भी जो सबसे करीबी दोस्त है वह भी मुसलमान है। और मुझको लगता ही नहीं है कि कोई फर्क है। तो इस मामले में मैं बिलकुल निजी तौर पर ख़ुशकिस्मत हूँ। यह तो बहुत निजी बात हो गयी । मैं आम बात यह कहना चाहता हूँ कि यह रिवायत मिलने-जुलने की, सोहबत की, साथ उठने-बैठने की, एक-दूसरे की ज़िन्दगी के ज़्यादा करीब जाने की, इसकी ज़रूरत है। यह ज़रूरी नहीं है कि मैं मुसलमानों की ज़िन्दगी के बारे में लिखूँ। हम लाख कहें कि उर्दू और हिन्दी...हिन्दी मुसलमानों की भाषा नहीं है लेकिन ऐसा हो गया है और इसको दूर करना है। तो अभी का तो कोई हिन्दी लेखक उर्दू जानता नहीं है। उर्दू लिख नहीं सकता। पहले तो ऐसा नहीं था। पहले उर्दू जानते थे सब। पंजाबी के लेखक भी उर्दू जानते थे। अब वे गुरुमुखी में लिखते हैं। तो भाई हम-आप उर्दू क्यों नहीं सीखते हैं। उर्दू हम नागरी लिपि में पढ़ते हैं। चलिए यह सहूलियत है कि भाई कितनी जुबान

सीखें। लेकिन हम में से कोई एक लेखक भी तो ऐसा हो शमशेर की तरह, जो उर्दू जाने। तो हमको तो लगता है कि कभी-कभी कोशिश करके हम लोगों को उर्दू ज़बान थोड़ा सीखना चाहिए। लिखना और पढ़ना।

...उर्दू स्क्रिप्ट...।

हाँ उर्दू स्क्रिप्ट से मेरा मतलब है।

...और उर्दू लेखकों के लिए ?

...उर्दू लेखकों के साथ यह है देखिए मैंने जैसा शुरू में कहा कि हिन्दी ने लोक-भाषाओं से सम्पर्क बहुत गहरा किया है, उर्दू के लेखकों ने ऐसा नहीं किया। फ़ैज़ ने पंजाबी में लिखा पाकिस्तान में। पाकिस्तान में जो शायर है उनका अपनी ज़बानों से रिश्ता बहुत करीब का है सिंधी से भी है, पंजाबी से भी है, पशतो से भी है, लेकिन वह भारत में क्यों नहीं है। हिन्दुस्तान में क्यों नहीं है। तो यह उनको नुकसान हो रहा है। ज़ुबान आगे नहीं बढ़ेगी। ज़बान को हमेशा जो बोलचाल की ज़ुबान है उससे सीखना पड़ता है। और उसके पास ले जाना पड़ता है। गर्भाधान के लिए। यह गर्भाधान अगर आप नहीं करा पाएँगे तो आप कुछ भी नहीं करा सकते। तो ये उर्दू के लेखकों को भी चाहिए कि वो सीखें। लेकिन वो तो हिन्दी ज़ुबान लिखना-पढ़ना जानते हैं। ये कोशिश हम अपनी ओर से कर रहे हैं। देखिए दूसरे क्या करेंगे, मैं इसका भागी नहीं हूँ। अब हिन्दी का महत्त्व बंगला में होगा कि नहीं, मैं इसका भागी नहीं हूँ। लेकिन बंगला का अनुवाद मैं करूँगा। मैं जो कुछ करूँगा अपनी ज़रूरत के मुताबिक करूँगा। मुझको अपने को बचाना है और मुझको अपने को बचाने में जो दूसरा बच जाए तो अच्छा है, दूसरा न बचता हो तो न बचे।

...ये आपको ऐसे नहीं लगता कि जो उर्दू का साहित्य है नागरी लिपि में लिखा आ गया और जिसकी वज़ह से हिन्दी के लेखकों ने उसको पढ़ लिया है। उसने अपनी नजदीक रचना करने में बहुत मदद की है वह जाहिर है पढ़ने से ही है, चाहे ग़ालिब या...

...हाँ चाहे कोई भी हो...कोई भी हो।

...तो जब यह हो गया है तो क्या अभी भी आपको लगता है कि अभी एक बहुत बड़ा हिस्सा उर्दू का है जो हिन्दी में आना चाहिए, एक बहुत बड़ा डिक्शन है, एक बहुत बड़ा रचनात्मक क्षेत्र जो है जिसमें उर्दू में लगातार काम हो रहा है, आपने अभी पाकिस्तान का ज़िक्र किया। इंतज़ार हुसैन का ज़िक्र आपने किया।

...हाँ हाँ...इस्मत आपा हैं, बहुत हैं भाई...

...तो क्या इनका आकलन हिन्दी में, जैसे हिन्दी के कवियों का, हिन्दी के लेखकों का, हिन्दी के कहानीकारों का, हिन्दी के गद्यकारों का होता है, इस तरह से हिन्दी में उर्दू के लेखकों के आकलन के बारे में ऐसी किसी शुरुआत का या ऐसी किसी कोशिश का आपको कोई इल्म है, या आप चाहते हैं कि ऐसा कुछ हो ? आपने केवल फ़ैज़ पर लिखा ?

...देखिए, मैंने तो फ़ैज़ पर लिखा लेकिन आप कह सकते हैं कि मैंने सिर्फ़ फ़ैज़ पर लिखा। ग़ालिब और मीर पर, नज़ीर पर लिखना चाहता हूँ लेकिन कलम उठाते डर लगता है। जैसे कालिदास पर भी तो नहीं लिखा, तुलसीदास पर भी नहीं लिखा, वैसे ही यह समझिए कि इन लोगों पर भी नहीं लिखा। लेकिन यह काम हिन्दी में दूसरे लोग भी कर सकते हैं जो क्रिटिक हैं। लेकिन अब क्रिटिक बेचारे कितना-कितना काम करेंगे ? क्रिटिक अभी हिन्दी में बड़ी मुश्किल में हैं। कोई नया जनरेशन अभी हिन्दी में आलोचकों का नहीं है। और यह बहुत ही दुर्भाग्य की बात है और ऐसा आलोचक वर्ग जो साहित्य से प्रेम करता हो, कविता से प्रेम करता हो, ऐसा तो साठ से कम उम्र के लोगों में मुझको शायद ही कोई नज़र आता हो। और जो उर्दू शायरी और दुनिया की दूसरी भाषाओं की शायरी से जो यह मोहब्बत करता हो वो लोग तो कम हैं। तो यह तो अब हम अपना नुकसान कर रहे हैं। लेकिन हमको उनके करीब जा कर उस अदब को भी अपने में शामिल करते हुए और हम यह समझते हैं कि हम हिन्दी और उर्दू को एक पाँत में नहीं बल्कि एक थाली में बैठ कर खाना चाहिए। एक थाली में खाने का रिवाज़ अब वैसे भी ख़त्म हो रहा है। नहीं तो मैं देखता था कि जब ननद आती थी पहले तो ननद और भौजाई दोनों...मोहब्बत की सबसे बड़ी अभिव्यक्ति यही होती थी कि ननद-भौजाई दोनों एक थाली में बैठ कर खा रही हैं। तो हिन्दी-उर्दू दोनों बहनें हैं और उनको एक थाली में खाना चाहिए एक पंगत में बैठ कर नहीं। एक थाल जब मिले, तब...।

...तब आपको ऐसा लगता है कि अभी इधर कहीं कोई कोशिश हो रही है या कोई कोशिश की जानी...

देखिए भाई देखिए, एक तो कोशिश होती है जो कलेक्टिव होती है। कलेक्टिव कोशिश का एक ही उपाय है हिन्दुस्तान की सभी ज़ुबानों में जैसे, आप ख़ुद समझिये कि छायावाद रोमांटिसिज़्म का मूवमेण्ट था, वह एक साथ तकरीबन सभी जुबानों में हुआ। इक़बाल हुए रवीन्द्रनाथ ठाकुर हुए, सुब्रमण्यम भारती हुए, निराला, प्रसाद हुए यह सब में एक साथ सभी ज़बानों में हुआ। फिर प्रगतिशील आन्दोलन हुआ वह भी

लगभग, एक साथ सभी ज़ुबानों में हुआ। उसके बाद कोई ऐसा बड़ा आन्दोलन नहीं हुआ जो सभी ज़ुबानों में एक साथ हो। अब हम यह तो नहीं कहेंगे वापस तरक़्क़ी पसन्द तहरीक़, क्योंकि वैसे कोई चीज़ अब फिर से नहीं आ सकती। एक नयी चीज़ आएगी जो सबका मिला-जुला हिस्सा भी हो सकती है। एक बिलकुल नयी चीज़ हो सकती है। तो जब तक ये नहीं होता है तब तक तो आप मानें सामूहिक स्तर पर यह काम नहीं होगा। लेकिन निजी स्तर पर हम यह काम कर सकते हैं। और हिन्दी का, जो भी विवेकवान लेखक है वह जानता है कि ख़ज़ाना कहाँ है।

मैं छन्दों में लिखता हूँ

(अरुण कमल से विश्वजित सेन की बातचीत)

कविता के साथ 'साम्यवाद' विचारधारा को देखने के पीछे कोई अन्तर्निहित कारण है क्या ?

जहाँ तक मैं समझता हूँ 'साम्य' शब्द एक राजनैतिक अर्थ रखता है। फ्रांस की क्रान्ति के साथ यह शब्द व्यवहार में आना शुरू करता है और इसका व्यापक प्रचार सोवियत संघ की क्रान्ति और अन्यान्य क्रान्तिकारी आन्दोलनों के साथ होता है। अतएव 'साम्यवाद' के आदर्शों के प्रति प्रतिबद्ध लेखक ही इस शब्द को अपने सृजन कार्य एवं इस विचारधारा से सम्बन्धित मानकर चलते हैं। किन्तु वैचारिक दृष्टि से मुझे ऐसा लगता है कि कविता के शिल्प एवं विषयवस्तु के ऊपर इसका कोई खास प्रभाव नहीं पड़ता है। यदि कोई कवि, जो कविता लिख रहा हो, उसके लिए इस शब्द का कोई अन्य अर्थ हो तो इसका यह अर्थ है कि किसी कवि के लिए प्रत्येक वस्तु एवं सामान का एक जैसा ही महत्त्व है। किसी का कोई खास स्थान नहीं है। कोई एक-दूसरे से ऊँचा-नीचा नहीं है। अन्य अर्थ में प्रत्येक वस्तु दूसरे के समान है। कूड़े का ढेर भी और पंचसितारा होटल का दस्तरखान भी।

कविता के साथ ध्वनि सामंजस्य, मात्रा सामंजस्य आदि के साथ समन्वय भावना का कोई सम्बन्ध है ? आप जो कविता लिखते हैं, वह क्या छन्द में होती है ? छन्दों को छोड़ कर क्या कविता लिखी जा सकती है ? मात्रा छन्द, तुकबन्दी एवं गद्य कविता के छन्दों में क्या अन्तर है ?

प्रथम प्रश्न स्पष्ट नहीं हो पा रहा है। इसलिए दूसरे का उत्तर दे रहा हूँ। मैं छन्दों में लिखता हूँ। कोई भी जो प्रकृति से ही कवि होगा, वह छन्दों का व्यवहार करेगा। प्रत्येक उच्चारण में एक छन्द है, भले ही वह बोधगम्य हो या न हो। प्रत्येक कविता तथाकथित 'फ्री-वर्स' हो या मुक्त छन्द या 'गद्य कविता' हो, वह किसी-न-किसी छन्द में होगी।

क्योंकि आपके श्वास-प्रश्वास एक तरंग में आते-जाते हैं, अर्थात् एक लय में। एक छन्द में। एक क्षमतावान कवि, जो निखालिस गद्य लिख रहा हो, वह भी जानता है कि किस तरह छन्दों के आस-पास रहा जा सकता है। यदि इस छन्द को एक निश्चित मात्रा में डाला जाय तो यह 'मात्रा छन्द' में तब्दील हो उठेगा। आप किसी धातु को उसकी ध्वनि द्वारा चिह्नित करते हैं। उसी तरह आप एक कविता की बुनावट को उसके छन्दों द्वारा चिह्नित कर सकते हैं।

आप कहते हैं, कविता के अन्त में जीरो हो कर निकल आना ही उचित है। इसका क्या तात्पर्य है ?

मुझे नहीं लगता कि कभी मैंने इस तरह कहा है। फिर भी यदि इस बात के साथ मुझे खड़ा होना हो, तो मुझे कोई आपत्ति नहीं है। फिर भी कुछ बातें स्पष्ट कर देना जरूरी है। प्रथम तो यह कि एक कवि को शुरू से ही नाट्य-निर्देशक की तरह होना चाहिए जो पर्दे के पीछे खड़ा हो कर नाखून चबा (कुतर) रहा हो एवं शब्दों को स्वतन्त्र हो कर काम करने दे रहा हो। कवि को कभी भी मंच पर आ कर कोई बयान नहीं देना चाहिए। जो कुछ भी कविता के भीतर से नहीं निकल पा रहा है, वह भी कविता का एक पक्ष है एवं उसे सम्पादित करना तर्कसंगत नहीं है। सत्तर के दशक के कवियों की यह एक आदत हो चुकी थी कि वे कविता के अन्त में अप्रत्याशित रूप से उपस्थित हो जाते थे और कविता साहसपूर्ण बयान या सपाट हो जाती थी। कविता की भीतरी बुनावट में कवि का हस्तक्षेप अवांछित होता है। कविता की स्वयं की तार्किकता होती है, जिसके अन्त में कवि की जरूरत नहीं होती। एक अच्छे बस कण्डक्टर की तरह—एक कवि को बस के पायदान पर खड़े हो कर यात्रा करनी चाहिए, कभी भी यात्री सीट पर कब्जा नहीं करनी चाहिए।

'उत्तर-आधुनिक' कविता के सम्बन्ध में आपकी क्या धारणा/राय है ? आधुनिकता के साथ इसका क्या अन्तर है ? उत्तर-आधुनिक कविता के लक्षण क्या-क्या हैं ?

आधुनिक कविता में अन्ततः एक प्रतिवाद का स्वर रहा है जो उत्तर-आधुनिक कविता में सम्पूर्णतया अनुपस्थित है। आधुनिक कविता में प्रायः सभी कवि 'उपस्थित वाक्य' को खारिज करते हैं एवं एक 'उच्चतर नैतिकता' के प्रति झुकाव रखते हैं, चाहे इलियट, रिल्के या अपोलिनायर ही क्यों न हों। आधुनिक कविताओं का एक महत्त्वपूर्ण कार्य है—गम्भीर उत्कण्ठा के साथ नैतिकता को चुनना। उत्तर-आधुनिकता अधिकांशतः नैतिकताविहीन, निरपेक्ष एवं तटस्थतावादी है। ये कविता को सिर्फ शब्द क्रिया के रूप में देखते हैं एवं उसी पर जोर देते हैं। उत्तर-आधुनिकता एक झोंके की

तरह है। एक अध्याय के रूप में इसे देखना एक भूल है।

क्या आप मानते हैं कि आज की कविता 'यूरोसेन्ट्रिज़्म' (यूरोपकेन्द्रित) एवं फार्मलिज्म से दूर हटती जा रही है ? इस दूर हटने में क्या उत्तर-आधुनिकता का हाथ है ?

यदि आपक इशारा भारतीय कविता की तरफ है तो मेरा उत्तर है–हाँ। आज की भारतीय कविता इंग्लैण्ड आश्रित यूरोसेन्ट्रिक नहीं है। पिछले तीन दशकों से भारतीय कविता का परिचय पूर्व यूरोप, अफ्रीका एवं दक्षिण अमेरिका की कविताओं से हुआ है। नेरूदा, लोर्का, ब्रेख्त, आखमातोमा, बोर्खोस, नेटो, कार्दिनाल—आदि हमारे बहुत नजदीक हैं। अंग्रेज़ी एवं पश्चिमी यूरोप के कवियों की तुलना में।

'फार्मलिज़्म' के सम्बन्ध में बोलूँ तो–'फार्मलिज़्म' आज उतना महत्त्वपूर्ण या प्रभावकारी नहीं रहा, जितना पहले था। कविता निखालिस 'फार्मलिज्म' से आज बहुत दूर आ चुकी है। अभी वह अपना वास्तविक कार्य, अर्थात् स्वरूप उद्घाटन के बहुत नजदीक आ चुकी है। उत्तर-आधुनिकता को इस परिवर्तन का कारण न बोल कर इसका परिणाम बोलना ज्यादा उचित होगा।

कविता के शिल्प एवं अर्थ में क्रमगत जो परिवर्तन आते हैं, उस परिवर्तन का उत्स कहाँ होता है ? क्या भाषा परिवर्तन के साथ समाज परिवर्तन का कोई सम्बन्ध होता है ? कविता में वह किस तरह कार्य करता है।

बहुत ही स्वाभाविक तरीके से कहा जा सकता है कि भाषा इस समाज का फल या संयुक्त सम्पत्ति है। एक कवि समाज से भाषा को ग्रहण करता है। किन्तु इतना ही प्रर्याप्त नहीं होता। कवि भाषा को धार देता है और यह धार उसकी स्वयं की होती है। मैंने लिखा है : 'सारा लोहा उन लोगों का अपनी केवल धार।'

आजकल देखा जाता है कि सारे कलाकार, साहित्यकार एवं कवि अपने सीमा क्षेत्र से बाहर जा कर भी सक्रिय हैं या Activist हैं। जैसे अरुंधति राय नर्मदा आन्दोलन में भाग ले रही हैं। जैसे आप एक सक्रिय वामपंथी कार्यकर्ता हैं। स्वाधीनता के पहले लेखक, कवि आदि इस तरह से सक्रिय रहते थे। सामाजिक कार्यों में अंश ग्रहण करते थे। स्वाधीनता के बाद केवल वामपन्थी कवियों में ही यह बात देखी जाती थी लेकिन आज 'कवि मात्र' ही किसी-न-किसी तरीके से इस सक्रियता को बनाये रखने की चेष्टा करते हैं। इस परिवर्तन के सम्बन्ध में आपकी क्या राय है ?

अतीत के सारे लेखक अपने ढंग से सक्रिय थे। हिन्दी में वामपन्थी लेखक जैसे मुक्तिबोध, नागार्जुन, शमशेर किसानों, मजदूरों के आन्दोलन में भाग लेते थे। अज्ञेय, रेणु जैसे लोग अ-वाम अर्थात् जे.पी. के आन्दोलन में थे। समाजवादी भी सक्रिय थे। आजकल का अ-वामपंथी साधारणतः पर्यावरण आन्दोलन या मानवाधिकार आन्दोलन अथवा एन.जी.ओ. आदि के साथ अपने को जोड़े रखता है जो प्रतिष्ठान विरोधी नहीं भी हो सकता है। ये बने-बनाये हुए आर्थिक-सामाजिक दायरे के भीतर ही कार्य करते हैं। दूसरी तरफ वामपन्थी हैं या उनका रहना ज़रूरी हैं जो साम्राज्यवाद, प्रतिष्ठान एवं एकाधिकार तथा पूँजी के विरुद्ध हैं। आज सिर्फ सामाजिक रूप से सक्रिय होना ही ज़रूरी नहीं है बल्कि राजनैतिक रूप से भी सक्रिय होने की ज़रूरत है।

आगे वामपन्थी कवि स्पष्ट रूप से राजनीति को अपनी कविताओं में तरजीह देते थे। जिससे अधिकतर समय कविता 'स्लोगन' (नारेबाजी) में तब्दील हो जाती थी। आज देखा जा रहा है कि 'स्लोगन' में कविता होने की प्रवणता बढ़ रही है। 'स्लोगन' और 'कविता' के बीच एक गम्भीर द्वन्द्वमय सम्पर्क है ? इस पर आपकी राय ?

'कविता' और 'स्लोगन' के बीच एक दु-तरफा रास्ता है। कविता में 'स्लोगन' को एक कच्चे माल के रूप में व्यवहार किया जा सकता है। जैसे अधिकतर वहाँ व्यवहृत होता है। वैसे ही एक कविता या उसकी एकाध पंक्ति, जैसा कि कई बार हुआ है, स्लोगन के रूप में प्रतिष्ठित हो जाती है।

अब, जहाँ तक मेरी स्वयं की धारणा है, एक विशुद्ध कविता बहुत ही कम सम्भावना पैदा करती है कि उसे 'स्लोगन' के रूप में व्यवहृत किया जाए। क्योंकि 'स्लोगन' एक परिस्थिति की समस्त जटिलता का सरलीकृत रूप है। दूसरी तरफ कविता इसी जटिलता का ही अनुसन्धान करती है।

मुक्तिबोध शिल्प के स्तर पर जटिल हैं, कहीं-कहीं दुर्बोध भी। कभी लगता है—वे एक दुर्जेय एवं भयावह मनोलोक के व्याख्याता हैं। जबकि उनका जीवन श्रमजीवी मनुष्यों के लिए उत्सर्ग था। इस तरह की कविता लिखने के बावजूद वे विभिन्न मिलों के श्रमिक यूनियनों में अपने राजनैतिक दायित्वों को निष्ठा से पूरी करते थे। हम क्या कह सकते हैं कि मुक्तिबोध की कविता अपने राजनैतिक जीवन से सामंजस्य बनाये रखती है ? विश्वास के स्तर पर वे मार्क्सवादी हैं किन्तु उनकी कविताओं में भारतीय मिथकों की अद्‌भुत उपस्थिति है। इस द्वैत को आप किस तरह से व्याख्यायित करेंगे ?

यह प्रश्न एक विशेष दृष्टिकोण की माँग करता है यानी मार्क्सवादी कवि के पास सहजबोध होना चाहिए एवं अतीत के प्रति उनका कोई आग्रह भी नहीं होना चाहिए। मैं महसूस करता हूँ कोई भी कवि जल्द सहजबोधगम्य नहीं होते। तुलसीदास भी नहीं हैं। निराला को समझना भी आसान नहीं है। मुक्तिबोध को भी। यह क्या एक खास प्रक्रिया है, कि कोई भी बड़ा कवि सहजबोध्य नहीं है। जबकि सभी कविताओं के पास ऐसा कुछ न कुछ ज़रूर होता है जो अत्यन्त अज्ञानी या अशिक्षित मनुष्य के मर्म को भी प्रभावित करता है। कविता, शब्द द्वारा लिखी जाती हैं। प्रत्येक शब्द के कुछ-न-कुछ पूर्व निर्धारित अर्थ रहते हैं, जो सबके लिए बोधगम्य होते हैं। मुक्ति बोध की कविताओं पर भी यह बात लागू होती है। मिथ के सम्बन्ध में भी एक मार्क्सवादी को अतीत के प्रति उसी तरह का आग्रह रखना चाहिए जैसे एक आस्तिक रखता है। जिस किसी की उत्पत्ति में मनुष्य का हाथ हो या जिसमें भी मानवीय स्पर्श हो, इस ब्रह्माण्ड में उस छोटे-से-छोटे अंश को भी कवि के बक्से में होना चाहिए। उस छोटी-सी जगह में प्रभु गणेश अपने सूँड का विस्तार करें या उनका वाहन मूषक अपनी मूँछ से कवि की पीठ पर सुरसुरी करे। कोई फर्क नहीं पड़ता।

(मूल बांग्ला से अनुवाद *निशांत*)

हमारा यह समय और कविता

(विजय कुमार के प्रश्नों के उत्तर)

आज के इस समय में आप कविता की हिस्सेदारी को किस प्रकार से व्याख्यायित करना चाहेंगे। यदि यथार्थ चेतना, सौन्दर्य बोध, भाषा और अभिव्यक्ति के स्तर पर यह हिस्सेदारी आज ज़्यादा कठिन हो चुकी है तो किस प्रकार ?

यदि कविता की हिस्सेदारी से मतलब जीवन में कविता के स्थान से है तो मुझे लगता है कि कविता का एक निश्चित और स्थिर मान जीवन में है। इसे दस-बीस-पचास वर्षों के काल-खण्ड में ही न देख कर सम्पूर्ण मानव-जीवन के पट पर देखना अच्छा रहेगा। एक कविता की आयु भी बहुत लम्बी होती है। मनुष्य के जीवन में ऐसा कोई काल न रहा जब कविता लुप्त हो गयी हो। इसका अनवरत बने रहना भी एक प्रमाण है कि मनुष्य को इसकी आवश्यकता है। हर व्यक्ति इस ज़रूरत को महसूस करे यह कोई ज़रूरी नहीं क्योंकि इसकी ज़रूरत केवल वे ही लोग महसूस कर सकते हैं जिनका एक निश्चित भावनात्मक तथा विचारात्मक विकास हुआ हो। जिनके पास यथोचित संस्कार हों। जिनकी रुचि व्यावसायिक कारकों से भ्रष्ट न हुई हो तथा जो अपने से बाहर निकलने की अभिलाषा रखते हों। इस दृष्टि से देखें तो आज कविता की ज़रूरत को महसूस करने वाले लोग कम हैं यानी 'कविता की हिस्सेदारी' कम हुई है। कविता की भाषा जिस धैर्य तथा ध्यान की माँग करती है वह आज दुर्लभ है क्योंकि कविता की भाषा के मुकाबले विज्ञापन की भाषा है जो सबसे आसानी से समझ में आती है और आपको अपनी गिरफ़्त में लेकर जो चाहे सब करा लेती है। ऐसे में जो कविता जितनी ही अधिक कविता होगी वह उतनी ही रुक्ष और कठिन लग सकती है आपको उतना ही स्वाधीन छोड़ती।

आज का औसत मनुष्य तात्कालिक इन्द्रिय संवेगों से अपना काम चला लेता है। उसे स्वयं अपने जीवन की जटिलता का भान नहीं होता। सम्बन्धों और घटनाओं

की गम्भीरता से इडिपस, लियर या हैमलेट की त्रासदी बनी अब शायद उतनी तीक्ष्ण नहीं रही। ऐसे समय में जब काँच की दीवार के एक तरफ दुनिया भर के पकवानों का भोग चल रहा हो और दूसरी ओर भूखे बच्चे काँच से नाक सटाये यह दृश्य देख रहे हों, कविता की हिस्सेदारी के लिए अवकाश कहाँ बचता है। फिर भी कविता हमारी चेतना, हमारे ज़मीर को पीटती हुई हमें विवश कर देती है। तिलिस्म और ऐय्याशी से भरे सन्नाटे में ज़ोर से 'ना' कहती हुई। यह कविता का अपना नैतिक कार्यक्रम है।

क्या कविता जैसी विधा अपने समय और समाज की बदलती हुई परिस्थितियों से सीधे प्रभावित होती है या उसका इस तरह से प्रभावित होना अनिवार्य नहीं है ? दूसरे शब्दों में क्या बाह्य यथार्थ के आतंक ने कहीं हमारी कविता को कमजोर और एक आयामी भी बनाया है ?

कविता जैसी विद्या बाह्य यथार्थ से सीधे-सीधे प्रभावित हो यह बिलकुल जरूरी नहीं है; बल्कि श्रेष्ठ कविता में कई बार यथार्थ के पद-चिह्न इतनी सुगमता से दिखायी नहीं पड़ते, कविता अपने समय को, यथार्थ को अनेक तरह से व्यक्त कर सकती है। कभी सीधे-सपाट तरीकों से, कभी जटिल बिम्बों के समुच्चय से, कभी केवल शब्दों के रोमहास यानी ध्वनि मात्र से इसीलिए कविता को ठीक-ठीक पढ़ना गद्य पढ़ने से अधिक कठिन होता है। जैसे हम उदाहरण निराला का लें। अक्सर कहा जाता है कि भारत-विभाजन के दौरान जो रक्तपात हुआ तथा स्वाधीनता प्राप्ति के तुरन्त बाद जो संताप तथा मोहभंग हुआ वह हिन्दी कविता में कहाँ है लेकिन निराला की उस दौर की हाड़ कँपा देने वाली कविताएँ जिनमें अधिकांश धार्मिक हैं तथा उस काल की कालिमा का सत्त हैं। उपन्यास जितनी आसानी से समाज शास्त्रियों के वश में आ जाते हैं, कविता नहीं।

जहाँ तक बाह्य यथार्थ के आतंक का प्रश्न है, तो सच तो यह है कि यथार्थ बाह्य-आन्तरिक नहीं होता। जो श्रेष्ठ कवि हैं वे सब कुछ को जानते हैं। अपने समय में सामाजिक-राजनीतिक-आर्थिक जटिलताओं की गहराई जाने बिना कोई श्रेष्ठ कवि हो ही नहीं सकता। रिल्के, यीट्स और इलियट जैसे तथाकथित 'रूपवादी' भी बाह्य यथार्थ के गहरे ज्ञाता थे। हिन्दी में अज्ञेय से ज़्यादा तात्कालिक राजनीति में निमग्न कवि दूसरा नहीं हुआ।

क्या रचनाकार और पाठक के रिश्ते आज वास्तव में एक ऐसे धरातल पर पहुँच चुके हैं जहाँ कविता अपने समय के बृहत्तर समुदाय से एक बड़ी हद तक कट चुकी है और लगभग हाशिये का जीवन जी रही है ? यदि यह सच है तो इसके लिए आज लिखी जा रही कविता की भाषा,

शिल्प और बुनावट किस हद तक दोषी है ?

कविता और पाठक के किस प्रकार के और किस काल के सम्बन्ध को आदर्श तथा प्रतिमान मान कर हम आज के सम्बन्ध की जाँच करें ? मुझे नहीं लगता कि पिछले पचास वर्ष में हिन्दी में, बल्कि सौ वर्षों में जो कि खड़ी बोली की कविता का अब तक का वय है, कभी भी कविता और पाठक का सम्बन्ध प्रगाढ़ और अन्तरंग रहा। हमेशा थोड़े से लोग ही उसे पढ़ते-गुनते रहे।

अक्सर सुना जाता है कि कविता पाठक से कट गयी। अगर यह मान भी लिया जाय कि आज के कवि दो कौड़ी के हैं तो कम-से-कम निराला, पन्त, प्रसाद, अज्ञेय, मुक्तिबोध तो बड़े हैं, उनकी तो कविता लोकप्रिय होनी चाहिए, लोगों को कण्ठस्थ होनी चाहिए। पर क्या ऐसा होता है ? अगर पाठ्यक्रम से उनकी कविताएँ हटा दें तो कल कोई नाम भी नहीं लेगा। पूँजीवाद के आगमन के बाद हर जगह कविता थोड़े ही से लोग पढ़ते हैं। दुनिया की हर भाषा में। कुछेक अपवाद हो सकते हैं, जब किसी आन्दोलन के प्रभाव में कभी कोई विशेष कवि या कविता समाज में फैल गयी, नहीं तो कभी कविता को बड़ा पाठक-वर्ग नहीं मिला। क्योंकि पूँजीवाद में कविता सबसे कम लाभप्रद है, कथा-साहित्य से भी बहुत बहुत कम, लिखने वालों और पढ़ने वालों दोनों के लिए। क्योंकि इसका अनुवाद सुगम नहीं है, इसलिए बाज़ार संकुचित; इसका जीवन जटिल है, इसलिए आमन्त्रण कम; और जन्म से ही कविता धन-विरोधी है। इसलिए जो नवधनाढ्य वर्ग या जाति या व्यक्ति है (आप उदाहरण हिन्दी से ही ले लें) वह कविता को हिकारत की नज़र से देखेगा क्योंकि धन के प्रति हिकारत की भावना के बिना कविता सम्भव नहीं होती। जिस सोवियत संघ में पास्तरनाक और वाज्नेसेंस्की की कविता भी लाखों में बिकती थी आज वहाँ उसके हज़ार खरीदार भी न रहे। तो क्या समाज की प्रकृति कविता और पाठक के सम्बन्ध को इतना अधिक प्रभावित करती है, कर सकती है ? हाँ, कविता चाहे जैसे भी लिखी जाय, छन्द में या गद्य. में, सीधे या टेढ़े, यदि वह श्रेष्ठ है तो अपना पाठक ढूँढ़ लेगी। हर काल में मुक्तिबोध को पाठक मिलेंगे। मुझे नहीं लगता कि कविता-प्रेमियों के बीच निराला, मुक्तिबोध या शमशेर किसी भी दूसरे कवि की तुलना में कम प्रिय हैं।

वे कौन-से क्षेत्र हैं जिन्हें अपनी रचनात्मकता में सन्दर्भित करने की आकांक्षा आपके भीतर लगातार बनी रहती है।

मैं पहले से नहीं जानता कि कौन से क्षेत्र मुझे 'सर' करने हैं। चाह कर भी मैं वही तो लिखूँगा जो मैंने देखा-सुना है। दुनिया के नक्शे को सामने रख कर मैं कोई यात्रा नहीं करता। यात्रा करते हुए नये भू-भाग मिलते हैं। यहाँ वांछित न तो क्षेत्रों-स्थितियों का विवरण या ब्योरा है जो अक्सर औसत कथा-कहानियों में मिलता है, न

ही विभिन्न प्रसंगों–अनुभवों पर त्वरित कवितानुमा टिप्पणियाँ। कविता अपने समय को और उसके माध्यम से मानव–सम्बन्धों तथा मनुष्य के आभ्यन्तर को सर्वाधिक स्पन्दन भरे क्षण में, तड़ित की एक कौंध में, पकड़ने का यत्न करती है जैसे 'राम की शक्ति पूजा', या 'अँधेरे में' जो अपने अपने काल का सारांश–वक्तव्य हैं, किसी क्षेत्र या व्यक्ति विशेष की पहचान योग्य अनुकृति नहीं। ऐसा नहीं है कि निराला ने जीवन के हर क्षेत्र के बारे में लिखा हो, लेकिन इतना अवश्य है कि उन्होंने जीवन को अधिकाधिक पूर्णता में व्यक्त किया प्रतिनिधि बिम्बों या रूपकों के माध्यम से। मेरे आदर्श, घर में तुलसीदास तथा बाहर शेक्सपियर हैं—पूर्णतम कवि। मैं वैसी ही पूर्णता की कामना करता हूँ, वैसे जानता हूँ, 'मैं बालक बँहियन को छोटो।' शमशेर की एक कविता है 'बैल' जो श्रमिकों के (और इसीलिए हम सबके) जीवन, संघर्ष, स्वप्न और मृदुलता की ही सघन अभिव्यक्ति है। लेकिन यह कविता बैल की कविता नहीं है जैसा कि औसत कथा–बुद्धि और आख्यानवादी समीक्षक सोचेंगे। कविता अपना काम ऐसे ही करती है।

एक कविता आपके भीतर किस तरह शुरू होती है ?

कविता कभी भी कहीं भी आ सकती है; जैसा कि प्रचलित मुहावरा है, बहुत कुछ मिट्टी के भीतर से एक बीज के अँकुरते आने जैसा। मेरे साथ अक्सर ऐसा होता है कि कविता पढ़ते हुए कविता उठती है। हठात् सोच कर नहीं। लेकिन सोचना हमेशा चलता रहता है। आप पूरावक्ती कार्यकर्त्ता हैं। इसके लिए यह ज़रूरी नहीं कि आप कोई दुनियावी काम न करें, बस पानी में बंशी डाल गाल पर हाथ धरे बैठे रहें क्योंकि कविता करना कोई मछली मारने जैसा धन्धा नहीं है। कवि तो होता ही है बरहमासा। तो, मैं कह रहा था कि कविता कभी भी कहीं भी आती है। इसमें भी दो तरह से। एक तो यह कि खुदाई में पूरा पत्थर साबुत निकल आये और आप छेनी–हथौड़ी से काट–पीट कर एक मूर्ति तराश लें। दूसरे यह कि कभी कोई टुकड़ा मिले कभी कोई जिन्हें आप एक–एक कर हिफाजत से अपनी पोटली में डालते जायें और एक दिन मौका देख कर जोड़ लें जैसे तिलचट्टे की देह। जिसे प्रेरणा कहा जाता है वह भी तब आती है जब आप बुलाते हैं। जो अनायास है वह बहुत गहरे श्रम का स्वेद–कण है। फिर बाद में तो कुछ भी स्वतःस्फूर्त नहीं होता। जो इन्द्री शुरू में हवा के चलने भर से तन जाती थी, वह बाद में मालिश खोजती है। फिर यह भी होता है कि (और मेरे साथ ऐसा होता है) आपने कोई गम्भीर, दार्शनिक या विचारप्रवण पुस्तक पढ़ी और इस 'विचार प्रसार के भीतर भाव–प्रसार' हुआ (शब्द हैं आचार्य रामचन्द शुक्ल के) और जीवन के बेकार टुकड़ों में भी, कूड़ेदान में भी एक अर्थ निकल आया। कभी–कभी तो केवल एक पंक्ति भर मिलती है लोकगीतों की विह्वलता–सी। कभी–कभी एक टन

फूलों से बस एक चम्मच इत्र निकल पाता है। लेकिन रूसी कथाकार बेबल की एक बात हमेशा याद रहती है कि अच्छा लिखना है तो ढेर-सा खराब लिखने के लिए तैयार रहो। खराब लिखने पर ही अच्छा लिखने का अधिकार निर्भर है। 'जो बौरा डूबन डरा...।'

एक कवि के आत्म-संघर्ष की व्याख्या आप किस तरह से करना चाहेंगे ?

एक कवि के आत्म-संघर्ष की जो व्याख्या मुक्तिबोध ने की है उसमें कुछ जोड़ना कठिन होते हुए भी मैं निजी अनुभव के आधार पर कहूँगा कि सबसे कठिन है अपने कवि-व्यक्तित्व की रक्षा और सुरक्षा। जिसे हम सामाजिक आचार-व्यवहार कहते हैं, यहाँ तक कि साहित्य के भी अपने प्रपंच जैसे गोष्ठियाँ, यात्राएँ, लोकार्पण-सम्मान-पुरस्कार आदि, ये सब अपना कर हमसे वसूलते हैं। सबसे अच्छा जीवन वह है जहाँ हम केवल अपने मन से ही करें-धरें, और ऐसा कुछ भी न करें जिससे हमारी चादर ज़रा भी मैली हो। ग्रीस के कवि कवाफ़ी की यह कविता अक्सर याद आती है–

अगर तुम अपने जीवन को वैसा न भी बना
सको जैसा चाहते हो
तो कम से कम कोशिश करो जितना कर सको
कि इसे नीचे न गिराओ
दुनिया के साथ ज़रूरत से ज़्यादा जुड़ कर
बहुत चलता-पुर्जा बड़ा बोलता बन कर
न गिराओ इसे चारों तरफ खोल कर सबको दिखाते
रोज-ब-रोज की पार्टियों समाजी रिश्तों की
क्षुद्रता में घिसटते-खपाते
कि एक दिन यह जीवन उबाऊ बोझ बन जाए।

दूसरा संघर्ष है ज्ञान की समस्त परम्परा, कविता के सम्पूर्ण कोष को एकत्र करते हुए कुछ ऐसा कर पाना जो आज तक न किया गया हो। हर बार श्रेष्ठ कविता आपको आह्लादित करते हुए हताश भी कर जाती है। जैसे सूरदास की यह पंक्ति **'मानो घन घन अन्तर दामिनि/घन दामिनि दामिनि घन अन्तर सोहति हरि ब्रज भामिनि'** पढ़ कर लगता है कि भाषा का संगीत तो कुछ सीखा ही नहीं। पूर्व का सब कुछ धारण करते हुए भी अभी के जीवन को उसी दीप्ति से व्यक्त कर पाना बहुत कठिन है। मध्यकाल के योद्धा इतना भारी आभरण पहन कर कैसे चल पाते थे, लड़ने और क्षिप्रता से लड़ने की बात तो दूर, यह सोच कर मैं परेशान हो जाता हूँ।

आज के कवि को सम्भवत: वैसा ही भार शरीर और आत्मा पर ढोते हुए वैसी ही क्षिप्रता और लाघव से कार्य करना है।

तीसरा संघर्ष है अपने समय को समझने का जो बेहद कठिन है। शायद पहले कभी इतनी तेज़ी से संसार नहीं बदलता था जितना अब। इसका एक उदाहरण तो यही है कि पहले के लेखक को यह अवसर था कि वह एक ही परिवार की कई पीढ़ियों को देख सकता या उनके बारे में सीधे-सीधे जान सकता। आज एक व्यक्ति के भी पूरे जीवन को देख पाना मयस्सर नहीं। इसके जो प्रभाव रचना के स्वभाव पर पड़ते हैं उन पर अलग से भी बात ज़रूरी है। लेकिन इससे भी ज़्यादा सोचने की बात यह है कि आज अपने समय को समझना पहले से कहीं अधिक कठिन है क्योंकि यह समय बहुत तेज़ी से बदलता जा रहा है। यह लगभग वैसे ही है जैसे सोते-सोते कोई सोचे कि कोई कैसे सोता है। तब वह सो ही नहीं पायेगा और तब शुरू होगी यातना भरी निर्निमेष रात।

फिर चौथी बात यह कि जैसे-जैसे आपको लिखने के एवज में अथवा भाग्यवश कुछ ख्याति मिलने लगती है, आप ज़्यादा प्रगट होने लगते हैं, **स्वगत** कम होता जाता है। आज जो अभी तक स्वतन्त्र, उन्मुक्त पेड़ थे अचानक बोटेनिकल गार्डेन का हिस्सा बन जाते हैं; नुमाइश। यह भी क्षरण है। आत्मसंघर्ष का ही एक पक्ष।

एक रचनाकार के रूप में आपके लिए सर्वाधिक आह्लाद के क्षण और सर्वाधिक हताशा की घड़ियाँ क्या हैं ?

एक रचनाकार के रूप में सर्वाधिक आह्लाद और हताशा की घड़ियाँ क्या हैं, मैं याद करता हूँ तो लगता है तत्काल कहना चाहिए कि जब मैं मन की बात कह लेता हूँ, तथा जब नहीं कह पाता। लेकिन यही तो हमेशा होता है सबके साथ। मुझको सबसे अधिक हताशा तब होती है जब देखता हूँ कि पाठक ने कविता ठीक से ग्रहण नहीं की; कोई शब्द, कोई पंक्ति जिसके अनेक अर्थ मैंने सोच रखे थे वह बिलकुल खाली चला गया और मुझ पर तोहमत भी लगायी जा रही है। तब मैं चुप हो जाता हूँ। सर्वाधिक आह्लाद की घड़ी वह रही जब पाठक ने कविता को ठीक-ठीक समझा और किसी ने बताया कि उसको मेरी कोई पंक्ति कभी किसी खास क्षण में याद आयी। लेकिन सर्वाधिक भय की घड़ी भी रही है और अक्सर ही उपस्थित हो जाती है—भय कि मैं कवि हूँ ही नहीं। कभी-कभी रात में मैं पसीने से भीग जाता हूँ।

आलोचना की हालत

(महावीर अग्रवाल के प्रश्नों के उत्तर)

अपनी रचना प्रक्रिया पर प्रकाश डालते हुए बताइए, आपकी आलोचना के क्षेत्र में रुचि कैसे जाग्रत हुई ? आप कब से यह कार्य कर रहे हैं ? इस क्षेत्र को आपने क्यों चुना ? क्या, आपने दूसरी विधाओं में भी लिखा है ?

आलोचना के क्षेत्र में मेरी रुचि आचार्य रामचन्द्र शुक्ल का 'हिन्दी साहित्य का इतिहास' तथा अंग्रेजी आलोचकों की लिखी व्यावहारिक समीक्षा पढ़ कर बढ़ी। पढ़ते हुए मुझे लगा कि ऐसा गुरु चाहिए जो बता सके कि श्रेष्ठ कविता कौन है और क्यों है। कविता के लिए पैदाइशी रुचि नहीं होती। इसे पढ़ कर, लड़ कर बनाना पड़ता है। भारतेन्दु की पंक्ति 'मरेहु पे आँखें ये खुलि ही रहि जायेंगी' मुझे बहुत भाती थीं। मगर आचार्य शुक्ल की आलोचना पढ़ कर मुझे इसकी कमी तथा त्रुटि का पता चला। तब मुझे लगा कि स्वयं श्रेष्ठ रचना के हित में है कि श्रेष्ठ आलोचना रहे। आलोचना एक सहृदय के लोचन हैं।

मैंने पहला लेख सुकान्त भट्टाचार्य पर लिखा था डॉ. चन्द्रभूषण तिवारी के कहने पर। वह नहीं छपा। पहली समीक्षा संभवत: 'जनशक्ति' अखबार में छपी।

अधिकांश रचनाकार ऐसा मानते हैं कि, आजकल हिन्दी आलोचना का क्षितिज बड़ा संकीर्ण हो गया है। आलोचक अपने मित्रों की रचनाओं पर ही अधिक बहस करते हैं। समग्र रूप से मूल्यांकन कोई नहीं करता ?

नहीं, ऐसा नहीं है। मेरा मानना है कि हमेशा जो श्रेष्ठ है उसी पर बात करनी चाहिए और उसी के आधार पर निष्कर्ष निकाले जाने चाहिए। परन्तु आपका प्रश्न उसे ध्यान में ला रहा है जो हीन या हीनतर है। ऐसी आलोचना हमेशा रही है जो इतर कारणों से काम करे। लेकिन ऐसे लोग आलोचक नहीं माने जाते।

समग्र रूप से मूल्यांकन डॉ. नामवर सिंह, विश्वनाथ त्रिपाठी, परमानन्द श्रीवास्तव, मैनेजर पाण्डे आदि ने किया ही है। और भी लोग हैं—नित्यानन्द तिवारी, नन्दकिशोर नवल, खगेन्द्र ठाकुर, कमला प्रसाद आदि।

आप मानक आलोचना किसे मानते हैं, मानक आलोचना का मानदण्ड क्या होना चाहिए ?

मानक आलोचना का मानदण्ड मैं नहीं बता सकता। लेकिन हिन्दी में मैं आचार्य रामचन्द्र शुक्ल तथा डॉ. नामवर सिंह को इसके सबसे करीब मानता है। उर्दू में हाली की किताब 'मुकद्दमा-ए-शेरो शाइरी' भी मुझे आकर्षित करती है। वैसे कोई भी मानदण्ड अन्तिम नहीं होता।

रचनाकार की आलोचक से शिकायत है कि, वे बिना पढ़े समीक्षाएँ लिखते हैं जबकि आलोचक कहते हैं रचनाकार समीक्षाओं को पढ़े बिना रचनाएँ लिखते हैं। एक ओर रचनाकार मानते हैं कि आलोचक भटक गये हैं वे सहायता करने में असमर्थ हैं वहीं दूसरी ओर आलोचक की शिकायत है—रचनाओं में ताजगी और दमखम की कमी है। आलोचक रचना को निरस्त कर अजेय होने का दृढ़ प्रतिज्ञ है, ऐसी स्थिति में रचना के विकास में आलोचना की क्या भूमिका है ? और भविष्य में क्या होगी ?

यह प्रश्न भी दोयम दर्जे के लोगों की नाप से काटा गया है। मैं फिर कहता हूँ कि ऐसे लोग हमारी चिन्ता के पात्र नहीं हैं।

क्या आलोचना में सिद्धान्त से अधिक महत्त्व व्याख्या का है ?

आलोचना में सिद्धान्त व्याख्या से बनते हैं और व्याख्या रचना से। रचना जीवन के बारे में है, आलोचना रचना के बारे में और फिर जीवन के बारे में।

परम्परा का मूल्यांकन करते हुए परम्परा के प्रति आलोचक का दृष्टिकोण कैसा होना चाहिए ? मूल्यांकन के बाद पुनर्मूल्यांकन की आवश्यकता क्यों और कब पड़ती है ?

परम्परा का मूल्यांकन हमेशा वर्त्तमान की आवश्यकताओं के अनुसार होता है। इसलिए जो आलोचक वर्त्तमान को नहीं समझ पाता, वर्त्तमान रचनाशीलता से विमुख रहता है वह परम्परा को भी समझने में भूल करता है। वर्त्तमान के कारण ही पीछे का कोई रचनाकार या उसका कोई पक्ष महत्त्वपूर्ण लगता है। कभी-कभी पीछे का कोई रचनाकार वर्त्तमान रचनाशीलता को भी प्रभावित करता है। यह क्रम चलता रहता है। पुनर्मूल्यांकन हमेशा का काम है।

क्या आलोचना का रचनाकार और समाज पर सकारात्मक प्रभाव पड़ता है ? किसी भी देश के सांस्कृतिक विकास में आलोचक और आलोचना की क्या भूमिका होती है ?

जिस देश या समाज में जनतान्त्रिक आलोचना के लिए स्थान नहीं वहाँ साहित्य-आलोचना भी बाधित रहेगी। अंग्रेजी में साहित्य-आलोचना का विकास घनिष्ठ रूप से जनतन्त्र के विकास से जुड़ा हुआ है। आधुनिक काल में प्रायः प्रत्येक भाषा में आलोचना का प्रत्यक्ष सम्बन्ध जनतान्त्रिक आन्दोलनों से रहा है। इसके अतिरिक्त आलोचक श्रेष्ठ रचना को रेखांकित कर श्रेष्ठ रुचि तथा मूल्य-बोध का निर्माण करता है जो कि श्रेष्ठ समाज के निर्माण के लिए आवश्यक है। इसी कारण से साहित्य-आलोचना के क्षेत्र में होने वाला प्रत्येक विवाद अन्ततः समाज की श्रेष्ठता की अवधारणा से जुड़ा होता है। आधुनिक काल में अधिकांश श्रेष्ठ आलोचक सत्ता विरोधी रहे हैं क्योंकि उन्होंने प्रभुत्वशाली वर्गों की हीनतर रुचि के विरुद्ध, श्रेष्ठ मूल्यों पर आधारित सुरुचि को समर्थन दिया। एफ.आर. लीविस जैसे 'रूपवादी' आलोचकों ने भी भाषा के व्यावसायिक दूषण तथा अमरीकी सांस्कृतिक प्रभुत्व के विरुद्ध संघर्ष किया। रुचि का प्रश्न अंततः मूल्य का प्रश्न है। मार्क्सवादी आलोचकों की राजनीतिक पक्षधरता तो जगजाहिर है, लेकिन 'कलावादियों' की राजनीतिक यारी पर कोई बात नहीं करता जबकि भारत में भी ये महापुरुष बिना सत्ता, संस्था या प्रतिष्ठान के वरदहस्त के एक दिन भी नहीं रहे।

कहा जाता है, रचना की तुलना में आलोचना का काम द्वितीयक है क्या, यह सही है ? अगर नहीं तो, रचना और आलोचना में समानता का आधार क्या है ?

द्वितीयक का अर्थ यदि श्रेणी से है तो गलत है। ज्ञान एवं चेतना के क्षेत्र में कोई श्रेणी विभाजन नहीं हो सकता। रचना और आलोचना के काम अलग हैं, अलग-अलग।

एक रचनाकार और आलोचक द्वारा की गई आलोचना में मुख्य फर्क क्या होता है ?

ऐसा कोई स्पष्ट अन्तर मैं बता नहीं सकता। जो भी रचना के गुण-दोष की विवेचना करता है वह आलोचक है। निराला की दृष्टि आचार्य शुक्ल की भाँति ही तीक्ष्ण एवं प्रामाणिक है। प्रसाद, मुक्तिबोध तथा शमशेर बड़े आलोचक हैं।

आपकी दृष्टि में समकालीन लेखन की बुनियादी पहचान क्या हो सकती है ?

किसी भी काल में समकालीन लेखक की पहचान उसकी तात्कालिकता से होती है, मतलब उस चीज से जो केवल उसी काल की है और केवल उसी काल में सम्भव थी, अर्थात् जो तत्काल है वह जीवन में बिलकुल नया घटित हुआ है।

रचना के कथ्य और शिल्प में आप किसे प्रमुख मानते हैं ? और क्यों ?

मेरे लिए दोनों भिन्न हैं।

क्या आप रामचन्द्र शुक्ल को आलोचना के सिद्धान्तों और मूल्यांकन के मानदण्डों के प्रवर्तक/जनक मानते हैं या यह कार्य किसी दूसरे आलोचक ने किया है ?

इसका उत्तर पहले आ चुका है। आचार्य शुक्ल को ही मैं प्रवर्त्तक समझता हूँ। वैसे मैं इसका विशेष ज्ञाता नहीं हूँ।

आचार्य रामचन्द्र शुक्ल की आलोचना पद्धति क्या आज भी प्रासंगिक है ?

अगर आचार्य शुक्ल जैसा ही सब लिखें तो फिर समय में बदलाव का क्या मतलब ? आज न तो आप निराला की तरह लिख सकते हैं, न मुक्तिबोध, नागार्जुन या धूमिल-रघुवीर सहाय की तरह।

क्य आप मानते हैं कि रामचन्द्र शुक्ल के बाद आलोचना का विकास होता जा रहा है। वह किस रूप में हुआ है ? उसे आगे बढ़ाने में किनका-किनका योगदान आपकी दृष्टि से रेखांकित करने योग्य है ?

निश्चित रूप से हिन्दी आलोचना आगे बढ़ी है। आचार्य हजारीप्रसाद द्विवेदी, डॉ. रामविलास शर्मा, डॉ. नामवर सिंह। और फिर देवीशंकर अवस्थी, मलयज, मुक्तिबोध तथा विजयदेवनारायण साही। और फिर आज तक के आलोचक।

अपने समकालीन आलोचकों से आप किस सीमा तक प्रभावित हैं। आलोचना के क्षेत्र में अपना सहयात्री आप किन आलोचकों को मानते हैं ?

आलोचना में सहयात्री कोई नहीं होता क्योंकि आपको हर कदम पर लड़ना पड़ता है। जब आप लड़ेंगे तो अकेले पड़ेंगे। फिर भी मैं वीरभारत तलवार और शम्भुनाथ की शोध-बुद्धि से रश्क करता हूँ।

आप प्रगतिशील विचारधारा के साथ-साथ सौंदर्यपरक मूल्यों और उदारता उदात्तता से युक्त रचना को अधिक महत्त्वपूर्ण मानते हैं या वैसी रचना को जो प्रगतिशील विचारधारा से न होते हुए भी सौंदर्यपरक मूल्यों, उदात्तता और यथार्थ को रेखांकित करने वाली होती है ?

रचना के मूल्यांकन में सर्वाधिक महत्त्वपूर्ण है **जीवन**, जीवन के तत्त्व, मनुष्य का जीवन, भाव-संकुल, जो सर्वाधिक जटिल होता है। जहाँ भी यह हो, स्वीकार्य है। निराला तो धार्मिक थे। वेदान्त को मानते थे, लेकिन मेरे लिए खड़ी बोली के सबसे बड़े कवि वही हैं क्योंकि वहाँ जीवन सबसे ज्यादा है, कम्प और घनत्व सबसे ज्यादा है। जो कवि मुझे पसन्द नहीं हैं उसका कारण उनका विचार या दर्शन नहीं बल्कि उनमें जीवन की कमी है। मुझे लेनिन का यह वाक्य बहुत प्रिय है—देयर इज मोर वेल्थ इन द फेनोमेना दैन इन दि लॉज़ गवर्निंग इट (घटनाओं में अधिक समृद्धि है बनिस्पत कि, उन नियमों के जो घटनाओं को परिचालित करते हैं।)

नये आलोचकों में आपको जिन आलोचकों में कुछ सम्भावनाएँ नजर आती हैं, उनके बारे में कुछ बताइए।

मुझमें जो सबसे बड़ी कमजोरी है वह है किसी को भी दुखी न करना। इसीलिए मैं अच्छा आलोचक नहीं बन सका।

एकदम नये लोगों में सर्वाधिक प्रतिभाशाली कवि ही सर्वाधिक प्रतिभाशाली आलोचक भी हैं—श्री आशुतोष दुबे एवं श्री पंकज चतुर्वेदी। कोलकाता के श्री वेद रमण भी प्रतिभाशाली हैं, पर वह कम लिखते हैं। श्री लीलाधर मंडलोई ने उल्लेखनीय निबन्ध लिखे हैं। और अनिमेष हैं, श्रीप्रकाश शुक्ल...।

पुरस्कारों का रचनाकारों और आलोचकों पर क्या प्रभाव पड़ता है ?

पुरस्कार कभी भी अन्तिम वा तदर्थ स्वीकृति भी नहीं दिलाते। इसके बावजूद वे महत्त्वपूर्ण इसलिए हैं कि मूल्यों की लड़ाई पुरस्कारों के निर्णय तक फैली होती है। जब आप किसी लेखक को चुनते हैं तो बाकी सबको छोड़ते हैं, यह मूल्य-निर्णय है जो साहसिक और जोखिमभरा है। इसलिए यहाँ समर्थन तथा विरोध में दो पक्ष हो जाएँगे क्योंकि ऐसा कोई समकालीन लेखक हो ही नहीं सकता जो सर्वमान्य हो। पुरस्कार या सम्मान साहित्य-आलोचना की ही बाहरी चौकी है। यहाँ विवाद का प्रश्न नहीं है, प्रश्न है मूल्यों के संघर्ष का। ऐसा हो ही नहीं सकता कि किसी कवि को महावीर अग्रवाल एवं कुल्हड़ जी एक साथ पसन्द करें।

वर्तमान परिस्थितियों में आलोचक का धर्म क्या होना चाहिए ?

आलोचक का धर्म हमेशा एक ही है—जो श्रेष्ठ है तथा जो नया है उसकी पहचान और यहीं अधिकांश आलोचना गच्चा खा जाती है।

अधिकांश रचनाधर्मी मानते हैं कि, विश्व में यदि आज कोई सम्पूर्ण वैज्ञानिक और सही जीवन दर्शन है तो वह मार्क्सवाद है, आप ऐसा क्यों मानते हैं ?

मैं भी ऐसा इसलिए मानता हूँ कि मार्क्सवाद शताब्दियों से चिन्तन का फल है तथा यह भी कि इस फल में भीतर भी एक बीज है, 'कटु तिक्त'। मार्क्स ने ही बताया कि सबकुछ बदलता रहता है। मार्क्सवाद भी कोई स्थिर पत्थर नहीं है। ज्ञान के क्षेत्र में किसी के पास कोई अमोघ अस्त्र या सुदर्शन चक्र नहीं होता। आज भी अपने समाज तथा संसार को समझने के लिए मार्क्सवाद सर्वाधिक अनिवार्य पाठ है।

रचना और आलोचना के क्षेत्र में सकारात्मक भूमिका अदा करने में लघु पत्रिकाओं की भूमिका आप किस रूप में मानते हैं ? कौन-कौन-सी लघु-पत्रिकाओं ने इस दिशा में बेहतर काम किया है ?

बिना लघु पत्रिकाओं के आलोचना की कल्पना ही असम्भव है। पिछले पचीस-तीस वर्षों में आलोचना, पूर्वग्रह, पहल तथा वसुधा के अलावा अनेक छोटी पत्रिकाओं ने साहित्य और समाज के प्रश्नों पर लगातार बहसें चलायी हैं। इधर लघु पत्रिकाएँ भी 'रीडर्स डाइजेस्ट' बनती जा रही हैं। 'सब धान बाइस पसेरी' अथवा 'सर्वसमभाव' आलोचना का शत्रु है। गम्भीर वाद-विवाद तथा प्रश्नाकुलता के अभाव में अच्छी-से-अच्छी लघु पत्रिका भी धर्मशाला बन जाती है।

प्रगतिशील लेखक संघ, जनवादी लेखक संघ और जनसंस्कृति मंच सहित दूसरे साहित्यिक संगठन एक दूसरे पर अक्सर आरोप प्रत्यारोप लगाते रहते हैं, इससे प्रगतिशील आन्दोलन को नुकसान हो रहा है। आपके विचार से यह विभाजन समाप्त कर इन्हें एकता के सूत्र में साथ-साथ कैसे आगे बढ़ाया जा सकता है ?

ये लेखक संगठन अगर किसी वैचारिक मुद्दे पर लड़ें तो अच्छा ही है। लड़ते रहना अच्छा है। हमेशा एकता की कामना ठीक नहीं। वैसे भी विचार या ज्ञान के क्षेत्र में शान्तिपूर्ण सह-अस्तित्व नहीं होता।

साहित्यिक संगठनों की रूपरेखा कैसी होनी चाहिए ? राजनैतिक पार्टियों की भूमिका उसमें कैसी हो ? उनका हस्तक्षेप किस सीमा तक हो ?

साहित्यिक संगठन साहित्यकारों के, साहित्य तथा समाज के हित के लिए संगठन हों। कम्युनिस्ट पार्टी बनी, तब सबके संगठन भी बने क्योंकि आदर्श था नये इन्सान का निर्माण जिसके लिए सबको मिलकर संघर्ष करना था। धीरे-धीरे वह आदर्श समाप्त हो गया। वर्ग-संघर्ष का स्थान जातिवाद, अर्थवाद तथा स्वार्थ ने ले लिया। जब कभी हम मनुष्य को मनुष्य के रूप में मुक्ति दिलाने की बात सोचेंगे, संगठनों की जरूरत होगी। छोटी-से-छोटी बात से लेकर नये इन्सान के निर्माण तक। मैं समझता हूँ कि आज के नवसाम्राज्यवाद एवं खूँखार पूँजीवाद के युग में जब स्वार्थ

को उदारतावाद कहा जा रहा है तब पहले से भी ज्यादा जरूरी है कि सारे मुक्तिकामी लोग मिलकर संघर्ष करें। लेखक संगठन लेखकों की रायल्टी या पुरस्कार तथा लोकार्पण-अभिनन्दन के लिए नहीं बल्कि सर्वहारा जन की मुक्ति के लिए आगे आवें। और कम्युनिस्ट पार्टियों को भी उनके खोये ज्ञान तथा बल से अवगत करावें।

नई पीढ़ी के रचनाकारों के विषय में आपकी क्या राय है? कुछ संभावनाशील रचनाकारों के नाम और काम पर अपने विचार बताइए।

नई पीढ़ी के रचनाकार नया काम कर रहे हैं। बेहद तेजस्वी हैं। लेकिन उनमें से अधिकांश पक्ष लेने से बचते हैं। जो डूबने से डरेंगे वे मोती कैसे पाएँगे।

भारतीय रचना और आलोचना की विश्व साहित्य में क्या स्थिति है?

भारतीय रचना ने अपने अनुरूप आलोचना अर्जित की है। रचना की स्थिति विश्व साहित्य में आलोचना की तुलना में बेहतर है। फिर भी मुझे लगता है कि अभी हमें बहुत काम करना है। और यह भी कि हमारी भाषा पर आज भी कलावादी सिद्धान्त हावी हैं। इनसे मुक्ति जरूरी है। हमारा लेखक आज भी पक्षधर है।

11 से 13 जनवरी 1987 तक भारत भवन द्वारा आलोचक पर केन्द्रित 'समवाय' का आयोजन सम्पन्न हुआ उस पर केन्द्रित 'पूर्वग्रह' (78-79) के विशेषांक पर आपकी क्या राय है?

बीस साल बाद इस प्रश्न का क्या औचित्य है। वैसे मुझे उस अंक की कोई विशेष याद नहीं है।

आज दूरदर्शन की लोकप्रियता और उसके सकारात्मक उपयोग की दिशा में आप क्या सोचते हैं? क्या दूरदर्शन अपने दायित्व का निर्वाह कर पा रहा है?

मैंने कभी इस पर विचार नहीं किया।

पुस्तकों के मूल्य बहुत अधिक रखे जा रहे हैं, वे पाठक और आम जनता तक कैसे पहुँचाई जा सकती हैं?

जब तक लोग साहित्य से प्रेम नहीं करेंगे तब तक पढ़ेंगे ही नहीं। और आज यह कठिन लग रहा है।

अभिव्यक्ति की स्वतन्त्रता और सरकार की नीतियों के सम्बन्ध में आपकी क्या धारणा है?

सरकार का काम है आप पर जुल्म करना और आपको बोलने भी न देना। आपका काम है बोलना और जुल्म को रोकना।

हिन्दी आलोचना के उत्तरोत्तर विकास के सम्बन्ध में अपने विचार बताते हुए अपने प्रिय आलोचकों के बारे में बताइए।

अभी मेरे सबसे प्रिय आलोचक हैं डॉ. नामवर सिंह। उन पर मैं लेख भी लिख चुका हूँ। उनके कुछ लेखों के अनुवाद भी अंग्रेजी में किये हैं। यह कितने दुःख की बात है कि हमारे सर्वश्रेष्ठ साहित्य-आलोचकों की कृतियों के अंग्रेजी अनुवाद तक उपलब्ध नहीं हैं। ये बहुत बड़े लोग हैं जिन्होंने हमेशा दूसरों के बारे में सोचा, अपने लिए कुछ भी नहीं किया।

समकालीन आलोचना की रचनात्मक चुनौतियाँ क्या हैं?

समकालीन आलोचना को अभी भी, हमेशा की तरह, जो श्रेष्ठ है उसे रेखांकित करना है। साथ ही उसे समाज में आलोचनात्मक विवेक को जाग्रत करना है। उसे सत्ता के विरुद्ध वास्तविक जनतन्त्र के लिए काम करना है। यदि रचना जीवन की आलोचना है तो आलोचना रचना और जीवन दोनों की आलोचना है।

स्याह, उदास और अकेली है आज की कविता

(अरुण कमल से अजित राय की बातचीत)

जब आपका पहला कविता संकलन 'अपनी केवल धार' प्रकाशित हुआ था, उस समय आपकी पीढ़ी का लक्ष्य काफी स्पष्ट था। आप लोग भारत में एक वामपंथी-जनवादी क्रान्ति के लिए रचना के मोर्चे पर संघर्षरत थे। लेकिन इसी बीच सोवियत संघ का विघटन हो गया और विश्व की स्थिति काफी बदल गयी। 'अपनी केवल धार' से ले कर 'नये इलाके में' (1996) और आज तक आपकी काव्य दृष्टि में क्या कोई बदलाव आया है ? आप अब तक की अपनी काव्य यात्रा को किस रूप में रेखांकित करेंगे ?

मेरी समझ से अपना बदलता हुआ चेहरा शायद ही कोई देखता या पहचानता हो। फिर भी यह पूरा परिवर्तन मेरे अपने जीवन अनुभवों और जीवन के बारे में निष्कर्षों में हुए परिवर्तन से जुड़ा रहा। मुझको लगा कि सब कुछ इतना भोला-भाला और सुन्दर है नहीं। दुनिया को बदलना भी इतना आसान नहीं है और आदमी के जीवन में बहुत दुख और द्वन्द्व है। जिसे मैं 'हरा' समझ रहा था वह लगातार स्याह होता जा रहा है। शायद हताशा और पराजय का भाव इसी कारण है। वैसे तो प्राय: प्रत्येक कविता की जड़ व्यक्ति के सम्पूर्ण जीवन में होती है। फिर भी अलग-अलग समय में कविता का रूप और चरित्र भिन्न-भिन्न होता है। मसलन 'नये इलाके में' की कविताएँ उस दौर में लिखी गयीं जब हमारे समाज में बहुत बड़े परिवर्तन हो रहे थे जो अभी भी जारी हैं। जैसे सोवियत संघ और समाजवाद का विघटन, भारत में विकास का ऐसा सिलसिला जिसने गरीबों को और ग़रीब बनाया और मनुष्यता के लिए जगह लगातार कम होती गयी। यही समय भारतीय समाज का सर्वाधिक हिंस्र और बर्बर समय भी रहा। इसके अलावा मेरा निजी जीवन भी बहुत मुश्किलों और यातना से गुज़रा। ये कविताएँ इसी भावदशा को व्यक्त करती हैं लेकिन जीवित रहने

की और जीवन को बचाये रखने की एक जर्जर कोशिश भी शायद यहाँ मौजूद है।

धीरे-धीरे मुझे यह लगता गया कि कवि और कविता वास्तव में कोई परिवर्तन नहीं ला सकते बल्कि समाज में उसके लिए कोई स्थान नहीं है। इसलिए यह समझने के बाद अब कविता के स्वर में और उसकी भंगिमा में बल्कि आचरण में भी बड़ा परिवर्तन आया है। हिन्दी समाज में वैसे भी कविता की कोई प्रतिष्ठा कभी रही नहीं। पोलिश कवि ज्नान्यू हरबर्ट के शब्दों में—'हमारा काम एक घिरे हुए शहर से रिपोर्ट भेजना भर है।' और अधिक-से-अधिक कविता एक तूती की आवाज़ है।

तो क्या उस दौर की राजनीतिक प्रतिबद्धताएँ भी अप्रासंगिक हो चुकी हैं ? अब आपकी अपनी वैचारिक प्रतिबद्धता कहाँ पर है ?

अभी के दौर में ऐसा कोई रचनाकार हो ही नहीं सकता जिसकी कोई-न-कोई राजनैतिक प्रतिबद्धता न हो। एक हिसाब से मार्क्वेज का पूरा लेखन राजनीतिक ही तो है और मिलान कुंडेरा का भी। जिन पोलिश कवियों का हम इतना नाम लेते हैं, वे सबके सब राजनीतिक कवि ही तो हैं और उनकी कविताएँ राजनीतिक प्रतिरोध की ही कविताएँ हैं। लेकिन एक बात मुझको हमेशा लगती है कि विचारधारा से भी बड़ा है जीवन दर्शन और दर्शन से भी बड़ी है जीवन दृष्टि (विजन)। एक ही विचारधारा बहुत लोगों की हो सकती है लेकिन जीवन दृष्टि प्रत्येक बड़े लेखक की अपनी होती है—निजी। वैसे मैं अपने को मार्क्सवादी समझता हूँ। पहले जिन कारणों से कोई मार्क्सवादी होता था आज भी वे कारण मौजूद हैं बल्कि ज़्यादा शिद्दत से मौजूद हैं। ग़रीबी, बेरोजगारी और मनुष्यता का विनाश आज भी हमारे बड़े सवाल हैं। इन सवालों को लाँघ कर कोई कैसे जी सकता है।

आज हिन्दी कविता में जो युवा पीढ़ी सक्रिय है, उसे आप अपनी पीढ़ी से किस प्रकार अलग पाते हैं ? इन कवियों से आपकी क्या अपेक्षाएँ हैं ?

नये कवि साहसी भी हैं विषयवस्तु के चुनाव और शिल्प प्रयोग की दृष्टि से और समझदार भी हैं। ये कई बार कुछ ज़्यादा सूक्ष्मता से चीज़ों को देखते हैं ब्यौरों में जा कर। फिर इनकी भाषा भी अधिक कसी हुई लगती है और एक बात ये कि इनकी राजनीतिक दृष्टि ऊपर-ऊपर दिखलायी नहीं पड़ती।

मैं नया कवि सिर्फ उम्र से नहीं मानता। मुझको अपेक्षा देवी प्रसाद मिश्र से भी है और राजेश जोशी से भी, विष्णु नागर से भी है और उदय प्रकाश से भी। इसी तरह मुझे ख़ुद अपने से भी अपेक्षा है क्योंकि वह काम ज़्यादा ज़रूरी है जो अभी नहीं हुआ और मुझे केदारनाथ सिंह से भी अपेक्षा है।

जो नये कवि हैं यानी जिन्हें नवें दशक का कवि कहा जाता है उन्होंने सम्भवतः

कोई आलोचनात्मक गद्य नहीं लिखा। उनका लिखा कोई निबन्ध, टिप्पणी या उद्‌गार मेरी नज़र से नहीं गुजरा। इसलिए मुझे कविता के बारे में उनके विचारों की कोई लिखित जानकारी नहीं है। हिन्दी में हर थोड़े दिन पर एक ऐसी पीढ़ी आती रही है जो केवल कविता लिखती है, गद्य आदि कुछ भी नहीं। यहाँ तक कि उनके प्रिय कवि कौन–कौन हैं यह भी उन्होंने गोपन रखा है। यह भी विचित्र बात है कि आजकल के अधिकांश कवि लिख कर (गद्य) कोई बात नहीं कहना चाहते। कोई पक्ष नहीं लेते—किसी विवाद में नहीं पड़ना चाहते। उन्हें पढ़ते हुए जो बात सबसे अधिक हमारा ध्यान खींचती है वह है उनका–अराजनीतिक स्वरूप। धूमिल और उनके बाद हिन्दी कविता स्पष्टतः राजनीतिक रही है। रघुवीर सहाय और मुक्तिबोध और श्रीकान्त वर्मा भी। इधर की कविताएँ छोटे–छोटे विषयों और आशयों की कविताएँ हैं। राजनीतिक प्रश्नों का स्थान किन्हीं बड़े जीवन प्रश्नों ने नहीं लिया है। ये स्थिर शान्त और सौम्य हैं—घर–परिवार–गृहस्थी, प्रकृति लोक जीवन के सुकोमल दृश्य और बिम्ब जो दृश्य पटल पर थोड़ा–सा ठहर कर विसर्जित हो जाते हैं, नये कवियों में लगातार बढ़ते गये हैं। कविता यहाँ ज़्यादा घरेलू और पालतू हो गयी है। एक सीमा तक तो यह अच्छा है पर यदि यही मुख्यधारा बन जाय तो माइनर पोयट्री का सृजन हो सकता है। ऐसा करना आसान है इसलिए अधिकतर कवि कविता सृजन में विशेष यत्न से बच जाते हैं। इस प्रवृति ने कविता को अति सहज और सपाट बना दिया है।

आज की कविता अभी ठीक 10-15 वर्ष पहले की कविता के मुकाबले ज़्यादा स्याह, उदास और अकेली है। पहले की तुलना में अधिक विविध भी। अधिक समृद्ध है ऐसा कहना तो मुश्किल है। जीवन के जितने सारे क्षेत्र, अनुभव और भंगिमाएँ अभी आ रही हैं उतना पहले नहीं थीं। चीखने से लेकर **स्वगत** तक लगभग पूरा विस्तार मिलता है। जहाँ कुछ भी नहीं था वहाँ भी आज का कवि कविता ढूँढ़ लेता है।

आपकी पीढ़ी रघुवीर सहाय और केदारनाथ सिंह से गहरे अर्थों में प्रभावित रही है। आप अपने को इनमें से किसके करीब पाते हैं ?

मेरे लिए दोनों बड़े कवि हैं—गुरु समान। साहित्य में 'तथा' होता है 'अथवा' नहीं। जिसे आठवें दशक की कविता कहा जाता है उसने धूमिल, राजकमल चौधरी को छोड़ कर नागार्जुन–त्रिलोचन से अपने को जोड़ा और निराला से भी तथा बीच–बीच में शमशेर, मुक्तिबोध को भी याद किया। पर अज्ञेय, दिनकर, पन्त, प्रसाद आदि से तो प्रकटतः नहीं। हर कवि अपने प्रिय कवि का हाथ एक–न–एक दिन छोड़ कर चलता है और फिर नये रहबर मिलते हैं। इसी तरह मुक्तिबोध और नागार्जुन की भी जो दो धाराएँ कही जाती हैं इसके बारे में मुझको लगता है कि धारा हमेशा रास्ता

बदलती है। बाद के जो कवि होंगे वे न तो मुक्तिबोध की तरह लिखेंगे न नागार्जुन की तरह न रघुवीर सहाय या केदारनाथ सिंह की तरह। बाद की कविता को समझने के लिए मुक्तिबोध का एक लेख बहुत महत्त्वपूर्ण है–'सुभद्राजी की सफलता का रहस्य।' यह छोटा–सा निबन्ध समकालीन कविता की कुंजी है।

एक ओर हिन्दी कविता गद्य के काफी करीब हो गयी है दूसरी ओर कुछ लोग छन्द की वापसी पर ज़ोर दे रहे हैं। देवी प्रसाद मिश्र, अष्टभुजा शुक्ल, संजय चतुर्वेदी, बद्री नारायण जैसे कवियों ने छन्द को ले कर कुछ प्रयोग भी किए हैं। आने वाले समय में काव्यभाषा का क्या रूप हो सकता है ?

छन्द छोड़ने से वर्तमान हिन्दी कविता घाटे में है। रघुवीर सहाय–केदारनाथ सिंह तक ऐसा नहीं था। लेकिन मैं केवल छन्द की ही बात नहीं कर रहा। मेरा मानना है कि हिन्दी कविता में आज श्रवण बिम्ब का अभाव है। मुझको नहीं लगता कि हिन्दी कविता में छन्द कभी अनुपस्थित हुआ है। रघुवीर सहाय, केदारनाथ सिंह की बात छोड़ भी दें तो कुँवर नारायण, कुमार विकल, मानबहादुर सिंह, विजेन्द्र, गोरख पाण्डे से ध्रुव शुक्ल तक में छन्द मौजूद है। यह अलग बात है कि जिस तरह पहले सभी छन्द में ही लिखते थे वैसे ही अब सभी कवि बिना छन्द के लिखते हैं—यानी छन्दहीनता भी एक रूढ़ि बन गयी है और रूढ़ियों का टूटना ज़रूरी होता है।

क्या आज की आलोचना हिन्दी कविता का सही मूल्यांकन कर पा रही है ?

अभी ऐसे लोग बहुत कम हैं जो वास्तव में कविता से प्रेम करते हों और कविता पढ़ कर अपनी राय बनाते हों। आज की आलोचना अधिकतर काव्येतर कारणों से हो रही है। ऐसे में विजय कुमार जैसे कवि–आलोचक अपवादस्वरूप ही हैं।

हमारे समय में बाज़ार की अभूतपूर्व उपस्थिति से कवि-कर्म थोड़ा कठिन हो गया है। अब नागार्जुन की तरह घुमन्तू होना, अपने को डिक्लास करना और पूर्णकालिक रूप से कविता लिखना सम्भव नहीं रहा। ऐसे में कविता क्या कर सकती है ?

यह सच है कि ज्यों–ज्यों सभ्यता विकसित होती जाएगी कवि कर्म कठिन होता जाएगा। हमारा समाज पहले के किसी भी समाज से ज़्यादा जटिल और टुकड़े–टुकड़े है। पर जो हर तरह से अकेला, कमज़ोर और असहाय है कविता उसी के पक्ष में है। अभी तक ऐसा समाज नहीं बना जिसमें ये बातें न हों, इसलिए कविता हमेशा ज़रूरी रहेगी।

मनुष्य का पूरा इतिहास एक अर्थ में बाज़ारों के बनने का इतिहास है—मनुष्यों (दासों) के बाज़ार से ले कर वस्तुओं के बाज़ार तक। कविता इस बाज़ार का प्रतिपक्ष

है जहाँ सब कुछ बेचा या खरीदा जा सकता है–गर्भगृह की प्राचीन पवित्र मूर्ति से ले कर जिस बच्ची की नाभि भी नहीं सूखी उसकी देह तक। ऐसे समाज में कविता नितान्त स्थिर, अपरिवर्तनीय मानव–मुद्रा है, जिसका विनिमय सम्भव नहीं, जो किसी विनिमय का साधन नहीं। 19वीं सदी में जब भारत में आधुनिक बाज़ारों का बनना शुरू हुआ तो उस दौर के सबसे बड़े कवि ग़ालिब ने कहा—

'क्यों शाहिद–ए–गुल बाग से बाज़ार में आवे?'

कविता बागों की रखवाली करती है।

फिर कविता के पाठक लगातार क्यों घट रहे हैं ?

मुझे नहीं लगता कि कविता के पाठक घटे हैं। पहले भी कविता के पाठक कम ही थे। अभी भी कम हैं, लेकिन हैं। एक अगोचर पाठक वर्ग जो पूरे देश में फैला हुआ है—वह कवियों और कविताओं को पढ़ता है, उस पर निशान लगाता है और अन्ततः चुनता भी है। यदि ऐसा नहीं होता तो कविता पर भी सटोरियों का कब्जा होता। हिन्दी कविता गाँव–गाँव में फैले अपने अभावग्रस्त पाठकों के भाव और कृपा पर जीवित हैं। आज जितने कविता संकलन छपते और बिकते हैं, पहले शायद कभी नहीं बिके।

इन दिनों आप क्या कर रहे हैं।र आपकी भावी योजनाएँ क्या हैं ?

इन दिनों मैं ढेर सारे कामों में लगा हुआ हूँ, खास तौर से श्रीलंका, लाओस, कम्बोडिया तथा कुछ अन्य एशियाई देशों की कविताओं का अनुवाद कर रहा हूँ। मुझे लगता है कि हिन्दी कविता का पश्चिम के मुकाबले ज़्यादा गहरा रिश्ता एशियाई कविता से रहा है। यह पुल फिर बनाना चाहिए। इधर मैं प्रो. नामवर सिंह की किताब 'कविता के नये प्रतिमान' के पुनर्मूल्यांकन में लगा हूँ 'वसुधा' पत्रिका के लिए। मेरा चौथा कविता संकलन लगभग तैयार हो चुका है।

अब तक जो मैं लिखता आया उसके पीछे कोई खास योजना या वैचारिक या नैतिक निश्चय नहीं रहा। जब जो देखा–सुना जो मन में आया वह लिख दिया। यह सही है कि अनजाने में भी एक सूत्र तो होता ही है। लेकिन अभी मैं खासतौर से अपने देश के अतीत और भविष्य को ले कर चिन्तित हूँ। मैं कुछ ऐसी कविताएँ लिखना चाहता हूँ जो शताब्दियों के हमारे भारतीय जीवन की संधियों और पर्वों को व्यक्त करने वाली स्थितियों पर हों। अभी जो हमारे समाज के सर्वाधिक उत्पीड़ित लोग हैं, मैं कविता में उनका एक अलबम तैयार करना चाहता हूँ बिलकुल साधारण जीवन प्रसंगों को ले कर। एक यात्रा–वृत्तान्त लिखने की इच्छा है जो पर्यटक स्थलों, तीर्थों, रमणीय स्थलों के बारे में नहीं बल्कि उन जगहों के बारे में होगी जहाँ हमारे देश के अधिकांश लोग रहते हैं लेकिन वहाँ कोई नहीं जाता। मैं एक लम्बी कविता पर काम

कर रहा हूँ, जिसमें मैं कहीं जाना चाहता हूँ, मुझे कोई ऐसी जगह, कोई ऐसा व्यक्ति या घर नज़र नहीं आ रहा जहाँ मैं अचानक जा पहुँचूँ। वैसे जो आप लिख रहे होते हैं उसके बारे में कुछ भी कहना मुश्किल ही है। वह बहुत कुछ दुर्गम क्षेत्रों में सड़क बनाने जैसा होता है—कब किधर से रास्ता काटना पड़ेगा या कब किधर रास्ता बन्द हो जाए, कहा नहीं जा सकता। या यह भी हो सकता है कि हम सबसे सुन्दर घाटियों से गुजर जाएँ। सब कुछ अनिश्चित और अप्रत्याशित जैसा होता है।

मैं स्वान्तः सुखाय लिखता हूँ—कोई पढ़े तो भी ठीक न पढ़े तो भी ठीक। अभी जो हमारा समाज है, उसमें किसी भी अच्छी चीज़ के लिए जगह नहीं है—अच्छे और नेक लोगों के लिए भी नहीं। ऐसे में मुझे कोई मलाल नहीं कि लेखक की कोई सामाजिक हैसियत नहीं है—यह हैसियत तो कभी रही ही नहीं। फिर भी मैं अपने अनुभव से यह भी जानता हूँ कि हिन्दी में अभी भी बहुत बड़ी तादाद में लिखने-पढ़ने वाले मौजूद हैं—मेरे लिए यह कम नहीं है। मेरी इच्छा है कि मैं बिलकुल साधारण सी चीज़ों पर कुछ बहुत आसान लेकिन संगीतमय कविताएँ लिखूँ जिसे कोई भी समझ सके और याद कर सके। मैं पिछले दो सौ वर्षों के हिन्दी जाति के जीवन के बारे में एक पूरी किताब लिखना चाहता हूँ, साहित्य और कविता के माध्यम से। यानी मैं साहित्य और कविता को आधार बना कर हिन्दी जाति के जीवन की पुनर्रचना करना चाहता हूँ। यह एक मुश्किल काम है पर अगले वर्षों में मैं उसे पूरा कर लेना चाहता हूँ।

किताबें आसमान दे देती हैं ज़िन्दगी को

(अरुण कमल से हरे प्रकाश उपाध्याय की बातचीत)

कवि अरुण कमल के घर में ज्योंही आप प्रवेश करेंगे, सबसे पहले आपका साबका किताबों से ही होगा। यहाँ मेज़ पर, वहाँ चौकी पर, यहाँ सोफे पर और यहीं बगल में किताबों से भरी एक रेक। कुछ किताबें ज़मीन पर भी। और उस कोने में ज़मीन पर एक आसन बिछा है, और उसकी बगल में बिखरी-खुली किताबें जो पढ़ी जा रही हैं। और हाँ, जब अरुण कमल पढ़ रहे हों, घर में शान्ति रहेगी, लोग धीरे-धीरे चलेंगे, बरतन करीने से रखे जाएँगे कि बजें नहीं और दरवाज़े पर आया अतिथि दस्तक देकर लौट जाएगा या ज़रूरी हुआ तो संयम से कुछ देर प्रतीक्षा करेगा। मैं जब उनसे इस स्तम्भ के लिए बातचीत करने पहुँचा, बारिश बरस कर बन्द हो चुकी थी। मगर आसमान में बादल थे। वे कहते हैं, 'खुले मैदान में आसमान के नीचे, नदी किनारे टहलते हुए खुले और निर्भीक रूप से ही किताबों पर बात करना अच्छा होता है। क्योंकि किताबें हमारी ज़िन्दगी को हमारे माथे के ऊपर एक आसमान दे देती हैं। माथे के ऊपर छत तो बहुत मामूली चीज़ है, जो दूसरे मामूली प्रयत्नों से प्राप्त हो सकती है, मगर माथे के ऊपर आसमान केवल किताबें ही दे सकती हैं। पर बाहर जब बारिश का डर है, तब इस बन्द कमरे में बैठ कर बात करने के सिवाय मेरे पास चारा भी क्या है ? आप मेरी बात समझ रहे हैं न हरे प्रकाश जी।' वे इस ओर भी इशारा करते हैं कि टहलते हुए बात की जा सकती है, मगर लिखा नहीं जा सकता है। पर वे मानते हैं 'किताबों का विकल्प नहीं। किताब एक ऐसी चीज है, जो हर जगह, हर समय, माचिस की डिबिया की तरह आपके साथ होती है। और ये आपकी कल्पना को सबसे अधिक खुला छोड़ती हैं। बाकी सारे माध्यम आपको बन्द कमरों की ओर ले जाते हैं, जबकि किताबें खुले मैदानों और कछारों की ओर। मैंने रामायण या महाभारत सीरियल कभी नहीं देखा। मैं अपने कान भी बन्द कर लेता था ताकि कोई दृश्य अथवा वाक्य मेरी कल्पना के दृश्यों और श्रवण बिम्बों को गन्दा न कर दे। जो छवि रामचरितमानस

निर्मित करता है, वह अन्तिम नहीं होती, जबकि टेलीविज़न की छवियाँ अन्तिम होती हैं। इसीलिए किताबों का कोई विकल्प नहीं। किताब का मतलब है आज़ादी।'

इधर के दिनों में अरुण कमल ने बहुत सारी चीज़ें पढ़ी हैं, अमरकान्त का उपन्यास 'इन्हीं हथियारों से', भीष्म साहनी की आत्मकथा 'आज के अतीत', वीर भारत तलवार की आर्य समाज तथा नवजागरण पर लिखी दो किताबें, अरविन्द कुमार की 'न्यायक्षेत्रे-अन्याय क्षेत्रे', कनक तिवारी की 'संविधान का सच', गोविन्द चन्द्र पाण्डे की 'महिलाएँ', मिथिलेश्वर की '10 प्रतिनिधि कहानियाँ', अमृतलाल वेगड़ की 'अमृतस्य नर्मदा', विश्वनाथ त्रिपाठी की अपने गाँव पर लिखी किताब, निर्मल वर्मा की रचनाओं का एक चयन जो वाणी से आया है। इसके अलावा उन्होंने बहुत सारे नये-पुराने कवियों के कविता संग्रह भी पढ़े हैं। कुँवर नारायण, पंकज सिंह, विष्णु नागर, नीलाभ और नरेन्द्र जैन की कविता पुस्तकें। निर्मला गर्ग, वीरा तथा नीलेश रघुवंशी के भी नये संग्रह। भारतीय ज्ञानपीठ से अभी आए छह युवा कवियों के संग्रह (सेट) की बाबत कहते हैं, 'यह अपने-आप में अनूठी योजना है। इतनी सस्ती और इतनी अच्छी। उसे भी पढ़ा।' उनके कमरे में यहाँ बहुत सारी लघु पत्रिकाओं के ताजे अंक बिखरे हुए हैं। वे कहते हैं, 'लघु पत्रिकाएँ मैं बहुत पढ़ता हूँ। इतनी अच्छी चीज़ें अन्यत्र सुलभ नहीं हैं। हिन्दी में इतना काम हो रहा है, इतने लोग अच्छा लिख रहे हैं। अभी-अभी 'कथन' का अंक आया है, जिसमें 'अड्डा' पर नामवर जी का बहुत सुन्दर निबन्ध है। इसी तरह अभी 'पहल' में और 'वसुधा' में एडवर्ड सईद पर महत्त्वपूर्ण सामग्री आयी है। अभी 'अकार' 'आकण्ठ' और 'मुक्तिबोध' जैसी बिलकुल छोटी पत्रिकाएँ भी आयी हैं। 'उन्होंने अभी बिलकुल हाल में पाब्लो नेरूदा के मेमॉयार्ज तथा अमृत राय की किताब 'कलम का सिपाही' पढ़ा है। वे कहते हैं, 'नेरूदा मेरे प्रिय कवि हैं और उनकी यह किताब मुझे ख़ास तौर पर प्रिय है। इन्हें पढ़ते हुए मैंने देखा कि एक लेखक कैसा लेखक बनेगा और क्या लिखेगा, ये बहुत कुछ उसके निजी जीवन पर निर्भर करता है। उसका निजी जीवन ही शायद उसके लेखन का जैविक बीजक भी होता है। वैसे भी आत्मकथा पढ़ने का शौक मुझे बहुत है। किसी की भी आत्मकथा।'

अरुण जी पढ़ने की चीज़ों के चयन के मामले में बहुत उदार हैं। जो भी हाथ लग जाय, उसे उलटते-पुलटते हैं और अगर उसने खींच लिया तो उसमें डूब जाते हैं। वे कहते हैं, 'यह सम्भव नहीं है कि जब जो किताब मैं खोजूँ, तुरन्त मिल जाय। फिर भी मेरी कोशिश होती है कि एक साथ कविता, उपन्यास और कम-से-कम कोई एक विचार पुस्तक रोज पढ़ूँ। जहाँ तक कविता का सवाल है, मैं अपने प्रिय कवियों को पढ़ता हूँ, और देश-विदेश के दूसरे कवियों को।' उनको तुलसीदास, निराला, ग़ालिब,

सियारामशरण गुप्त, सुभद्रा कुमारी चौहान, शमशेर, नागार्जुन, त्रिलोचन, केदारनाथ अग्रवाल और फिर उनके बाद रघुवीर सहाय और केदारनाथ सिंह बहुत प्रिय हैं। और विदेशी कवियों में शेक्सपियर। वे जब भी कभी बाहर जाते हैं तो वहाँ से किताबें खरीद कर या फ़ोटो करा कर लाते हैं। उन्होंने पोलिश कवियों की कविताएँ राजेश जोशी, आग्नेय आदि से ले कर फ़ोटो करायीं या भेंट स्वरूप प्राप्त कीं। कुछ महत्त्वपूर्ण भारतीय वाङ्मय सत्यप्रकाश मिश्र से। शुरू में उन्हें एक या दो किताबें वेणु गोपाल से भी मिलीं। उन्हें दर्शन की किताबें भी बहुत प्रिय हैं। मार्क्स की तीन किताबें उनकी नियमित पाठ्य सामग्री हैं–इकोनोमिक एण्ड फिलॉसफ़ी मेनुस्क्रिप्ट 1844, जर्मन आइडियोलॉजी और कम्युनिस्ट मैनिफेस्टो। रसूल हमजातोव की किताब 'मेरा दागिस्तान' उन्हें बहुत प्रिय है, जिसकी बार–बार चर्चा करते हैं और नये कवियों को इसे ख़ास तौर पर पढ़ने की सलाह देते हैं। बताते हैं, 'यह किताब नये कवियों की पाठशाला है।' दूसरी महत्त्वपूर्ण किताबों के बारे में चर्चा करते हुए वे कहते हैं— ''मुक्तिबोध की किताब 'एक साहित्यिक की डायरी' भी मुझे हमेशा एक बहुत ज़रूरी किताब लगी। और आचार्य रामचन्द्र शुक्ल की किताब 'हिन्दी साहित्य का इतिहास', फ़िराक गोरखपुरी की किताब 'उर्दूभाषा और साहित्य', हाली की किताब 'मुकदमा–ए–शेरोशायरी' एजरा पाउण्ड की 'ए.बी.सी. ऑफ़ रीडिंग, और नामवर सिंह की 'कहना न होगा।' ये हमारे काव्य विवेक को पजाने वाली किताबें हैं, जिन्हें मैं अक्सर पढ़ता हूँ।'' अभी–अभी इन्हें एडवर्ड सईद की किताब 'रिफ़्लेक्शन ऑन एक्जाइल' और 'लिस्बन की घेराबन्दी का इतिहास' हाथ लगी हैं, जिन्हें उन्होंने डूबकर पढ़ा है। और राजेश जोशी की हाल में आयी गद्य पुस्तक 'एक कवि की नोटबुक' भी उन्हें अच्छी लगी है। कुछ पुराने साहित्य की चर्चा करते हुए वे कहते हैं, 'महाभारत' एक ऐसा ग्रन्थ है, जो कभी ख़त्म नहीं होता। शायद दुनिया का महानतम ग्रन्थ। वे तुलसीदास, शेक्सपियर, तॉलस्तॉय, चेखव, हेमिंग्वे, चीनी कवि आए छिन, वियतनामी कवि तो–हू तथा इंडोनेशिया के कवि रेन्द्रा की बहुत प्रशंसा करते हैं। एशिया और यूरोप की आधुनिक कविता की तुलना करते हुए कहते हैं कि दोनों एक दूसरे से कई तरह से भिन्न हैं। 'हिन्दी कविता का स्वभाव जाहिर है एशियाई कविता के स्वभाव के ज़्यादा करीब है, यानी यहाँ भावों की तीव्रता है। अनावश्यक जटिलता नहीं है और आत्मा का प्रसार बहुत ज़्यादा है।'

अरुण कमल मानते हैं कि 'बचपन' में पढ़ कर जिनकी किताबों का असर उन पर सबसे ज़्यादा हुआ, वे हैं प्रेमचन्द। प्रेमचन्द की कहानियाँ आज तक पीछा करती हैं और निर्णय के क्षणों में या किसी भी फिसलन के मौके पर हमारे विवेक को जाग्रत कर देती हैं। उनकी कहानी पंचपरमेश्वर की एक बात 'बिगाड़ के डर से ईमान की बात

नहीं कहोगे' आज भी आत्मा के गह्वरों में गूँजती है। ऐसी ही एक कहानी और थी सुदर्शन की—'हार की जीत', जिसका भी एक वाक्य 'यह बात किसी से न कहना, नहीं तो लोग ग़रीबों पर विश्वास करना छोड़ देंगे' आज भी मुझे सम्पूर्ण विश्व की राजनीतिक व्यवस्थाओं और संघर्षों के लिए बहुत महत्त्वपूर्ण सन्देश लगता है। वे शुरुआती दौर में पढ़ी गयी निराला, तुलसीदास और कबीर की कविताओं का अपने जीवन पर प्रभाव कबूलते हैं। इसके साथ ही वे जोड़ते हैं, "लगभग 18-19 की उम्र में मैंने मुक्तिबोध की किताब 'चाँद का मुँह टेढ़ा है' पढ़ी। मेरे निजी और पारिवारिक जीवन के लिए बहुत संकट का समय था, लेकिन मुक्तिबोध की कविताओं ने मेरे भहराते हुए जीवन को सहारा दिया और एक तरह से मेरे भीतर नयी छतें डाल दीं। मुझको हमेशा लगता है कि खड़ी बोली हिन्दी में इतनी गहराई से मनुष्य के जीवन को अप्रत्याशित घूर्ण देने वाला दूसरा कोई कवि नहीं है। मुक्तिबोध सर्वाधिक राजनीतिक होते हुए भी सर्वाधिक निजी कवि हैं। उसके आस-पास ही मैंने नागार्जुन की किताब 'सतरंगे पंखों वाली' पढ़ी। और यहाँ मुझे एक रास्ता मिल गया। लिखने का रास्ता। मुक्तिबोध ने यदि मेरे जीवन को संयोजित किया तो नागार्जुन ने मेरे भीतर के एक कवि को उड़ना सिखाया। इसके बाद जैसा कि होता है, कोई एक कवि आपका जीवन भर साथ नहीं देता। आप जैसे-जैसे बढ़ते हैं और पुरानी कमीज़ें छोटी होती हैं, वैसे ही हर बार नये कवियों की तलाश करनी पड़ती है।"

बातचीत का समापन करते हुए अरुण जी कहते हैं—'महान आलोचक वाल्टर बेंजामिन ने लिखा है—सबसे अच्छा है अपने बिस्तर पर लेटे हुए कोई किताब पढ़ना, जिस पर आपको कभी कुछ लिखना और बोलना न हो। इससे बड़ा सुख और कुछ नहीं। नेरूदा भी अपने मेमॉयार्ज में एक पेंटिंग का ज़िक्र करते हैं, इसमें एक आदमी अपने कमरे में अलाव के पास आरामकुर्सी पर बैठा हुआ है, कोई किताब पढ़ रहा है, उसके मुँह में सिगार है। कुर्सी के अगल-बगल दो झबरे कुत्ते बैठे हुए हैं और वह किताब पढ़ रहा है। नेरूदा कहते हैं कि मेरे लिए यह सुख का सर्वोत्तम बिम्ब है। मुझे भी यही लगता है। और मैं अपने दिन भी अपनी प्रिय किताबों के साथ गुजारना चाहता हूँ। शेक्सपियर के शब्दों में कहूँ तो—मी पुअर मैन। माई लाइब्रेरी इज ड्यूकडम लार्ज इनफ।'

♦♦♦